Klassiker-Lektüren

Band 11

Georg Büchner

Das literarische Werk

von

Christian Neuhuber

ERICH SCHMIDT VERLAG

Bibliografische Information der Deutschen Nationalbibliothek
Die Deutsche Nationalbibliothek verzeichnet diese Publikation in der Deutschen Nationalbibliografie; detaillierte bibliografische Daten sind im Internet über dnb.ddb.de abrufbar.

Weitere Informationen zu diesem Titel finden Sie im Internet unter
ESV.info/978 3 503 09889 7

Umschlaggestaltung unter Verwendung des Frontispizstichs aus
Karl Emil Franzos' Büchner-Gesamtausgabe von 1879

ISBN: 978 3 503 09889 7

www.ESV.info

Dieses Papier erfüllt die Frankfurter Forderungen
der deutschen Nationalbibliothek und der Gesellschaft für das Buch
bezüglich der Alterungsbeständigkeit
und entspricht sowohl den strengen Bestimmungen der US Norm
Ansi/Niso Z 39.48-1992 als auch der ISO-Norm 9706.

Druck und Bindung: Difo-Druck, Bamberg

Inhaltsverzeichnis

Vorwort

Kein anderer deutscher Autor des 19. Jahrhunderts ist uns heute so nah wie Georg Büchner, von keinem anderen gehen so starke Impulse auf vielfältige Bereiche der Kunst und Kultur aus. So kann es nicht wundern, dass sein Leben und seine Werke seit Jahrzehnten im Zentrum der germanistischen Forschung stehen. Eine kritische Einführung ist der kaum noch überschaubaren Vielfalt an grundlegenden und tiefgründigen Abhandlungen selbstredend in vielfacher Weise verpflichtet. Gleichwohl kann sie – schon allein aus Gründen der Lesbarkeit – nur in Einzelfällen auf diese Arbeiten gebührend verweisen. Es sei deshalb hier vorweg allen Kolleginnen und Kollegen gedankt und auf das Literaturverzeichnis verwiesen, das eine Auswahl der Beiträge nennt, die für das vorliegende Buch zu Rate gezogen wurden.

Über den derzeitigen Forschungsstand hinaus gehen die Abschnitte zur produktiven Rezeption, ist doch die intermediale Wirkungsgeschichte eines der letzten noch wenig bestellten Felder der Büchnerforschung. Hier habe ich den Kunstschaffenden zu danken, die bereit waren, mir ihre Arbeiten zur Verfügung zu stellen und zu erläutern, und den vielen hilfreichen Geistern in Archiven, Bibliotheken, Stiftungen und sonstigen Institutionen.

Mein Dank gilt des Weiteren Dietmar Goltschnigg für Anstoß und Rat, Carina Lehnen für Geduld und umsichtige Betreuung, vor allem aber: Eugenia, Leonie, Valerie und Maria.

Einleitung

Wenige Wochen vor seinem Tod berichtet Büchner seiner Verlobten aus dem Schweizer Exil, wie viel Freude ihm sein literarisches Schaffen neben dem anstrengenden akademischen Alltagstrott bereitet, und fügt hinzu: „Der arme Shakspeare war Schreiber den Tag über und mußte Nachts dichten, und ich, der ich nicht wert bin, ihm die Schuhriemen zu lösen, hab's weit besser." (P 465). Er konnte nicht wissen, dass Jahrzehnte später sein schmales Œuvre eine ähnlich **wegweisende Wirkung** auf nachfolgende Autorengenerationen entfalten sollte wie einst Shakespeares. Büchner stand für Fortschritt und noch heute erstaunt die Aktualität seiner Werke, die sich längst ihren Platz in der Weltliteratur gesichert haben. Seinen Zeitgenossen jedoch blieb Büchners Bedeutung weitgehend verborgen. Allenfalls als Autor des Revolutionsdramas *Danton's Tod* fand er in den Literaturgeschichten Erwähnung. Die von Karl Gutzkow posthum veröffentlichten Werke *Leonce und Lena*, eine Komödie, und die *Lenz*-Erzählung wurden kaum wahrgenommen, das Tragödienfragment *Woyzeck* kam erst gar nicht in den Druck. Daran änderte auch die Edition der *Nachgelassenen Schriften* nur wenig, die der Bruder Ludwig (im 19. Jahrhundert mit seiner materialistischen Programmschrift *Kraft und Stoff* der weitaus bekanntere Büchner) 1850 besorgte. Ein Vierteljahrhundert später unternahm es der aus Galizien stammende österreichische Schriftsteller Karl Emil Franzos mit einer Ausgabe *Sämmtlicher Werke* (1879), die nun auch den ‚*Wozzeck*' umfasste, Büchner eine größere Leserschaft zu gewinnen. Auf fruchtbaren Boden fielen diese Bemühungen bei den Naturalisten, namentlich Gerhart Hauptmann, der nicht nur selbst entscheidende Impulse für sein Schaffen empfing, sondern die Werke Büchners auch seinen Autorenkollegen wärmstens weiterempfahl. Mit den sensationellen Theatererfolgen seit dem zweiten Jahrzehnt des 20. Jahrhunderts avancierte Georg Büchner vom Geheimtipp zur Leitfigur der literarischen Moderne, nach dem Zweiten Weltkrieg auch international. Heute ist er ein **‚Klassiker'**, ein Autor mithin, dessen Arbeiten noch immer bewegen und bewirken.

Abb. 1: Georg Büchner (Zeichnung um 1831, 1944 verbrannt)

Nur etwas mehr als 23 Jahre Lebenszeit waren Karl Georg Büchner beschieden, doch lebte er, als wüsste er darum. Geboren wurde er am **17. Oktober 1813** (dem zweiten Tag der Völkerschlacht bei Leipzig) als ältestes von sechs Kindern des Distriktsarzts Ernst Büchner und seiner Frau Louise Caroline, geb. Reuß, im hessischen Goddelau. Nach der Beförderung des Vaters zum Bezirksarzt zog die Familie in die Residenz Darmstadt, wo Büchner ab 1825 das humanistische Großherzögliche Gymnasium besuchte, in das die städtische Oberschicht ihre Söhne schickte. Er war ein guter, in einigen Fächern auch überdurchschnittlicher Schüler, der allerdings nicht allzu viel Energie in den schulischen Erfolg investierte. Immerhin brachten ihm seine rhetorischen Fähigkeiten zweimal die Ehre ein, bei den Schulfeiern zu Semesterende als Redner zu einem vorbestimmten Thema aufzutreten, so auch bei seinem Schulabschluss Ende März 1831. In den folgenden Monaten bereitete er sich auf die fachlichen, sprachlichen und gesellschaftlichen Anforderungen vor, die das **Studium in Straßburg** erwarten ließen. Dass er Medizin studieren sollte, verlangte allein schon die Familientradition. Den Studienort hatte Ernst Büchner wohl gewählt, um seinem Sohn eine gewisse Weltgewandtheit zu sichern, ihn zugleich aber in der Obhut des Familienverbands zu wissen, war doch ein Zweig der Familie Reuß im Elsass ansässig. Anfang November reiste Büchner nach Straßburg, wo ihm der Cousin seiner Mutter, Edouard Reuss, ein Zimmer bei einem gemeinsamen entfernten Verwandten, dem verwitweten protestantischen Pfarrer Johann Jakob Jaeglé, vermittelte. Eine glückliche Wahl, wie sich zeigten sollte, nicht nur, weil der demokratisch gesinnte, weltoffene Hausherr den Studenten mit Herzlichkeit aufnahm und, selbst Gelegenheitsdichter, über eine stattliche Bibliothek mit nicht wenigen poetischen Werken verfügte. Den Pfarrhaushalt führte nach dem Tod ihrer Mutter 1828 die 21-jährige Tochter Wilhelmine Jaeglé (1810-1880), Minna genannt, in die sich der 18-Jährige bald verliebte.

Abb. 2: Wilhelmine Jaeglé (Zeichnung um 1831, 1944 verbrannt)

Von ihrer heimlichen Verlobung erfuhren die Eltern erst zwei Jahre später, als Büchner nach den beiden erlaubten Auslandsstudienjahren bereits in Gießen studierte und auf dem besten Weg war, sich mit der Gründung einer **revolutionären Geheimorganisation** und der Abfassung einer **Agitationsschrift** in Schwierigkeiten zu bringen. Ansporn für ein oppositionelles Engagement war das tief empfundene Unrecht, das die spätabsolutistische Herrschaft in Hessen-Darmstadt an der verelendeten, rechtlosen Unterschicht verübte. Das ideologische Rüstzeug hatte sich der Jungrevolutionär in Straßburg geholt, wo die Geldherrschaft der Bourgeoisie frühkommunistische Bewegungen auf den Plan gerufen hatte. Nach dem Verrat der Flugschriftaktion musste Büchner jederzeit mit der Verhaftung rechnen, doch setzte er noch in Darmstadt seine konspirative Tätigkeit fort. Neben seinen vom Vater überwachten medizinischen Studien schrieb er heimlich an seinem **Erstlingsdrama**, nicht zuletzt, um sich über die Aporien revolutionären Handelns klar zu werden. Im März 1835 ließ sich seine Flucht ins **Straßburger Exil** schließlich nicht mehr länger aufschieben. Dort trieb er sein Studium, das er inzwischen auf die sich eben erst etablierende vergleichende Anatomie ausgerichtet hatte, mit aller Kraft voran. Etwas Geld verdiente er sich mit Übersetzungen. Bereits im Herbst begann er mit seiner Dissertation über das Nervensystem der Barbe auf Basis eigener Sektionen und Präparate. Wissenschaftlich auf der Höhe der Zeit stehend, war die Forschungsarbeit ein Versuch, die Methoden der französischen, empirisch ausgerichteten Naturwissenschaft mit Ansätzen der deutschen romantischen Naturphilosophie zu verbinden. Ihr Erfolg ebnete Büchner den Weg zu einer vielversprechenden akademischen Karriere im fluchtlingsfreundlichen Zürich, wo er im September 1836 für seine Doktorarbeit in Abwesenheit promoviert wurde. Nach seinem Umzug habilitierte er sich im November mit einer Probevorlesung, um umgehend als **Privatdozent an der Züricher Universität** mit einem anatomischen Kurs zu beginnen. Auch für philosophiegeschichtliche Vorlesungen hatte er sich vorbereitet. In seinen freien Stunden feilte er an mehreren literarischen Werken, die er bereits in Straßburg begonnen hatte, (zumindest) **zwei Theaterstücke** und **eine Erzählung**. Noch Ende Januar 1837 hoffte er, seine Dramen in einer Frist von acht Tagen in den Druck geben zu können.

Doch hatte das immense Arbeitspensum an seinen Kräften gezehrt. Von einer Erkältung Mitte Januar erholte sich Büchner noch, doch einer Typhusinfektion hatte sein geschwächter Körper nichts mehr entgegenzusetzen. Am 2. Februar zwang ihn das Fieber ins Bett, das er kaum noch verlassen sollte. Caroline und Wilhelm Schulz, ein befreundetes Exilanten-Ehepaar und Wohnungsnachbarn in der Züricher Spiegelgasse, kümmerten sich aufopferungsvoll um den Kranken, unterstützt von Gießener Gefährten, die es gleichfalls in die Schweiz verschlagen hatte. Am 10. Februar schrieb Caroline Schulz an Minna Jaeglé, Büchner hatte nur noch die Kraft zu einer Grußzeile. In den folgenden Tagen verschlechterte sich sein Zustand dramatisch, er begann heftig zu delirieren, wobei ihm vor allem Ängste vor der Gefangenschaft zusetzten. Bereits am 16. Februar gaben ihn die Ärzte auf, Wilhelm Schulz aber berichtet noch von klaren Momenten, in denen der Todgeweihte „mit ruhiger, erhobener, feierlicher Stimme die Worte gesprochen" habe: „Wir haben der Schmerzen nicht zuviel, wir haben ihrer zu wenig, denn durch den Schmerz gehen wir zu Gott ein" sowie „Wir sind Tod, Staub, Asche, wie dürften wir klagen!" (CS 135f.) Tags darauf traf Jaeglé in Zürich ein, Büchner erkannte sie noch. Am Sonntag, den **19. Februar 1837** starb er.

Abb. 3: Georg Büchner (Erinnerungsskizze von Alexis Muston)

Zwei Tage später geleiteten mehrere hundert Trauernde, darunter die beiden Bürgermeister der Stadt und Büchners Universitätskollegen, den Verstorbenen zu seiner letzten Ruhe am Züricher ‚Krautgarten'-Friedhof. Nach dessen Auflassung wurden die sterblichen Überreste 1875 auf den Germaniahügel am Zürichberg überführt. Bei Sichtung des Nachlasses entdeckte man Manuskripte literarischer Arbeiten (darunter ein verschollenes ‚poetisches Tagebuch'), die Jaeglé mit nach Straßburg nahm. Erst im Laufe einer wechselvollen Editionsgeschichte fanden die Werke ihr Publikum. Heute sind sie aus Bibliotheken, Theatern, Schulen, Seminaren, vor allem aber aus den Händen begeisterter Leser nicht mehr wegzudenken.

1 Der Hessische Landbote

1.1 Entstehungskontext und historischer Hintergrund

Der *Hessische Landbote* ist die erste Arbeit Büchners, die in den Druck gelangte – allerdings anonym und in einer nicht autorisierten Überarbeitung, die zum Ärger des Verfassers die Stoßrichtung des Flugblatts erheblich änderte. Dass Büchners Autorenlaufbahn mit einer umstürzlerischen Schrift begann, ist bezeichnend, war doch die **Sensibilität für gesellschaftliche Missstände** eigentliche Triebfeder seines Schreibens. Schon während der Schulzeit hatte er eine klare ideologische Haltung gezeigt, hatte in seinem Aufsatz *Helden-Tod der vierhundert Pforzheimer* die Französische Revolution verherrlicht und in seiner Semesterabschlussrede zur *Vertheidigung des Cato von Utika* dem republikanischen Widerstandsgeist und Freiheitspostulat das Wort geredet. Mit dem Gedanken, eine Abhandlung zu den untragbaren Zuständen seiner Zeit zu verfassen, spielte Büchner bereits in seinen ersten Straßburger Studienjahren. Nicht zufällig, denn sein Studienort war Brennpunkt politischer Agitation, erfüllt von „französischer Gewitterluft", in der die Auswirkungen der **Juli-Revolution** unmittelbar erfahren und das politische Geschehen weitaus offener diskutiert werden konnte als in der „teutschen naßkalten Holländeratmosphäre" (P 365) seiner Heimatstadt. Hier bot sich dem Darmstädter Medizinstudenten die Möglichkeit, gesellschaftliche Entwicklungen, die in vielen Ländern Europas Folgen zeitigen sollten, zu analysieren und mit den restaurativen Bedingungen seiner Heimat zu vergleichen.

Die Ereignisse der Julitage 1830 und ihr Nachspiel auch in Hessen hatten schon Ende September in seiner *Cato*-Rede als aktuelle Bezugspunkte gedient. Auslöser des Pariser Aufstands waren die so genannten ‚Juliordonnanzen', mit denen der reaktionäre Bourbonenkönig Karl X. versuchte, die Macht der Aristokratie wieder auszuweiten: Die Abgeordnetenkammer sollte aufgelöst, die Pressefreiheit eingeschränkt und der Wahlzensus erhöht werden. Doch das Volk, eine Allianz des liberalen Bürgertums mit der protoproletarischen Unterschicht, stieg auf die Barrikaden und zwang den König zur Abdankung und Emigration nach England. Da die Installation einer republikanischen Regierung außenpolitische Schwierigkeiten von Seiten der ‚Heiligen Allianz' Russland, Preußen und Österreich erwarten ließ, konnten sich schließlich die Vorstellungen der großbürgerlichen Partei um Adolphe Thiers und François Guizot durchsetzen. Mit dem **‚Bürgerkönig' Louis Philippe**, Herzog von Orléans, wurde ein liberal gesinnter Verwandter Karls X. auf den Thron gesetzt, der dem Besitzbürgertum geeignet schien, ihre Interessen durchzusetzen. Dazu gehörten die Beseitigung der aristokratischen Vormachtstellung, die Ummünzung wirtschaftlicher Macht in politische, die Eindämmung des revolutionären Potentials der besitzlosen Klasse und die Schwächung republikanischer Bestrebungen. Die Konsolidierung der Regierung im Sinne des Justemilieu sollte dem Volk binnen kurzem vor Augen führen, dass das Kleinbürgertum ebenso wie die städtische und ländliche Arbeiterschaft ein weiteres Mal vergeblich um eine politische Mitbestimmung gekämpft hatte. Der eigentliche Nutznießer der politischen Umwälzungen nach der Juli-Revolution war die Bourgeoisie. Da sich die soziale Lage der Unterschicht aufgrund fiskalischer Altlasten der Bourbonenzeit, aber auch neuer Abgabenerhöhungen und Protektionszölle weiter verschlechterte, kam es in den Folgejahren wiederholt zu Aufständen wie dem Straßburger Rinderaufstand im September 1831, dem Lyoner Seidenweberaufstand im November desselben oder der Pariser republikanischen Emeute im Juni des folgenden Jahres. Sie lieferten den Machthabern willkommenen Anlass, demokratische Tendenzen stärker zu bekämpfen. Die **Unterdrückung oppositioneller Agitation** durch das Justemilieu führte im Gegenzug zur Gründung zahlreicher Gesinnungsverbindungen, zum Teil konspirativen Charakters, die sich in verschiedener Weise gegen die Unterdrückung zur Wehr setzten. Die bedeutendsten überregionalen Organisationen mit republikanischer, sozialrevolutionärer Zielsetzung waren die ‚Société des Amis du Peuple' (Gesellschaft der Volksfreunde) und – nach deren Auflösung 1832 – die sozial radikaler profilierte ‚Société des Droits de l'Homme et du Citoyen' (Gesellschaft der Menschen und Bürgerrechte).

In dieses unruhige Klima hinein, das sich in seiner progressiven Grundhaltung stark vom hessischen unterschied, fielen Georg Büchners erste Straßburger Studienjahre. Die elsässische Hauptstadt, die ihm zur zweiten Vaterstadt wurde, galt als republikanische Hochburg, offen für politische Flüchtlinge und Sympathisanten demokratischer Reformen, die den revolutionären Diskurs nicht abreißen ließen. Jakobinische, neobabouvistische und saint-simonistische Ideen bestimmten in verschiedener Gewichtung die Programme der linksoppositionellen Zirkel. Der **Neobabouvismus** basierte auf den protokommunistischen Lehren François Noël ‚Gracchus' Babeufs (1760–97), der soziale Gerechtigkeit über die Aufhebung des Privateigentums und eine nationale Gütergemeinschaft ermöglichen wollte, unmittelbar vor einem Umsturzversuch allerdings von der Direktorialregierung verhaftet und hingerichtet wurde. Erneut Bedeutung gewann seine Theorie drei Jahrzehnte später durch die Abhandlung *Conspiration pour l'egalité, dite de Babeuf* (1828) seines Kampfgefährten Filippo Buonarotti, die die sozialistischen Bewegungen der Folgezeit entscheidend beeinflusste. Die frühsozialistische Lehre des **Saint-Simonismus**, im Anschluss an Ideen von Henri de Saint-Simon (1760–1825) von Prosper Enfantin und seinen Mitstreitern entwickelt, konnte zur Zeit der Julimonarchie ihre größte Wirksamkeit entfalten. Sie strebte durch die Ablehnung des individuellen Besitzes an Produktionsmitteln, die Aufwertung produktiver Staatsbürger gegenüber parasitären (wie den Adeligen) und den Glauben an die prinzipielle, auch geschlechterübergreifende Gleichberechtigung aller eine harmonische, klassenlose Gesellschaft an, in der der Einzelne nach seiner Befähigung für das Wohl der Gemeinschaft arbeitet und nach seinem Beitrag bewertet wird.

Seine wenigen erhaltenen Briefe aus dieser Zeit dokumentieren das Interesse, mit dem der junge Medizinstudent die Ereignisse verfolgte, und seine Bereitschaft einer aktiven Teilnahme am politischen Geschehen. Sie belegen zugleich aber auch bereits sein kritisches Urteilsvermögen, das ihn den Inszenierungscharakter des Politgeschäfts durchschauen ließ. In welcher Beziehung Büchner zu den radikaleren Straßburger Republikanern stand, ist noch nicht gänzlich geklärt, da Konspirativität kein guter Quellenlieferant ist. Gesichert ist lediglich sein Auftreten in der harmlosen theologischen Studentenverbindung Eugenia, die ihn, nach Einführungsbesuchen kurz nach Studienbeginn, zu Pfingsten 1832 zum ‚Dauergast' ernannte. Die Debatten dieser wenige Jahre zuvor u. a. von seinen späteren Freunden Adolph und August Stoeber gegründeten Verbindung boten Büchner ein Forum, seine radikalrepublikanische Position, seine Kritik an den deutschen und französischen Zuständen, an Julikönigtum und Verfassung wortgewaltig zu entwickeln. Diskutiert wurden laut Sitzungsprotokoll ethische Haltungen, Beispiele eines historischen Ideenfanatismus oder auch die gesellschaftliche Misere, die Büchner schon damals auf die **Antinomie von Armut und Besitz** zurückführte. Drei Jahre später wird er diesen Gegensatz als Angelpunkt jeglicher Auflehnung gegen bestehende Ordnungen definieren:

> [D]as Verhältniß zwischen Armen und Reichen ist das einzige revolutionäre Element in der Welt, der Hunger allein kann die Freiheitsgöttin und nur ein Moses, der uns die sieben ägyptischen Plagen auf den Hals schickte, könnte ein Messias werden. Mästen Sie die Bauern, und die Revolution bekommt die Apoplexie. Ein *Huhn* im Topf jedes Bauern macht den gallischen *Hahn* verenden. (P 400)

Tatsächlich zeigte sich in dieser Anfangszeit der Julimonarchie, dass der **sozialen Frage** in den wirtschaftsliberalen Maßnahmen des Justemilieu keinerlei Bedeutung beigemessen wurde und sich das Elend der Unterschicht auszuweiten drohte, während sich die neue Führungsschicht, die Geldaristokratie, bereicherte. Der Analytiker Büchner hatte das rasch erkannt und schien dagegen anschreiben zu wollen. Doch musste er den Plan für eine Abhandlung, wie er seinen Eltern gegen Ende des Jahres mitteilte, verwerfen, teils aus Zeitmangel, teils aber auch aus Verärgerung über die Indifferenz des Volks, das zur „Komödie“ der Feudalherrschaft bloß „klatscht und bezahlt“ (P 365).

Auch in Deutschland hatte sich die politische Diskussion inzwischen verschärft. Zehntausende Demokraten und Republikaner aus allen Schichten fanden sich vom 27. bis zum 30. Mai 1832 beim **Hambacher Fest** zusammen, um gegen das restaurative System und für bürgerliche Freiheit, eine demokratische Verfassung und nationale Vereinigung zu demonstrieren, ohne allerdings eine einheitliche Linie für das weitere Vorgehen zu finden. Der Frankfurter Bundestag reagierte in den Folgemonaten mit der Verhaftung der Hauptredner und einer Reihe von restriktiven Verboten, die außerparlamentarische oppositionelle Bewegungen in die Illegalität drängten. Diese als offener Verfassungsbruch verstandene Handlungsweise bestätigte die Opposition darin, eine gewaltsame Lösung des Konflikts in Betracht zu ziehen. Der Plan der neuen Führung der Aufständischen war, die Frankfurter

Polizeiwache zu stürmen, Waffen und Geld sicherzustellen und anschließend die Gesandten der Delegiertenversammlung des Deutschen Bunds im nahe gelegenen Palais Thurn und Taxis festzusetzen. Auf dieses Signal hin sollten sich die Verbündeten mit Unterstützung polnischer Exiltruppen, der elsässischen Nationalgarde und Teilen des württembergischen Heers in Südwestdeutschland gegen die Obrigkeit erheben. Der Verrat der Aktion durch den Butzbacher Landwirt Johann Konrad Kuhl, der fehlende Rückhalt der Bevölkerung und wohl auch organisatorische Schwächen ließen den **Putschversuch am 3. April 1833** gänzlich scheitern. Der blutige Kampf zwischen den Wachenstürmern und dem bereit liegenden Militär war in einer Stunde entschieden, die Insurrektion in ihrem Keim erstickt.

Büchner erfuhr vom Ausgang des Aufstands (spätestens) durch den Brief seiner Familie vom 6. April, doch scheint ihm so manches schon früher bekannt gewesen zu sein, wie nicht nur die besorgte, vielleicht sogar rhetorische Frage vermuten lässt, ob Freunde daran beteiligt waren. In überraschender Offenheit rechtfertigt er die Zielsetzungen und das Vorgehen der Putschisten als **Notwehr** gegen eine gewalttätige Pervertierung natürlicher Rechtszustände durch die Obrigkeit:

> Wenn in unserer Zeit etwas helfen soll, so ist es *Gewalt*. Wir wissen, was wir von unseren Fürsten zu erwarten haben. Alles, was sie bewilligten, wurde ihnen durch die Notwendigkeit abgezwungen. Und selbst das Bewilligte wurde uns hingeworfen, wie eine erbettelte Gnade und ein elendes Kinderspielzeug, um dem ewigen Maulaffen *Volk* seine zu eng geschnürte Wickelschnur vergessen zu machen. [...] Man wirft den jungen Leuten den Gebrauch der Gewalt vor. Sind wir denn aber nicht in einem ewigen Gewaltzustand? Weil wir im Kerker geboren und großgezogen sind, merken wir nicht mehr, daß wir im Loch stecken mit angeschmiedeten Händen und Füßen und einem Knebel im Munde. Was nennt Ihr denn *gesetzlichen Zustand*? Ein *Gesetz,* das die große Masse der Staatsbürger zum fronenden Vieh macht, um die unnatürlichen Bedürfnisse einer unbedeutenden und verdorbenen Minderzahl zu befriedigen? Und dies Gesetz, unterstützt durch eine rohe Militärgewalt und durch die dumme Pfiffigkeit seiner Agenten, dies Gesetz ist eine *ewige, rohe Gewalt*, angetan dem Recht und der gesunden Vernunft, und ich werde mit *Mund* und *Hand* dagegen kämpfen, wo ich kann. (P 366f.)

Gewaltanwendung zur Beseitigung herrschenden Unrechts und zur Durchsetzung politischer Interessen empfand Büchner angesichts augenfälliger Ungerechtigkeiten des Systems als durchaus legitim. Kritisch aber äußerte er sich zum konkreten Zeitpunkt des Aufstands, der seines Erachtens nur aufgrund einer fatalen Fehleinschätzung der tatsächlichen Verhältnisse so früh gewählt worden sein konnte. Denn die Deutschen seien noch kein zum Kampf bereites Volk. Solange man aber sich nicht des Rückhalts der Bevölkerung sicher sein kann, ist das Scheitern von umstürzlerischen Vorhaben vorprogrammiert. Es ist deshalb nicht wie so oft bloß einer Beruhigungsstrategie geschuldet, wenn er sich von einer Beteiligung an so unzeitigen Aktionen distanzierte. Es ist Konsequenz seiner Überzeugung, dass „nur das notwendige Bedürfnis der großen Masse Umänderungen herbeiführen kann, daß alles Bewegen und Schreien der Einzelnen vergebliches Torenwerk ist.

Sie schreiben, man liest sie nicht; sie schreien, man hört sie nicht; sie handeln, man hilft ihnen nicht." (P 369) Ziel musste es zunächst sein, im Volk ein **Bewusstsein für die Problemlage** zu schaffen und Zusammenhänge zwischen der realen Not und den dafür verantwortlichen gesellschaftlichen Umständen aufzuzeigen. Revolutionsromantischem Politaktionismus konnte Büchner dagegen nichts abgewinnen, auch wenn er die Opfer der Staatsgewalt bedauert, zumal ja tatsächlich etliche Freunde und Schulkollegen zur Flucht gezwungen oder verhaftet worden waren. So recht glauben wollten die Eltern die Zurückhaltung ihres Sohns offenbar nicht. Noch öfter musste er ihnen beteuern, an keinen oppositionellen Aktionen teilzunehmen und sich zukünftig auch in Gießen nicht in die „Winkelpolitik und revolutionären Kinderstreiche" (P 369) einzulassen.

An die Landesuniversität Ludoviciana in **Gießen** musste Büchner nach seinem zweijährigen Auslandsaufenthalt, um dort nach den gesetzlichen Vorgaben sein Medizinstudium abzuschließen. Nur mit großem Widerwillen tauschte er die kosmopolitische Atmosphäre der elsässischen Hauptstadt, in der er seine Verlobte und viele Freunde zurücklassen musste, nach den Sommerferien 1833 gegen das provinzielle Ambiente des oberhessischen „Studentendorf[s]" (H 45). Oberhessen mit seinen archaischen feudalherrschaftlichen Strukturen war das bevölkerungsreichste, aber rückständigste Teilgebiet des 8200 km^2 kleinen **Großherzogtums Hessen-Darmstadt**, einer (seit 1820) konstitutionellen Monarchie unter Herzog Ludwig II. Von den wirtschaftlich stärkeren südlichen Provinzen durch einen schmalen Streifen fremden Staatsgebiets (Frankfurt) getrennt, hoben sich die oberhessischen Gebiete von denen Starkenburgs und Rheinhessens auch durch weitaus ungünstigere sozioökonomische Bedingungen ab. Hier stand Büchner der soziale Gegensatz zwischen großteils bäuerlicher Unterschicht und wohlhabendem Bürgertum bzw. Adel noch deutlicher vor Augen als in Straßburg oder Darmstadt. Es war kein günstiges Omen, dass noch am Tag seiner Immatrikulation Karl Stamm, ein Darmstädter Mitschüler und Kommilitone an der medizinischen Fakultät als mutmaßlicher Mitwisser der Frankfurter Wachenstürmer verhaftet wurde. Nur mehr auf „3 treffliche Freunde" konnte er in dieser ersten Zeit, die er „halb im Dreck und halb im Bett" (P 376) zubrachte, zählen. Ein halbes Jahr später wird er während eines heimlichen Kurzbesuchs in Straßburg seine Gießener Situation wie folgt beschreiben:

> Ich war im Äußeren ruhig, doch war ich in tiefe Schwermut verfallen; dabei engten mich die politischen Verhältnisse ein, ich schämte mich, ein Knecht mit Knechten zu sein, einem vermoderten Fürstengeschlecht und einem kriechenden Staatsdiener-Aristokratismus zu Gefallen. Ich komme nach Gießen in die niedrigsten Verhältnisse, Kummer und Widerwillen machen mich krank. (P 385f.)

Tatsächlich zwang ihn schon Ende November 1833 eine gerade noch rechtzeitig behandelte Meningitis, sein Studium zu unterbrechen und nach Darmstadt zurückzukehren, um sich im Elternhaus von seiner Krankheit zu erholen. Die fünf Wochen seines Genesungsaufenthalts nutzte er für philosophische und historische Studien, die ihm helfen sollten, sich über die Frage seines eigenen politischen

Engagements klarer zu werden. In einem Brief an August Stoeber aus dem Dezember zeichnet sich bereits ab, dass er künftig eine aktivere Rolle im **Kampf der Besitzlosen gegen die Besitzenden** einzunehmen gedachte, ein Kampf, der sich nun dezidiert gegen „die Fürsten und Liberalen" und ihre gemeinsame „Affenkomödie" richtete. Im düsteren Bekenntnis, „jeden Abend zum Hanf und zu d. Laternen" (P 377) zu beten, sanktioniert er sogar die Exzesse der Lynchjustiz während der Französischen Revolution.

Mit dieser Epoche hatte er sich in der Zeit seiner Rekonvaleszenz intensiv auseinandergesetzt, allem Anschein nach über Vermittlung der *Histoire de la Révolution française* Adolphe Thiers', der nach der Juli-Revolution 1830 zu einem der einflussreichsten französischen Politiker des 19. Jahrhunderts avancierte. In seinem berühmten, lange Zeit kontrovers beurteilten **‚Fatalismus'-Brief** an seine Verlobte, gegen Ende Januar 1834 verfasst, geht Büchner auf diese Lektüreerfahrung ein:

> Ich studierte die Geschichte der Revolution. Ich fühlte mich wie zernichtet unter dem gräßlichen Fatalismus der Geschichte. Ich finde in der Menschennatur eine entsetzliche Gleichheit, in den menschlichen Verhältnissen eine unabwendbare Gewalt, Allen und Keinem verliehen. Der Einzelne nur Schaum auf der Welle, die Größe ein bloßer Zufall, die Herrschaft des Genies ein Puppenspiel, ein lächerliches Ringen gegen ein ehernes Gesetz, es zu erkennen das Höchste, es zu beherrschen unmöglich. Es fällt mir nicht mehr ein, vor den Paradegäulen und Eckstehern der Geschichte mich zu bücken. (P 377)

Wie schon Mayer überzeugend zeigte (M 89-94), ist dieses Schreiben keinesfalls als resignative Absage an revolutionäre Tätigkeiten zu verstehen, da der Einzelne ohnmächtig sei gegen die Unbeeinflussbarkeit geschichtlicher Abläufe. Der Fatalismus-Begriff ist in Zusammenhang mit dem Geschichtsverständnis bürgerlich-liberaler Historiker der so genannten ‚école fataliste' wie Thiers oder François-Auguste Mignet zu sehen. Diese interpretierten den Verlauf der Revolution nicht mehr als idealistisches Ringen um eine abstrakte Freiheit, sondern als notwendige Folge von **veränderten Machtkonstellationen**, die letztendlich zum Sieg der Bourgeoisie führen mussten. Büchners Gefühl der ‚Zernichtung' resultierte wohl vorrangig aus der ‚gesetzmäßigen' Schematik des Unrechts, wie es nach der Juli-Revolution sichtbar wurde: Wieder hatte sich das konstitutionell-liberale Bürgertum der Schlagkraft der Unterschicht bedient, wieder den Nutzen davongetragen und dem plebejischen Steigbügelhalter seinen Anteil vorenthalten. Wie einen Schlag ins Gesicht musste ein Verteidiger der ‚Geringsten' zudem Thiers' Karriere nach 1830 empfinden, in der sich der Gegensatz von Liberalen und Subbürgerlichen manifestierte.

Es ist kein lähmender Pessimismus oder metaphysischer Determinismus, der Büchner den **Handlungsspielraum des Einzelnen** im geschichtlichen Ganzen so abwerten lässt. Es ist die Erkenntnis der Austauschbarkeit der ‚Paradegäule und Ecksteher' der Geschichte. Tatsächlich Veränderung schaffen kann in seinem

Verständnis nur die große Masse – und die galt es zu bewegen. In Kauf nehmen musste ein Sozialrevolutionär die Gewaltanwendung; er ist letzten Endes verantwortlich für die Entfesselung des Zerstörungspotentials der Masse. Doch auch wenn diese Aggression notwendig für eine Veränderung ist, scheint sie Büchner aus subjektiv-ethischer Sicht nicht geheuer zu sein:

> Ich gewöhnte mein Auge ans Blut. Aber ich bin kein Guillotinenmesser. Das *muß* ist eins von den Verdammungsworten, womit der Mensch getauft worden. Der Ausspruch: es muß ja Ärgernis kommen, aber wehe dem, durch den es kommt, – ist schauderhaft! (P 377)

Die Entscheidung für eine konspirative Tätigkeit war zu dieser Zeit bereits gefallen. Nach seiner Rückkehr nach Gießen lernte er auf Vermittlung seines Freunds August Becker, eines exmatrikulierten Theologiestudenten, die zentrale Gestalt der oberhessischen Oppositionsbewegung, den Butzbacher Lateinschulrektor Pastor **Friedrich Ludwig Weidig** (1791–1837) kennen. Seit 1811 oppositionell tätig, vermittelte Pfarrer Weidig zwischen dem radikalrepublikanischen und dem liberal-konstitutionellen Flügel der demokratischen Bewegungen Hessens. Spätestens seit den restriktiven Frankfurter Beschlüssen nach dem Hambacher Fest befürwortete auch er eine gewaltsame Lösung und avancierte nach Einschätzung des Darmstädter Hofgerichts zum Zentrum der revolutionären Betätigungen. Noch 1851 zählt Wilhelm Schulz „die Mehrzahl der unmittelbaren und mittelbaren Schüler Weidigs zu den bestgestählten Demokraten im Hessenlande“ (S 72). Der Butzbacher Rektor selbst war maßgeblich an der Organisation des Frankfurter Wachensturms beteiligt und engagierte sich für die deswegen in Friedberg Inhaftierten. Da die restaurativen Bundesbeschlüsse ein offenes Vorgehen weitgehend unmöglich machten, operierte Weidig zur Zeit der Bekanntschaft mit Büchner bereits vorwiegend aus dem Untergrund. Noch im Januar 1834 erscheint das erste Blatt seiner selbstgedruckten Flugschriftenfolge *Leuchter und Beleuchter für Hessen*, von der bis zum Oktober fünf Nummern erscheinen sollten. Sie versuchte, die Arbeit der in den Landständen nur wenig durchschlagskräftigen Opposition medial zu unterstützen.

Abb. 4: Friedrich Ludwig Weidig Lithographie (um 1848)

Entstehung, Verbreitung und Bekämpfung

Auch Büchner kam mit Weidig überein, revolutionäre Flugschriften zu verfassen. Die Textsorte war ihm bestens bekannt; während seiner Straßburger Zeit hatte er ohne Zweifel zahlreiche Beispiele in die Hände bekommen, die mit liberaler und republikanischer, saint-simonistischer oder neobabouvistischer Ausrichtung eine breite Palette oppositioneller Agitation abdeckten. Weidig wird ihm wohl auch seinen *Leuchter und Beleuchter* als Muster anempfohlen haben, der sich an die hessischen „Patrioten aller Farben" wendet und sich als ein „Blatt der Nothwehr" (KM 135) gegen die offiziöse Propagandapresse versteht. Intentional und argumentativ aber sollte sich Büchners Flugschriftentwurf von Weidigs Blatt stark abheben. Ob Büchner unmittelbar nach diesem Treffen mit der Arbeit begann, ist nicht überliefert, doch berichtet Becker, dass die Schrift während seiner mehrwöchigen Abwesenheit von Gießen (ab Mitte Januar entstanden) sei. Für Büchner waren es Wochen enormer Anspannung. Die deprimierende Atmosphäre Gießens, das ungeliebte Studium, die Distanz zu seinem Straßburger Umfeld und zur Geliebten, die Erwartungshaltungen des Vaters, die Entfremdung von den Belustigungen des Studentenmilieus, das Gefühl der Isolation und des Unverständnisses für seine Anliegen, all das trug zusätzlich zum Entscheidungsdruck, sein bis dahin recht geordnetes Leben für den Dienst der Sache des Volks aufs Spiel zu setzen, wohl dazu bei, dass Büchner in eine tiefe **psychische Krise** schlitterte. Ein melancholisches „dumpfes Brüten" hinderte ihn Ende Februar an der Arbeit, ein „Gefühl des Gestorbenseins" (P 381) hatte sich seiner bemächtigt, wie er Minna Jaeglé rückblickend schreibt. Erst in der zweiten Märzwoche, in der die meisten der Friedberger Polithäftlinge freikamen und Büchner wohl den Zeitpunkt zum Handeln gekommen sah, legten sich die Symptome und er widmet sich nun umso umtriebiger seiner konspirativen Tätigkeit. Bis zum Ende des Studiensemesters Ende März stellte er nicht nur die Flugschrift in ihrer ursprünglichen Fassung fertig, sondern unternahm auch erste Schritte zur Gründung einer Gießener republikanischen Geheimorganisation nach französischem Vorbild (der wenige Wochen später auch eine Darmstädter Sektion folgen sollte). Die Mitglieder dieser zunächst noch namenlosen revolutionären Interessensgemeinschaft rekrutierten sich zum Teil aus den eben frei gelassenen Wachensturmbeteiligten, Studenten und Handwerkern, die Büchner „sowohl durch die Neuheit seiner Ideen als durch den Scharfsinn, mit welchem er sie vortrug" (N 422) für seine Vorhaben gewinnen konnte. Erst später, vermutlich zu Beginn des Sommersemesters Ende April, wird es bei einer Konstituierungssitzung auch zur Namensgebung gekommen sein. In Anlehnung an die ‚Société des Droits de l'homme', deren Ritus und Statuten Büchner wohl in Straßburg kennen gelernt hatte, nannte man sich **‚Gesellschaft der Menschenrechte'**.

Eine eigene Druckerpresse stand der Gesellschaft noch nicht zur Verfügung, und so war man bei der Herstellung und Verbreitung von Flugschriften auf die Hilfe Weidigs angewiesen. Büchner, der die Osterferien für eine zunächst vor den Eltern geheim gehaltene Reise nach Straßburg zu seiner Verlobten nutzte und die restlichen zwei Wochen in Darmstadt verbrachte, hatte sein Manuskript Becker überlassen, der eine Reinschrift anfertigte und diese möglicherweise noch vor der Rückkehr Büchners mit Gustav Clemm, einem weiteren Mitglied der Gesellschaft, nach Butzbach lieferte. Weidig allerdings, der zu dieser Zeit damit beschäftigt war, die heterogene hessische Opposition auf eine gemeinsame Linie zu bringen, wollte der Kampfschrift in der vorliegenden Form nicht seine Zustimmung geben. Seine Befürchtung war nach Beckers Aussage, „daß die konstitutionellen Revolutionärs sich von uns trennen würden, wenn sie die heftigen Invektiven gegen die Reichen läsen, und daß daher diese, sowie auch Ausfälle gegen die landständische Opposition ausgelassen und durch Anderes ersetzt werden müßten.“ (M 163) Als Befürworter einer Koalition aller oppositionellen Kräfte wollte Weidig auf das liberale Bürgertum auf keinen Fall verzichten, da er den Grundsatz hatte, „daß man auch den kleinsten revolutionären Funken sammeln müsse, wenn es dereinst brennen solle.“ Doch erkannte er den propagandistischen Wert der Schrift und „meinte, daß sie, wenn sie verändert werde, vortreffliche Dienste thun müsse.“ (Schäffer 1839, 50) Für diese **Überarbeitungen**, die mit Zusätzen, Streichungen und Umformungen sehr umfangreich ausfallen sollten, behielt er sich den Text zurück und gestaltete ihn in den folgenden Wochen nach seinen Vorstellungen. Büchner war vom Ergebnis schockiert und verweigerte der Schrift, die von Weidig *Der Hessische Landbote* betitelt worden war, die Autorisierung, da „gerade das, worauf er das meiste Gewicht gelegt habe und wodurch alles andere gleichsam legitimirt werde, durchgestrichen“ (HL 110) worden sei.

Die dringliche Streitfrage der **ideologischen Ausrichtung** der Flugschrift sollte bei einer Gründungsversammlung auf der in der Nähe Gießens gelegenen Ruine Badenburg bei Lollar am 3. Juli 1834 verhandelt werden. Weidig hatte dorthin die hessen-darmstädtischen und kurhessischen Demokraten eingeladen, um einen bereits Wochen zuvor beschlossenen ‚Preßverein‘ ins Leben zu rufen, der sowohl eine liberale Zeitschrift für die bürgerliche Opposition als auch populäre Flugschriften ermöglichen sollte. Nun ging es darum, die volksagitative Stoßrichtung mit den verschiedenen Lagern zu akkordieren. Weidig verfolgte eine gleichberechtigte Koalition der oppositionellen bürgerlichen und subbürgerlichen Schichten gegen den Aristokratismus und seine Nutznießer. Diese Position der Mitte hob sich zum einen von bürgerlich-republikanischen Revolutionsbestrebungen ab, wie sie u. a. vom Marburger Arzt Leopold Eichelberg propagiert wurden, der das revolutionäre Potential der Unterschicht für die politischen Interessen der ‚Mittelschicht‘ instrumentalisieren wollte. Zum anderen stand sie **Büchners egalitaristischem Ansatz** entgegen, der die Interessen dieser besitzlosen Unterschicht vertrat und die opportunistische Mittelklasse zu deren Gegner erklärte. Als Hauptdiskutanten traten im Garten der Ausflugstätte Weidig und Büchner auf, die ihre unterschiedlichen Ansichten zur Ausrichtung der Flugschriften vorstellten. Es war bei der Zusammensetzung der Delegierten, deren größter Teil dem bürgerlich-liberalen Lager zuzuordnen war, freilich naheliegend, dass sich letztlich Weidigs

Position durchsetzte. Die Badenburger Versammlung, von der sich Büchner erhofft hatte, Unterstützer für seine Vorstellungen zu finden, billigte die Eingriffe in seinen Flugschriftentwurf. Zusätzlichen Konfliktstoff brachte in den folgenden Wochen Weidigs offensichtliche Unterstützung für zwei neue konspirative Organisationen, die – von engen Vertrauten des Butzbacher Rektors gegründet – die Gießener Sektion der ‚Gesellschaft der Menschenrechte' personell erheblich schwächte. Einer ihrer ehemaligen Leiter, der Gießener Jurastudent Jakob Friedrich Schütz, konnte für seine neu gegründete ‚Burschenschaftliche Verbindung' auch Büchners Darmstädter Schulfreund **Karl Minnigerode** anwerben.

Auch wenn Weidig nun die Führungsrolle übernommen hatte, stand Büchner nicht an, seinen Teil bei der **Drucklegung und Verbreitung der Flugschrift** beizutragen, die er allerdings nach der Überarbeitung „nicht mehr als die seinige anerkennen" (HL 110) wollte. Am 5. Juli holten er und Schütz das druckfertige Manuskript in Butzbach ab und brachten es – getarnt in Botanisierbüchsen, die einen naturkundlichen Reisezweck vortäuschen sollten – nach Offenbach zum Buchdrucker Carl Preller. Gegen Ende des Monats war die Drucklegung des *Hessischen Landboten* abgeschlossen und Schütz übernahm mit Minnigerode und dem Weidig-Schüler Carl Zeuner die Aufgabe, die druckfrischen Exemplare aus Offenbach zu holen und an verschiedenen Stützpunkten zu deponieren, damit die Schrift in einer konzertierten Aktion an mehreren Orten im Großherzogtum zeitgleich verteilt werden konnte. Die Übergabe erfolgte am 31. Juli, Schütz ging nach Darmstadt, Zeuner nach Friedberg und Butzbach, Minnigerode zunächst mit Zeuner bis Niederwöllstadt, wo er sich erschöpft einen Einspänner nach Gießen mietete. Dort allerdings wurde er am Abend des 1. August am Selzertor bereits von den Behörden erwartet und zur Vernehmung dem Universitätsrichter **Konrad Georgi** vorgeführt. Bei der Durchsuchung wurden 139 Exemplare der Flugschrift, am Körper, in der Jacke und in den Stiefeln versteckt, sichergestellt. Denunziant war ein weiteres Mal Johann Konrad Kuhl.

Wenige Stunden nach Bekanntwerden der Verhaftung Minnigerodes machte sich Büchner auf, um seine Verbündeten zu warnen. Sein Weg führte ihn zunächst nach Butzbach, wo er Zeuner, Weidig und Becker über die Vorkommnisse informierte, dann noch in derselben Nacht weiter nach Offenbach zu Schütz und Preller, um der Polizei zuvorzukommen. Seine plötzliche Abreise und viertägige Abwesenheit ohne behördliche Bewilligung hätten die konspirative Absicht seiner Reise nur zu offensichtlich werden lassen, wäre ihm nicht der Zufall zu Hilfe gekommen: Einige Tage zuvor hatte ihm sein Straßburger Freund Eugène Boeckel ein Treffen in Frankfurt für den 3. August vorgeschlagen, das Büchner aus Mangel an Zeit und amtlicher Bewilligung abgelehnt hatte. Nun konnte es als Alibi für seine Reise nach Offenbach dienen. Dass der Ort abseits der eigentlichen Route lag, begründete er seinen Eltern gegenüber mit den fehlenden Reisedokumenten und der leichteren Einreise von der starkenburgischen Seite. Inzwischen hatte Kuhl auch Büchner als Verfasser des *Landboten* angezeigt; ein Haftbefehl wurde erstellt und am 4. August seine Wohnung nach belastendem Material durchsucht und versiegelt. Zurück aus Frankfurt wählte Büchner, der noch nichts von der Denunziation wusste, eine äußerst riskante Strategie: Umgehend beschwerte er sich bei Georgi persönlich über die widerrechtliche **Hausdurchsuchung** während seiner brieflich belegbaren Frankfurtreise. Überrascht von Büchners nervenstarkem Auftreten verzichtete der Universitätsrichter auf eine Festnahme und meldete dem Ministerium trotz erheblicher Zweifel an der Darstellung des Verdächtigen, dass „bis jetzt kein bestimmter Anhaltspunkt gegeben ist, und Büchner sich gewiß nicht gestellt haben würde, wenn er sich nicht hinlänglich sicher wüsste." (H 480) Die umfangreichen Erhebungen der folgenden Wochen brachten offensichtlich nicht genug belastendes Material. Wie wenig in diesen Tagen zu seiner Verhaftung gefehlt hatte, sollte Büchner nie erfahren. Im September verließ er nach dem Semesterende Gießen und kehrte nach den Ferien auf Wunsch des Vaters nicht an die Ludoviciana zurück, sondern blieb in Darmstadt, wo er neben seinen medizinischen und geschichtlichen Studien weiterhin konspirative Pläne verfolgte. Er reorganisierte die dortige Sektion der ‚Gesellschaft der Menschenrechte' mit zwei Zielsetzungen: Zum einen die Befreiung der im Zusammenhang mit dem Wachensturm sowie mit dem *Landboten* Verhafteten, zum anderen die Akquirierung einer eigenen Druckerpresse, um mit Flugschriftenagitation weiterzumachen – nun allerdings ohne Einschränkungen von Seiten Weidigs oder der Marburger Demokraten. Erst der immer stärker werdende Druck durch die Untersuchungsbehörden und die drohende Festnahme setzten diesen weit gediehenen Bemühungen ein Ende.

Auch wenn durch die Konfiszierung eines Teils der Drucke und der Verfolgung potentieller Verteiler das Verbreitungsnetz erheblich gestört worden war, konnten die verbliebenen Exemplare des *Landboten* in der Region um Gießen und Butzbach erfolgreich in Umlauf gebracht werden. Beckers spätere Schutzbehauptung während seiner Haft, die Bauern hätten die meisten aufgefundenen Flugschriften an die Behörde abgeliefert, wurde inzwischen von der Forschung widerlegt. Tatsächlich dürfte der *Landbote* so ermutigende Resonanz gefunden haben, dass sich Weidig noch im Herbst zu einer **zweiten Auflage** entschloss, um auf die bevorstehenden Landtagswahlen agitatorisch einwirken zu können. In die Vorbereitungen zur Drucklegung war Büchner nicht mehr eingebunden. Die Umarbeitungen auf Basis der Juli-Auflage stammen von Weidig und (vermutlich) Eichelberg, gedruckt wurde im November in Marburg. Verteilungsstützpunkte waren diesmal das oberhessische Obergleen, wohin Weidig inzwischen strafversetzt worden war, und erneut Gießen. Erst durch den **Verrat Gustav Clemms** Anfang April 1835 wurde die Distribution dieser Auflage endgültig unterbunden. Eichelberg, Becker, Weidig und etliche Mitstreiter wurden verhaftet und wiederholt vernommen. Aus ihren zum Teil schon früh publizierten Verhöraussagen lassen sich die Umstände der Aktion ungewöhnlich gut rekonstruieren.

1.2 Überlieferung

Dass vom *Hessischen Landboten* **keine handschriftlichen Zeugen** erhalten geblieben sind, kann für die Textsorte ‚illegale Flugschrift' nicht überraschen. Jene Manuskripte, die als Druckvorlagen dienten, wurden mit Sicherheit unmittelbar nach der Drucklegung vernichtet, waren sie doch Belastungsmaterial bei potentiellen Hausdurchsuchungen. Weder liegt also Beckers Reinschrift in der Überarbeitung Weidigs der Forschung vor, noch sind uns die handschriftlichen Zusätze auf dem Juli-Druck und die „kleinen Blättchen" von „verschiedener Handschrift" (M 248) überliefert, die dem Marburger Druckereifaktor Ludwig August Rühle zur Erstellung der zweiten Auflage dienten. Die Erstfassung Büchners, die uns Klarheit geben könnte über den Urzustand, wird wohl schon der Autor selbst vernichtet oder zumindest gründlich (außer Haus) versteckt haben, denn unmittelbar nach der Durchsuchung seines Zimmers und der Beschlagnahmung seiner Unterlagen beruhigt er seine Eltern: „unter meinen Papieren befindet sich *keine* Zeile, die mich compromittieren könnte." (P 388) Auch von den beiden Flugschriften der Monate Juli und November 1834, die in einer geschätzten Auflagenhöhe von **1200-1500 bzw. 400 Exemplaren** gedruckt worden waren, haben sich bislang nur wenige Beispiele gefunden. Beiden Fassungen fehlen Angaben zu Verlag, Drucker und Verfasser, die Ortsangabe Darmstadt ist fingiert. Die **Juli-Fassung** ist auf acht Seiten Oktav in kleiner Zeitungsfraktur gedruckt, die **November-Fassung** auf neun Seiten (weshalb die letzte Seite vom Drucker umständlich angeklebt werden musste). Für diese Erweiterung sind drei größere Passagen verantwortlich. Mit zweien wurden Politvorkommnisse seit dem Erstdruck wie Schulz' Verurteilung, die Pensionierung des Hofgerichtspräsidenten Minnigerode und die Auflösung des Landtags eingearbeitet und Attacken gegen Regierungsmitglieder lanciert. Der letzte Einschub, mit hoher Wahrscheinlichkeit von einem Marburger Republikaner, beschwört die nationale Vereinigung nach der Revolution. Streichungen betreffen das Vorwort sowie weitere Textstellen, die die liberale Position geschwächt hatten. Die wichtigste Ersetzung betrifft die ‚Vornehmen', die nun zu ‚Fürsten' und ‚Beamten des Fürsten' werden, wodurch Büchners klassenkämpferischer Gegensatz von Armen und Reichen endgültig zu einer Auseinandersetzung zwischen Volk und Hochadel verwässert wurde.

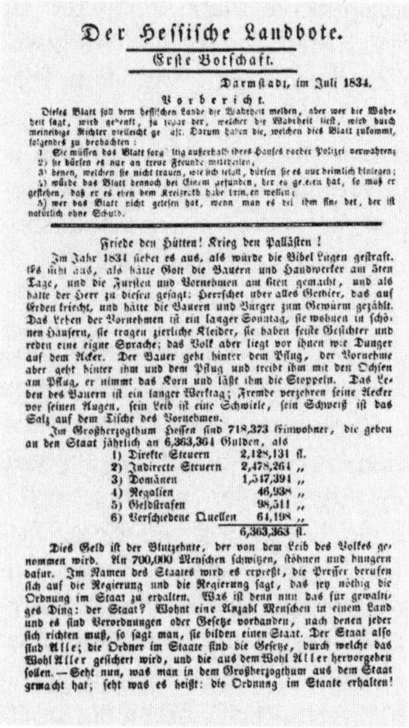
Der Hessische Landbote.

Erste Botschaft.

Darmstadt, im Juli 1834.

Vorbericht.

Dieses Blatt soll dem hessischen Lande die Wahrheit melden, aber wer die Wahrheit sagt, wird gehenkt, ja sogar der, welcher die Wahrheit liest, wird durch meineidige Richter vielleicht gestraft. Darum haben die, welchen dies Blatt zukommt, folgendes zu beobachten:

1) Sie müssen das Blatt sorgfältig außerhalb ihres Hauses vor der Polizei verwahren;
2) sie dürfen es nur an treue Freunde mittheilen;
3) denen, welchen sie nicht trauen, wie sich selbst, dürfen sie es nur heimlich hinlegen;
4) würde das Blatt dennoch bei Einem gefunden, der es gelesen hat, so muß er gestehen, daß er es eben dem Kreisrath habe bringen wollen;
5) wer das Blatt nicht gelesen hat, wenn man es bei ihm findet, der ist natürlich ohne Schuld.

Friede den Hütten! Krieg den Pallästen!

Im Jahr 1834 siehet es aus, als würde die Bibel Lügen gestraft. Es sieht aus, als hätte Gott die Bauern und Handwerker am 5ten Tage, und die Fürsten und Vornehmen am 6ten gemacht, und als hätte der Herr zu diesen gesagt: Herrschet über alles Gethier, das auf Erden kriecht, und hätte die Bauern und Bürger zum Gewürm gezählt. Das Leben der Vornehmen ist ein langer Sonntag, sie wohnen in schönen Häusern, sie tragen zierliche Kleider, sie haben feiste Gesichter und reden eine eigne Sprache; das Volk aber liegt vor ihnen wie Dünger auf dem Acker. Der Bauer geht hinter dem Pflug, der Vornehme aber geht hinter ihm und dem Pflug und treibt ihn mit den Ochsen am Pflug, er nimmt das Korn und läßt ihm die Stoppeln. Das Leben des Bauern ist ein langer Werktag; Fremde verzehren seine Aecker vor seinen Augen, sein Leib ist eine Schwiele, sein Schweiß ist das Salz auf dem Tische des Vornehmen.

Im Großherzogthum Hessen sind 718,373 Einwohner, die geben an den Staat jährlich an 6,363,364 Gulden, als

1) Direkte Steuern	2,128,131	fl.
2) Indirecte Steuern	2,478,264	„
3) Domänen	1,547,394	„
4) Regalien	46,938	„
5) Geldstrafen	98,511	„
6) Verschiedene Quellen	64,198	„
	6,363,363	fl.

Dies Geld ist der Blutzehnte, der von dem Leib des Volkes genommen wird. An 700,000 Menschen schwitzen, stöhnen und hungern dafür. Im Namen des Staates wird es erpreßt, die Presser berufen sich auf die Regierung und die Regierung sagt, das sey nöthig die Ordnung im Staat zu erhalten. Was ist denn nun das für gewaltiges Ding: der Staat? Wohnt eine Anzahl Menschen in einem Land und es sind Verordnungen oder Gesetze vorhanden, nach denen jeder sich richten muß, so sagt man, sie bilden einen Staat. Der Staat also sind Alle; die Ordner im Staate sind die Gesetze, durch welche das Wohl Aller gesichert wird, und die aus dem Wohl Aller hervorgehen sollen. — Seht nun, was man in dem Großherzogthum aus dem Staat gemacht hat; seht was es heißt: die Ordnung im Staate erhalten!

Abb. 5 : Der Hessische Landbote (1. Seite der Juli-Fassung)

1.3 Quellen und Einflüsse

In einem Untersuchungsbericht über die Darmstädter Sektion der ‚Gesellschaft der Menschenrechte' wird 1842 die Aussage eines ihrer Mitglieder, Adam Koch, zitiert, der Büchners Vorstellungen aus dem Herbst 1834 folgendermaßen beschreibt:

> er betrachtete eine republikanische Verfassung als die einzige, der Würde des Menschen angemessene, und stiftete deßhalb eine Verbindung, welche mit der Zeit die Herstellung einer Republik herbeiführen sollte; als Mittel zur Erreichung dieses Zwecks bezeichnete er die Verbreitung von in diesem Sinne verfaßten Flugschriften und die durch diese zu erreichende Einwirkung auf die niederen Volksclassen, indem er der Ansicht war, das materielle Elend des Volks sey es, wo man den revolutionären Hebel der geheimen Presse ansetzen müsse; die aus ihr hervorgegangenen Flugschriften müßten ihre Ueberzeugungsgründe aus der Religion des Volks hernehmen, in den einfachen Bildern und Wendungen des neuen Testaments müsse man die heiligen Rechte der Menschen erklären. (HL 125)

Mitangesprochen sind die Grundlagen, auf denen **Büchners Agitationsstrategie** basiert: die Einbindung in die revolutionäre Tradition der Flugschriftenliteratur, die Bewusstmachung der sozialen Ungerechtigkeit durch statistisches Material sowie die emotionale Vermittlung durch die einprägsame Bildlichkeit der Bibelsprache. Wie in seinen späteren literarischen Arbeiten, wenn auch noch nicht in derselben Intensität und Vielfältigkeit, macht sich Büchner dieses heterogene Textmaterial für seine spezifischen Interessen dienstbar.

Der **Flugschriftenkontext**, in dem der *Landbote* zu sehen ist, wurde in der Forschung mehrfach herausgearbeitet, um Kontinuitäten bzw. Innovationen des *Landboten* nachzuweisen. Vieles wird Büchner aus eigener Lektüre bekannt gewesen sein, manches über Diskussionen der darin vertretenen Standpunkte. So finden sich im *Landboten* sprachliche und argumentative Anklänge zum anonym veröffentlichten, in katechetischer Dialogform verfassten *Frag- und Antwortbüchlein über Allerlei was im deutschen Vaterland besonders Noth thut* aus dem Hungerjahr 1819, in dem für den „deutschen Bürgers- und Bauersmann" (HL 77) die Prinzipien einer demokratischen Umgestaltung des Staats dialektisch entwickelt werden. Der Verfasser, Büchners späterer Freund **Wilhelm Schulz**, Leutnant und nach seiner Entlassung Journalist, verfolgte das Ziel einer breit angelegten Volksaufklärung, die die Kluft zwischen den Volksmassen und ihren intellektuellen Führern beseitigen und politisches Bewusstsein schaffen sollte. Angriffspunkte sind Steuerwesen, Gesetzgebung und Militär, die als opportunistische Herrschaftsinstrumente entlarvt werden. Ganz bewusst fügt auch Schulz bereits Bibelzitate ein, um die Aufnahme beim bäuerlichen Publikum zu sichern. Gleichfalls dialogisch, allerdings personell fixiert vermittelt wird der oppositionelle republikanische Ansatz in **Ehrenfried Stoebers** 12-teiliger Flugschriftenserie *Gradaus* (1830/31), die Büchner in seinen ersten Straßburger Studienjahren gelesen haben wird. In dieser Zeit dürfte er auch die im Prozess um die ‚Société des Amis du Peuple' gehaltene Verteidigungsrede des Sozialrevolutionärs **Louis-Auguste Blanqui** vom 12. Januar 1832 kennen gelernt haben. Unter dem Titel *Défense du citoyen Auguste Blanqui devant la Cour d'Assises* kursierte sie zwei Monate später bereits als Flugschrift; in Straßburg wurde eine deutsche Übersetzung gedruckt. In der Gegenüberstellung der untersten Bevölkerungsschichten und der ‚Privilegierten', der Anprangerung der Geldaristokratie als Ausbeuter des Proletariats und der Aufgliederung fiskalischer Ungerechtigkeiten lassen sich Gemeinsamkeiten mit dem *Landboten* bis hin zur Bildmetaphorik finden. Anregung für eine finanzstatistische Argumentationslinie könnte Büchner auch von **Ludwig Börne** erhalten haben, der im 66. seiner *Briefe aus Paris* die Zivillisten der Budgets von Frankreich und Bayern vergleicht und zeigt, wie überzogen die bayrischen Herrschaftsausgaben sind. Dezidiert an die ländliche Bevölkerung wendet sich das *Bauern-Conversations-Lexicon* der mitgliederstarken, republikanisch gesinnten Frankfurter *Union*, eines Handwerkerbunds unter intellektueller Führung von Rechtsanwälten und Journalisten, die die Bauernagitation freilich bloß als Mittel zur Durchsetzung ihrer revolutionären Ziele verstanden, mit dem politischen Wandel nicht aber einen sozialen anstrebten. (H 389) Auf Weidigs Flugschriftenreihe *Leuchter und Beleuchter für Hessen,* die nicht nur für seine Überarbeitungen, sondern auch für Büchners Konzeption mehr als Kontrastbild denn als Vorlage von Bedeutung ist, wurde bereits hingewiesen. Ob Büchner Gelegenheit hatte, auch noch mögliche Anregungen aus sozialrevolutionären Flugschriften einzuarbeiten, die er während der Semesterferien in Straßburg kennen gelernt haben wird, ist nicht gesichert. Mayer (1987, 173) nennt drei im Februar 1834 erschienene Schriften: das *Glaubensbekenntnis eines Geächteten*, den *Aufruf eines Geächteten an die deutschen Volksfreunde* sowie die *Erklärung der Menschen- und Bürgerrechte*, in weiten Teilen eine Übertragung des *Projet de constitution républicaine*, das Büchner schon 1833 gelesen haben könnte.

Seine argumentative Überzeugungskraft auf rationaler Ebene erhält der *Landbote* durch die Präsentation und geschickte Auslegung **finanzstatistischen Materials**. Wurde es in vorangehenden agitatorischen Schriften lediglich als Zusatzargument eingesetzt, bekommt es hier eine dominante strukturierende Funktion, die bereits im typographischen Satz ersichtlich wird. Um den hessischen Bauern ihre tatsächlich triste Situation vor Augen zu führen, musste man ihnen – so Büchner in Beckers Erinnerungsprotokoll – „zeigen und vorrechnen, daß sie einem Staate angehören, dessen Lasten sie größtentheils tragen müssen, während andere den Vortheil davon beziehen" (HL 106). Die erforderlichen Daten entnahm Büchner dem 1831 erschienenen 4. Band der *Statistisch-topographisch-historischen Beschreibung des Großherzogthums Hessen* von Georg Wilhelm Justin Wagner, die ihm schon aus dem Schulgeschichtsunterricht bekannt gewesen sein könnte. Da Weidig Subskribent der Statistik war, konnte Büchner sich diese von ihm entlehnen. Das (von Flüchtigkeitsfehlern abgesehen) korrekt übernommene Zahlenmaterial findet sich vollständig im Kapitel ‚Finanzwesen'. Ob das Zielpublikum, die ländliche Bevölkerung, hinreichend aufnahmefähig war für eine differenzierte Argumentation über Statistik, sei dahingestellt; allein die Größenverhältnisse müssten ihre Wirkung getan haben.

Rhetorisch eingekleidet wird die finanzstatistische Aufklärung mit **sprachlichen Eigentümlichkeiten und Metaphern der Bibel**, um das Landvolk anzusprechen. Diese ‚Ueberzeugungsgründe aus der Religion des Volks' entsprachen zu sehr dem wirkungsästhetischen Kalkül Büchners, als dass man die Aussage Beckers, die biblischen Stellen seien die spätere Zutat Weidigs (HL 109), zu strikt interpretieren sollte. Ohne Zweifel operierte bereits Büchners Entwurf mit der suggestiven Bildkraft der Heiligen Schrift. Der Butzbacher Pfarrer mag einige Bibelstellen auch im ersten, überwiegend Büchner zuzuordnenden Teil der Flugschrift eingefügt haben, doch die Verquickung von biblischen und statistischen Argumenten ist sicherlich nicht erst seiner Redaktion zu verdanken. Denn schon der ungemein manipulative Beginn der Schrift und sein Abgleich der realen Verhältnisse mit der Schöpfungsgeschichte und -ordnung verrät Büchners charakteristische Technik der Zitatdekonstruktion, die auf Quellentreue keinen Wert legt, sondern sich virtuos der dadurch vermittelten Emotionen bedient. Schließlich wurden in der Genesis sowohl das „Gethier, das auf Erden kriecht" (HL 6) als auch der Mensch am sechsten Tag von Gott erschaffen. Um aber den schöpfungswidrigen Unterschied zwischen Bauern und Handwerkern auf der einen Seite und den Vornehmen auf der anderen herauszustreichen, setzt Büchner die unterprivilegierten Schichten in Beziehung zum fünften Tag der Schöpfung, der einer niedrigeren Stufe des Daseins entspricht (und dem Wassergetier und den Vögeln vorbehalten war). Im zweiten Teil mit Weidigs umfangreichen Exkursen weicht diese subtile Umdeutung biblischer Sinngebung dem direkteren Beweisverfahren religiöser Rhetorik. Sprachbilder übernimmt Büchner darüber hinaus auch aus belletristischen Arbeiten wie Jean Pauls Roman *Hesperus*.

1.4 Aspekte der Forschung

Beckers vereinfachende Zuordnung der ‚biblischen Stellen' sowie des Schlusses auf das Konto Weidigs war Ausgangspunkt für die bis heute umstrittene Frage, **welche Textteile tatsächlich von Büchner** stammen und welche vom Butzbacher Pfarrer oder möglichen anderen Bearbeitern. (M, Mayer 1980, 1982, 1987, Holmes 1986, Müller Nielaba 1994, Schaub 1996, Knapp 2000). Es ist dies ein Problem, das sich in Ermangelung des büchnerschen Autographs bzw. der Druckvorlage für die Juli-Fassung nie gänzlich lösen lassen wird, dessen Diskussion gleichwohl aber für die intendierte konzeptionelle Verortung der Flugschrift unumgänglich ist. Dass zwei Autoren für den Gesamttext verantwortlich zeichneten, war seit Martin Schaeffers *Actenmäßiger Darlegung* (1839) der revolutionären Vorfälle bekannt und dieser intentionalen wie auch stilistischen Zweiteilung versuchte man in verschiedenen Editionen durch eine Differenzierung der Textschichten auch

Rechnung zu tragen. Fügte Franzos in seiner Gesamtausgabe bereits ein Verzeichnis jener Stellen bei, welche er Weidig zuordnete, so versuchten spätere Editoren wie Eduard David (1896) und Fritz Bergemann (1922), die jeweiligen Anteile durch verschiedene Drucktypen kenntlich zu machen, oder wie Wilhelm Hausenstein (1913) und Adam Kuckhoff (1927) durch Streichungen der vermutlichen Weidig-Passagen den Büchner-Text als Fragment zu rekonstruieren. Schon der Vergleich dieser unsystematisch durchgeführten und nur unzulänglich wissenschaftlich begründeten Zuordnungen aber macht deutlich, dass hier eher intuitiv entschieden wurde und vor allem stilistische Kriterien zum Tragen kamen. Tatsächlich ist die **Stilebene des Texts uneinheitlich** und manche Abschnitte weisen Eigentümlichkeiten auf, die durch Werkvergleiche mit ziemlicher Gewissheit einem der beiden Autoren zugeordnet werden können. Doch darf dabei – wie Schaub zu recht anmerkt – nicht die „Adressatengebundenheit und Wirkungsbezogenheit“ (HL 199) einer an das ungebildete Landvolk gerichteten Flugschrift übersehen werden, bei deren Erstellung personalstilistische Eigenheiten zugunsten einer genretypischen, adressaten- und intentionsgerechten Sprach- und Stilgebung zurückgenommen werden mussten.

Eine bis heute grundlegende philologische Fundierung erhielt die Textanalyse durch Mayers Differenzierungsversuch (M 183–287), der einen auffälligen **Bruch in der Mitte des Texts** nach dem starken Bild der Lampen, „aus denen man mit dem Fett der Bauern illuminirt“ (HL 20), lokalisiert. Seiner These zufolge gibt der vorausgehende Teil ein redigiertes Manuskript Büchners wieder mit vergleichsweise wenigen Eingriffen Weidigs, der zwar punktuell Ersetzungen vornimmt und kleinere Stellen ergänzt, aber den Text strukturell weitgehend unverändert lässt. Der folgende Teil aber deute auf eine eigenständige Handschrift Weidigs als Druckvorlage hin und enthalte nur mehr spärliche Textanteile Büchners. Beckers Hinweis, „überhaupt der Schluß“ (HL 109) stamme von Weidig, wird damit auf beinah die Hälfte des *Landboten* extrapoliert. Bedenken gegen diese wohl zu rigorose Umverteilung wurden wiederholt geäußert, da man (wie etwa Hauschild und Knapp) kleinere und größere Textpassagen auch im zweiten Teil Büchner zuschrieb bzw. (wie Müller Nielaba und Schaub) die Bedeutung des Subtexts als Basis der Überarbeitung Weidigs hervorhob. (H 410, K 85, Müller Nielaba 1994, HL 196) Dies scheinen auch die Augenzeugenberichte zu bestätigen. Becker selbst vermutet ja, dass seine Reinschrift, allerdings „in veränderter Gestalt“, Druckvorlage der Flugschrift gewesen sei und auch Clemm spricht beim „Konzept zu dem Landboten“ nur von „Korrekturen von Weidigs Hand“ (M 183f.), nicht aber von zwei unterschiedlichen Teilen. Die Präsenz von Büchners Fassung auch bei massiver Überarbeitung durch Weidig ist m. E. in der Druckvorlage denkbar, wenn das Konzept wie üblich zweispaltig gehalten war, eine Spalte für die Reinschrift, die andere für Anmerkungen und auch größere Überarbeitungen. Auf Leerseiten am Ende des Manuskripts konnten die einzufügenden Exkurse nachgetragen werden; dies würde nicht zuletzt auch Beckers Bemerkung bestätigen. Für die Büchner-Forschung indirekt von Interesse, vor allem in der weiteren Aufweichung der ursprünglichen Intention, ist die Zuordnung der **Bearbeitungen für den Zweitdruck** in Marburg, der auf Initiative Weidigs zustande kam. Aus der Verhöraussage des Druckers Rühle (M 248) geht die Beteiligung Eichelbergs hervor, wodurch sich die Meinung der älteren Forschung revidiert, Weidig sei für die weitere Liberalisierung der Schrift allein verantwortlich. Geklärt ist allerdings auch hier noch nicht die Frage, wie hoch der Anteil der Marburger Gruppe um Eichelberg, die die Druckmöglichkeit vermittelt und dadurch ein gewichtiges Wort an der Gestaltung mitzureden hatte, tatsächlich ist. Immerhin tragen – wie Schaub zeigt (HL 202f.) – zwei der drei größeren Zusätze mit ihren persönlichen Angriffen die argumentative Handschrift des Pastors, der auch das konspirationstaktische Vorwort auf Anraten Eichelbergs strich.

Eng verbunden mit der Differenzierung der Textanteile ist die Diskussion, welche **politische Ausrichtung** die Flugschrift in ihrer ursprünglichen Version von der Hand Büchners und in ihren beiden veröffentlichten Fassungen aufwies. Auch hier ist es den Arbeiten Mayers (M, Mayer 1981, 1987) zu verdanken, dass die in der älteren Forschung oftmals recht diffus charakterisierte Position Büchners (jakobinisch, sozialromantisch, philanthropisch) und die in Abgrenzung dazu überschießend antithetisch dargestellten Ansichten Weidigs (konstitutionell, liberal) zurechtgerückt, präzisiert und in einen revolutionstheoretischen Kontext eingestellt wurden. Allerdings sorgt die zugespitzte politische Verortung Büchners als Vertreter eines revolutionären Frühkommunismus bis heute für Debatten. Mayer differenziert innerhalb der hessischen oppositionellen Bewegung drei verschiedene Fraktionen, die auf die Gestaltung des Texts Einfluss nahmen: einen revolutionsutopischen Neobabouvismus, der Büchners Entwurf gekennzeichnet haben soll, einen neojakobinischen, biblisch und naturrechtlich argumentierenden Antikapitalismus und Antimonarchismus, mit dem Weidig Büchners radikalen Egalitarismus abschwächt, und einen bildungsbürgerlichen Liberalismus, der vor allem in der zweiten Druckfassung stärker zum Ausdruck kommt. Der ursprünglich **klassenkämpferischen Schrift** zum Wohl der besitzlosen Massen sei in der ersten Überarbeitung zunächst die Propagierung einer Gütergemeinschaft sowie die Bloßstellung der Landstände als Instanz der Geldaristokratie verloren gegangen. Unter dem Einfluss der Marburger Gruppe wurde dann auch noch die sozialrevolutionäre Tendenz durch liberale Freiheitskampfformeln abgeschwächt. Doch muss zweierlei in Betracht gezogen werden: Zum einen lassen anzunehmende **Konzessionen an ein ungebildetes Publikum** es problematisch erscheinen, den *Landboten* als Manifest einer politischen Überzeugung zu sehen und fehlende ideologische Bausteine einer rigorosen Bearbeitung anzulasten. Zum anderen sind auch **taktische Zugeständnisse** mitzubedenken, die die Autoren und Bearbeiter entgegen ihrer eigentlichen Position machten, um die Mitverschworenen nicht vor den Kopf zu stoßen. (HL, K)

Becker, der die büchnersche Urfassung sehr gut kannte, charakterisierte sie in seinem Verhör, man hätte sie „allenfalls als eine schwärmerische, mit Beispielen belegte Predigt gegen den Mammon, wo er sich auch finde, betrachten können".

Durch Weidigs Überarbeitungen, „namentlich dadurch, daß an die Stelle der Reichen die Vornehmen gesetzt sind und daß das, was gegen die s.g. liberale Partei gesagt war, weggelassen“ wurde, sei die Schrift jedoch „noch gehässiger geworden“ (HL 109). Das verträgt sich auf den ersten Blick freilich schlecht mit der gängigen Ansicht, Weidig habe Büchners radikalen Entwurf entschärft. Auch wenn Becker zur eigenen Entlastung nach dem Tod der beiden Autoren versucht haben wird, dem von ihm abgeschriebenen Manuskript eine harmlosere Tendenz zu geben, scheint er hier doch auch Grundsätzliches anzusprechen: Büchner ging es um Systemkritik, die im Aufzeigen der Abhängigkeiten vor Auge führen wollte, wie die Besitzlosen durch die Reichen ausgebeutet werden. Nicht ausgenommen aus dieser Kritik war die landständische Opposition, die nur wie in Frankreich der Geldaristokratie an die Macht verhelfen würde. (HL 112) Büchners Appell richtete sich also nicht nur gegen die **Aristokratie als Ausbeuter** des unterdrückten Volks, sondern versuchte auch das **egoistische Interesse des liberalen Bürgertums** an der Kontinuität des Herrschaftssystems herauszuarbeiten. Die Geschichte hatte gezeigt, dass die liberale Bourgeoisie letztlich der eigentliche und einzige Gewinner der Französischen Revolution war, auch wenn man im Kampf das Gemeinwohl aller ausgebeuteten Klassen als Ziel postuliert hatte. Die Erfahrungen der Juli-Revolution ließen Büchner argwöhnen, dass eine revolutionäre Koalition mit dem liberalen Flügel auch in Hessen ein ähnliches Ergebnis zeitigen würde. Weidig aber verwischte die klassenkämpferische Position Büchners zum Protest gegen die Feudalaristokratie und ihre Günstlinge. Dafür aber fügte er neben seinen revolutionstheologischen Argumenten vor allem auch persönliche Invektiven gegen führende Vertreter der Restauration hinzu. Die Radikalität des ideologischen Standpunkts wurde auf diese Weise ersetzt durch eine unmittelbarere **Radikalität des personenbezogenen Angriffs**. Weidigs Abänderungen der politischen Intention sind neojakobinischen Vorstellungsmustern verpflichtet, dass nach der gewaltsamen Entfernung einer feudalaristokratischen Willkürherrschaft sich eine gerechtere, von politischen und sozialen Abhängigkeiten gereinigte Gesellschaftsform etablieren könne. Büchner teilte diesen Revolutionsidealismus auf Basis aufklärerischer Vernunftpostulate nicht. Denn die Beseitigung des ständischen Privilegiensystems bedeutete keineswegs die Durchsetzung des egalitären Prinzips im ökonomischen Bereich. (Grab 1990, 69) Unterdrückung fand auch weiterhin, wenngleich mit anderen Profiteuren, statt.

Aufgrund falscher Vorstellungen zur **Intention der Flugschrift** wurde Büchners Projekt lange Zeit als gescheitert verstanden und sein weiteres Handeln und Schreiben, vor allem aber sein Erstlingsdrama, unter diesem Gesichtspunkt interpretiert. (Landau 1909, Viëtor 1934, 1949, Mayer 1946) Doch von einer Resignation kann 1834 – wie Mayer (1981) zeigt – keine Rede sein. Politisches Ziel Büchners war längerfristig eine revolutionäre Umgestaltung der Gesellschaft, um den Gegensatz zwischen reichen und armen Bevölkerungsschichten aufzuheben. Dieser engagierte Egalitarismus aus Solidarität mit den Notleidenden hinderte ihn jedoch nicht an einer realistischen Einschätzung der Lage. Becker referiert Büchners Sicht „in seinen eigenen Worten“ folgendermaßen:

> Die Versuche, welche man bis jetzt gemacht hat, um die Verhältnisse Deutschlands umzustoßen, [...] beruhen auf einer durchaus knabenhaften Berechnung, indem man, wenn es wirklich zu einem Kampf, auf den man sich doch gefaßt machen mußte, gekommen wäre, den deutschen Regierungen und ihren zahlreichen Armeen nichts hätte entgegen stellen können, als eine handvoll undisciplinirte Liberale. Soll jemals die Revolution auf eine durchgreifende Art ausgeführt werden, so kann und darf das bloß durch die große Masse des Volkes geschehen, durch deren Ueberzahl und Gewicht die Soldaten gleichsam erdrückt werden müssen. (HL 105)

Schon in seiner Reaktion zum Frankfurter Wachensturm hatte Büchner die Vorstellung einer Initialzündung für einen allgemeinen Aufstand des Volks als naiv gewertet. Die große Masse konnte „vor der Hand nur durch Flugschriften“ gewonnen werden – durch eine neue Art der Flugschriften allerdings, in denen nicht „die Rede vom Wiener Congreß, Preßfreiheit, Bundestagsordonnanzen u. dgl.“ (HL 105) sei, sondern die gezielt auf die Bedürfnisse der hessischen Bauern eingeht und einen eigenständigen Erkenntnisprozess fördert. Dabei ist Büchners Bild seiner Zielgruppe keineswegs idealistisch verbrämt, im Gegenteil. Aufgrund der Existenzsorgen gleichgültig gegenüber politischen Leitbildern und von „ziemlich niederträchtige[r] Gesinnung“, seien die Bauern „fast an keiner Seite mehr zugänglich [...] als gerade am Geldsack.“ (HL 106) Hier war der Hebel, hier musste eine intellektuelle Sensibilisierung für die selbstverschuldete Unmüdigkeit beginnen, indem der Zusammenhang zwischen dem **Elend der Landbevölkerung** und der **fiskalischen Ausbeutung** als Akt staatlicher Unterdrückung aufgezeigt wird.

Hinsichtlich der Adressaten und der vorrangigen Aufgabe der **Volksaufklärung** für eine spätere Mobilisierung waren sich Büchner und Weidig also ebenso einig wie bei der strategischen Beförderung dieser Aufklärung mit biblischer Rhetorik und Bildsprache. (M, HL, K, Burkhardt 2002) Aufgabe der sich mit der Unterschicht solidarisierenden geistigen Elite war es, das Volk über die tatsächlichen Verhältnisse und Zusammenhänge aufzuklären, seine oktroyierte Ergebenheit in ein forderndes Selbstbewusstsein zu wandeln, seine Bedürfnisse zu artikulieren und seinem Aufruhr Organisation und Richtung zu geben. Natürlich war sich Büchner – so überliefert Schulz – darüber im Klaren, dass sich „Revolutionen nicht machen [ließen], am wenigsten durch Flugschriften“, doch war der *Landbote* ein Test, „in wie weit das deutsche Volk zur Theilnahme bereit sei“ (S 80f.). Darüber hinaus war die Agitationsschrift ja nicht nur ein Signal der Unterstützung an die Unterschicht, sondern auch ein Zeichen des Protests an die Obrigkeit. Deren rigorose Vorgehensweise musste die Verschwörer darin bestärken, einen Nerv getroffen zu haben. Schon unter diesem Gesichtspunkt konnte Büchner die ***Landboten*-Aktion nicht als gescheitert** betrachten, auch wenn er nicht unerwartet zur Kenntnis nehmen musste, dass sich das Volk noch nicht bereit zum Umsturz zeigte. Der Hebel des materiellen Elends war offenbar noch zu kurz.

1.5 Analyse

Wie wir aus Beckers Aussagen wissen, stammen die ersten Textteile der Schrift von Weidig. Der vergleichsweise harmlose Titel erfüllt einen mehrfachen Zweck: Er definiert das Zielpublikum, die hessische bäuerliche Bevölkerung, verleiht dem Flugblatt in Anlehnung an populäre Wochen- und Tagesmedien wie den *Bayerischen Landboten* (und verstärkt noch durch den fingierten Druckort, das Machtzentrum Darmstadt) einen offiziösen Charakter, erhebt aber doch durch die Person des kritischen Nachrichtenbringers einen über die amtliche Verlautbarung hinausgehenden Aufklärungsanspruch. Der Untertitel ‚Erste Botschaft' verweist auf folgende und spielt mit der biblischen Assoziation der ‚frohen' Botschaft des Neuen Testaments. Schon den Mitbeteiligten bedenklich erschienen ist **Weidigs Vorbericht** mit Verhaltensanweisungen, da er die Lektüre bereits zu Beginn zum hochverräterischen Akt erklärt und eine etwaige Verteidigung somit erschwert. Das Beispiel Minnigerodes, dessen praktische Anwendung des 4. Punkts als Entlastungsversuch bei seiner Festnahme die Sache nur verschlimmerte, bestätigt diese Problematik, die im November-Druck mit der ersatzlosen Streichung erledigt wurde. Allerdings sollten die wirkungsästhetischen Effekte des Vorworts nicht unterschätzt werden: Zum einen arbeitet es die gefährliche Brisanz und damit auch den Wert der angekündigten Wahrheit heraus, die nun vom Leser mit Spannung erwartet wird. Zum anderen macht es die Unterdrückung der Wahrheit als Machtmittel erkennbar und bereitet der Strategie der Flugschrift den Weg, durch politische Aufklärung und Information diese Unterdrückungsmechanismen der Herrschenden aufzudecken und zu bekämpfen.

Mit dem berühmten **Motto** „Friede den Hütten! Krieg den Pallästen!" beginnt Büchners Text, der alle rhetorischen Register zieht. Auch wenn der Wahlspruch nicht sein alleiniges geistiges Eigentum ist, sondern eine Abwandlung des in der Französischen Revolution geläufigen Kampfspruchs „Guerre aux châteaux! Paix aux chaumières", der dem Dichter Nicolas Chamfort zugeschrieben wird – gewählt ist er glänzend. Dem gebildeten Publikum schlug die revolutionäre Parole eine ideologische Brücke zum französischen Vorbild der jakobinischen Volksagitation und den Bauern signalisierte es Solidarität und gab ein Feindbild vor. Strukturell aber komprimiert es den zentralen Konflikt (des ersten Teils) der Flugschrift, den antikapitalistischen Klassenkampf von Arm und Reich, zur eingängigen Formel, die anschließend *in extendo* ausgelegt wird. In einem ersten Argumentationsschritt wird das ungleiche Besitzverhältnis, dieses „einzige revolutionäre Element in der Welt" (P 400), zunächst nach seiner evolutionären Berechtigung hinterfragt. Durchaus naheliegend wird dabei als **übergeordnete Autorität die Bibel** herangezogen, deren Sprache dem Landvolk vertraut ist und deren Wertesystem Grundlage seiner Identität ist. Zu Beginn als Bezugs- und Begriffssystem eingeführt, bezieht die Agitationsschrift über die „Ueberzeugungsgründe aus der Religion des Volks" bis zum Ende ihren argumentativen Schwung:

> Im Jahr 1834 siehet es aus, als würde die Bibel Lügen gestraft. Es sieht aus, als hätte Gott die Bauern und Handwerker am 5ten Tage, und die Fürsten und Vornehmen am 6ten gemacht, und als hätte der Herr zu diesen gesagt: Herrschet über alles Gethier, das auf Erden kriecht, und hätte die Bauern und Bürger zum Gewürm gezählt. Das Leben der Vornehmen ist ein langer Sonntag, sie wohnen in schönen Häusern, sie tragen zierliche Kleider, sie haben feiste Gesichter und reden eine eigne Sprache; das Volk aber liegt vor ihnen wie Dünger auf dem Acker. Der Bauer geht hinter dem Pflug, der Vornehme aber geht hinter ihm und dem Pflug und treibt ihn mit den Ochsen am Pflug, er nimmt das Korn und läßt ihm die Stoppeln. Das Leben des Bauern ist ein langer Werktag; Fremde verzehren seine Aecker vor seinen Augen, sein Leib ist eine Schwiele, sein Schweiß ist das Salz auf dem Tische des Vornehmen. (HL 6-8)

Im christlichen Denken wurde die Welt mit dem Akt der Schöpfung einer göttlichen Ordnung verpflichtet, an deren Spitze der Mensch steht. Von einer hierarchischen Differenzierung der Menschen weiß die Genesis nichts zu berichten. Die Wirklichkeit des Jahres 1834 allerdings ist geprägt von einer solchen Trennung, sodass sich die suggestive Frage stellt, ob die Heilslehre oder das herrschende System falsch liegt. Den gläubigen Adressaten der Schrift freilich stand die Antwort außer Zweifel und auch der Konjunktiv verrät bereits vorweg, dass die **religiöse Wahrheit unangefochten** bleibt. Gottes Wort – so war noch der *sensus communis* der bäuerlichen Bevölkerung – kann nicht irren (auch die Französische Revolution hatte gezeigt, dass es der Agitation letztendlich nicht dienlich war, die Bauern mit atheistischen Konzepten zu verunsichern). Da die gesellschaftliche Wirklichkeit, die nun im Indikativ präsentiert wird, nicht der Schöpfungsordnung entspricht, muss sie falsch, widernatürlich sein. Der Gruppe der Vornehmen – in Büchners Intention: der Reichen – ohne Arbeitsbedürfnis und bar aller Existenzsorgen steht das verarmte Volk gegenüber, das nun nicht mehr in Bibelmetaphorik charakterisiert wird, sondern in eingängigen **Bildern aus der bäuerlichen Lebenswelt**. Aus Sicht der Vornehmen ist der Bauer nichts als „Dünger auf dem Acker“ (HL 8), notwendiges Exkrement, das den Boden fruchtbar macht. Er steht auf derselben Stufe wie sein Zugvieh, dem er in seiner Fronarbeit für ein scheinbar höheres Wesen gleicht, reduziert auf seinen Nutzwert. Der Erlös seiner Arbeit, die sein ganzes Sein definiert, wird ihm geraubt: „sein Leib ist eine Schwiele, sein Schweiß ist das Salz auf dem Tische des Vornehmen.“ Hier zeigt sich erstmals Büchners Vorliebe für drastische Sprachbilder aus existenziellen Bereichen des menschlichen Lebens, die die Unrechtmäßigkeit der Zustände vor Augen führen sollen. Komplizierte gesellschaftliche Zusammenhänge werden auf antithetische Verhältnisse vereinfacht und sprachlich eingängig illustriert.

Im Mittelpunkt steht der **Körper des Einzelnen**, der in der Ausbeutung deformiert, animalisiert, entmenschlicht, nach dem bloßen Ertrag bewertet wird und in der Masse für den „Leib des Volkes“ (HL 8), den geknechteten Volkskörper steht (der soziologisch undifferenziert bleibt). Ihm entgegen steht der **künstliche Staatskörper**, eine beliebte politische Metapher der Naturrechtstheorie der Aufklärung. Im Sinne der Staatslehre Thomas Hobbes’ ist dieser – aus den Individualkörpern der

Privatpersonen modelliert und ernährt durch Steuern – die höchste Gewalt auf Erden, die dem Krieg aller gegen alle ein Ende macht und in seinem Inneren für Ruhe, Sicherheit und Ordnung sorgt (vgl. Guldin 1999). Im zweiten Schritt der Beweisführung wird nun der hessisch-darmstädtische Staatskörper statistisch seziert und ganz im Gegensatz zur Hobbes'schen Vorstellung vom Gemeinwohlgaranten als parasitäre Lebensform durchschaubar gemacht. Um sich selbst zu erhalten, beutet der Staat den vitalen Volkskörper aus und jedes seiner Glieder dient zur Aufrechterhaltung dieser Ausbeutung. Mit dem **offiziellen Zahlenmaterial des Staatsbudgets** (das verfassungsgemäß veröffentlicht werden musste) dokumentiert Büchner nun, wie dieser Machtapparat nicht das Wohl des Volks verfolgt, sondern die Kluft zwischen den Ausgebeuteten und den Profiteuren offen hält, ja ständig vergrößert. Einer überwältigenden Mehrheit von 700.000 Steuerzahlern – und in agitatorischer Vereinfachung werden darunter bloß Bauern und Handwerker verstanden – wird im Namen des Staats ein Blutzehent von über sechs Millionen Gulden abgepresst. Durch ‚direkte' und ‚indirekte' Steuern, Einnahmen aus Domänen und Regalien und weitere Abgaben – Büchner hebt in Abweichung von der Vorlage explizit die verhassten Geldstrafen hervor – wird das Volk zur Ader gelassen, um den Staat zu ernähren. Dessen Aufgabe sei es nach dem naturrechtlichen Staatskonzept eigentlich, mithilfe der Abgaben durch Gesetze das „Wohl *Aller*" (HL 8), also jedes Untertanen ohne Unterscheidung von Stand und Herkunft, zu sichern. Doch die Gesetzgebung im Großherzogtum Hessen-Darmstadt diene nur dazu, eine ungerechte Ordnung, die wenigen ‚Vornehmen' zugute kommt, aufrecht zu erhalten und das Volk zu unterdrücken.

Als Urheber dieser Ungerechtigkeit werden die **Repräsentanten von Legislative** (Regierung) und **Exekutive** (der aufgeblähte Beamtenapparat) entlarvt und in einer weiteren Kaskade von Machtmetaphern aus dem Bereich bäuerlicher Körperverwertung bloßgestellt:

> Das Volk ist ihre Heerde, sie sind seine Hirten, Melker und Schinder; sie haben die Häute der Bauern an, der Raub der Armen ist in ihrem Hause; die Thränen der Wittwen und Waisen sind das Schmalz auf ihren Gesichtern; sie herrschen frei und ermahnen das Volk zur Knechtschaft. Ihnen gebt ihr 6,000,000 fl. Abgaben; sie haben dafür die Mühe, euch zu regieren; d. h. sich von euch füttern zu lassen und euch eure Menschen- und Bürgerrechte zu rauben. (HL 10)

Der grundlegende Gegensatz von Arm und Vornehm wird hier durch weitere Zuordnungspaare negativ ausgestaltet: Arbeit versus Müßiggang, Knechtschaft versus Freiheit, Rechtlosigkeit versus Privilegienanspruch. In der Folge zergliedert Büchner einzelne verhasste, die Lebensumstände der bäuerlichen Bevölkerung am meisten belastende Ausgabeposten des Budgets (vier betreffen Verwaltungsressorts, drei die Verfassungsorgane), um die **Zweckentfremdung der Abgaben** für die Stabilisierung des Machtapparats herauszuarbeiten. Aufhänger ist jeweils ein Kosten-Nutzen-Abgleich, der stets zugunsten der Herrschenden ausfällt. Das Volk bezahlt mehr als eine Million Gulden für das Innen- und Justizministerium und bekommt dafür einen unverständlichen „Wust von Gesetzen, zusammengehäuft aus willkürlichen Verordnungen aller Jahrhunderte“ (HL 10). Dieses Gesetz zielt freilich nicht auf eine allgemeine Gerechtigkeit ab, denn es ist „das Eigenthum einer unbedeutenden Klasse von Vornehmen und Gelehrten, die sich durch ihr eignes Machwerk die Herrschaft zuspricht.“ (HL 10) Unübersehbar verarbeitet Büchner hier die neobabouvistische Theorie, dass die Gesetzgeber stets auch Nutznießer ihrer Gesetze sind. Gegängelt und korrumpiert, sei die Justiz „seit Jahrhunderten die Hure der deutschen Fürsten“ (HL 12), deren Willkür das Volk schutzlos ausgeliefert ist. Aus dem Etat für das Finanzministerium werden jene gut bestallten Bürokraten bezahlt, die die überzogene Steuerlast des Bauern festlegen. Mit dem Militärbudget werden Bauernsöhne ausgerüstet und zu willfährigen Dienern des Systems gemacht, die unter dem Kommando der „ungeratenen Buben vom Adel“ gerechte Freiheitsbestrebungen blutig niederschlagen; sie sind die „gesetzlichen Mörder, welche die gesetzlichen Räuber schützen“. Wer dem Staat treu gedient hat, also „eifriger Handlanger bei der regelmäßig eingerichteten Schinderei gewesen [ist], die man Ordnung und Gesetz heißt“ (HL 14), dem wird aus dem Pensionshaushalt ein Ruhepolster bezahlt.

Abb. 6: Leo Leonhard: Illustration zum *Hessischen Landboten* (Radierung im Erstzustand, 1987)

Die größten Schurken aber werden mit dem Steuergeld für das Staatsministerium und den Staatsrat entlohnt. Selbst wenn einmal ein „ehrlicher Mann“ im Staatsrat wäre, wäre er „nur eine Drahtpuppe, an der die fürstliche Puppe zieht und an dem fürstlichen Popanz zieht wieder ein Kammerdiener oder ein Kutscher oder seine Frau und ihr Günstling, oder sein Halbbruder – oder alle zusammen.“ (HL 16) In diesem grotesken Zirkel der Abhängigkeiten wird die **Selbstbezüglichkeit des überkommenen monarchischen Systems**, das zerschlagen werden muss, sinnfällig. Der fremdgesteuerte ‚fürstliche Popanz‘ ist gut dotiert: Immerhin ein Achtel des Gesamthaushalts fließt in die Apanage und die Aufwendungen für den herrschaftlichen Haushalt. Als Ausgleich dafür repräsentiert er den Staat und seine Macht, in seinem Namen vollzieht seine Beamtenschaft ein ungerechtes Gesetz. Dies funktioniert allerdings nur, solange dieser Repräsentativkörper des Fürsten unhinterfragt als „unverletzlich, heilig, souverän“ (HL 18) anerkannt wird. Büchner unterminiert dieses „monarchische Princip“, das er – laut Becker – „für die Ursache alles Elends hielt“ (HL 112), indem er den Blick des Rezipienten von diesem Repräsentationskörper weg auf die **Kreatürlichkeit** des menschlichen Körpers lenkt. Sieht man durch die Hülle des alles legitimierenden Fürstenmantels, so erkennt man einen Menschen wie jeden anderen, der nur durch die Akzeptanz seines vererbbaren Souveränitätsanspruchs Macht erhält. Indem das Volk dies zulässt, schafft es sich sein Unglück selbst. Das Bild des Fürstenmantels als Metapher des Souveränitätskonzepts wird deshalb durch Gegenbilder von abstoßender Eindringlichkeit ersetzt, die diese metaphysische Legitimation des Fürsten und seines Hofstaats endgültig vernichten sollen:

> Der Fürst ist der Kopf des Blutigels, der über euch hinkriecht, die Minister sind seine Zähne und die Beamten sein Schwanz. Die hungrigen Mägen aller vornehmen Herren, denen er die hohen Stellen vertheilt, sind Schröpfköpfe, die er dem Lande setzt. Das L. was unter seinen Verordnungen steht, ist das Mahlzeichen des Thieres, das die Götzendiener unserer Zeit anbeten. Der Fürstenmantel ist der Teppich, auf dem sich die Herren und Damen vom Adel und Hofe in ihrer Geilheit übereinander wälzen – mit Orden und Bändern decken sie ihre Geschwüre und mit kostbaren Gewändern bekleiden sie ihre aussätzigen Leiber. (HL 18)

Das erste, Jean Pauls *Hesperus* entlehnte Bild des Blutegels aus den Instanzen des Regierungsapparats stellt die monarchische Herrschaft als Schmarotzer am Volkskörper dar, der ihn aussaugt. Verstärkt wird der Bildbereich des Auszehrens noch durch die Schröpfköpfe der unersättlichen ‚vornehmen Herren'. Dass beides nicht mehr als Heilmittel verstanden werden kann, stellt auch die folgende Gleichsetzung des Herrschaftszeichens mit dem Stigma des Antichrists klar. Das nächste Bild greift die Legitimationsmetapher des Fürstenmantels direkt auf und formt diesen vom patriarchalischen Schutzmantel um zur Unterlage für das orgiastische Treiben des Hofs. Auch hier bedient sich Büchner der **Metaphorik des Ekelhaften**, wenn er das Frau-Welt-Motiv des verfaulenden Leibs zur Bloßstellung der höfischen Sündhaftigkeit adaptiert. Ein weiterer, ungemein dichter Bildkomplex der Unterdrückung, der Ausbeutung und Körperverwertung beendet diesen Abschnitt der Kritik am großherzoglichen Haushalt. Auffällig ist dabei die Aufforderung, sich selbst von den Missständen zu überzeugen und dann anderen davon zu erzählen.

Der folgende **Exkurs** (HL 20,11–36) hebt sich inhaltlich und sprachlich vom Vorstehenden ab und stammt mit hoher Wahrscheinlichkeit von Weidig. Behandelt wird das **Problem der Insubordination**, die einem Gläubigen zu dieser Zeit bedenklich erscheinen konnte. Immerhin hatte Paulus in seinem Römerbrief empfohlen, sich der Obrigkeit unterzuordnen, da jegliche Obrigkeit von Gott sei. Ein Text, der sich massiv auf die Autorität der Bibel stützt, um die bestehenden Herrschaftsverhältnisse anzugreifen, konnte hier in Erklärungsnot geraten. Weidigs diesbezügliche theologische Rechtfertigung ist pragmatisch: Als nicht frei vom Volk gewählt, sei die Obrigkeit „nicht von Gott" (HL 20) und so auch nicht rechtmäßig. Geschichtsklitternd charakterisiert er den deutschen Kaiser früherer Zeiten demgegenüber als solch eine frei gewählte Obrigkeit, der das Volk nach dem Jesus-Wort ‚Gebet dem Kaiser, was des Kaisers ist' Gehorsam schuldig wäre. Zwar hätten die Fürsten diese Ordnung verraten, doch eine Republik, „ein Freistaat mit einer vom Volk gewählten Obrigkeit" werde das derzeitige „Reich der Finsterniß" (HL 20) ablösen. Im Kontext der Argumentation bis zu dieser Passage, die auf den Sturz des Systems abhebt, nimmt sich diese Zukunftsvision, die später weiter ausgeführt wird, seltsam aus. Doch entspricht sie Weidigs **triadischem Geschichtsverständnis** (vgl. Mayer 1987), das ausgeht von einem harmonischen Urzustand und nach einer Phase der Demütigung die Herausbildung einer neuen Ordnung vorhersieht.

Ganz offensichtlich massiv überarbeitet ist der letzte **steuerstatistische Abschnitt**, der mit der Offenlegung des Budgets der Landstände eingeleitet wird, um aber unvermittelt in einen weiteren **historischen Exkurs** (HL 22,2–24,31) zu münden. Dass Weidig die Kritik an der landständischen Opposition, die hier zu erwarten wäre, tilgte, ist bekannt. Seine Handschrift ist denn auch in diesem Einschub zu den beiden französischen Revolutionen nicht zu übersehen, doch könnte dieser zumindest auf einem thematisch ähnlichen, vermutlich aber anders positionierten Textteil der Urfassung Büchners fußen. (K 85f.) Vorgestellt wird die französische Geschichte seit 1789 unter dem Aspekt der vergebenen Möglichkeiten. Mit Gottes Hilfe habe sich das Volk in den Revolutionen seine Freiheit erkämpft, diese jedoch aus eigener Schuld wieder verloren. Zum einen durch den Sündenfall der Inthronisation Napoleons, zum anderen durch die Krönung Louis Philipps. Die untragbaren Zustände – auch in deutschen Landen – erweisen sich in dieser Interpretation als Strafe Gottes, weil man sich der eigenen Freiheit begab und sich mit Versprechungen zufrieden stellen ließ. Erst im nächsten Abschnitt wird tatsächlich auf die Landstände eingegangen. Zwar könnten hier – wie auch im vorausgehenden Exkurs – einige Originalpassagen Büchners in die Beurteilung eingeflossen sein, doch nehmen sich die Beanstandungen an der Verfassung, der Ineffizienz des Landtags und der Parteilichkeit der Wahlgesetze insgesamt vergleichsweise mild aus.

Lässt sich Büchners neobabouvistische Kritik am gesetzlich verankerten Gegensatz von Arm und Reich bis an diesen Punkt der Flugschrift ohne Mühe auch in Weidigs Bearbeitungen nachweisen, so sind im letzten Drittel (HL 28,10–34,10) nur mehr vereinzelt Spuren von Büchners Urfassung zu finden. Den meisten Platz nimmt nun **Weidigs Revolutionseschatologie** ein, die der harschen Systemkritik mit ihrer Aufforderung zur Beseitigung der herrschenden Ordnung eine politische Zielvorstellung gibt. Stilistisch auffällig sind nun der moralisierende Predigerton, die Häufung, dafür aber nachlässigere Verankerung von Bibelstellen, eine konventionellere Bildlichkeit und der Hang zu Hypotaxen und inhaltlicher wie sprachlicher Redundanz. Weidigs gleichsam heilsgeschichtliche Deutung des politischen Widerstands folgt ein weiteres Mal der geschichtsphilosophisch-theologischen Dreiheit von Urzustand, sündhafter Abkehr und Auferstehung, die in der Vision eines (republikanischen) Paradieses mündet. Die revolutionstheologische Argumentation ist einfach und soll dem Volk die Rechtmäßigkeit eines Aufbegehrens gegen die herrschenden Zustände bestätigen. Deutschland, ehemals das „herrlichste Reich der Erde", habe sich „dem Götzendienste der vielen Herrlein, Kleinherzoge und Däumlings-Könige" ergeben, deren Legitimation nicht vom Volk und damit auch nicht von Gott sei. Als Strafe für den Abfall von Gott und der Freiheit wurde es zerschlagen und sein Volk in die Gewalt einer Obrigkeit gegeben, deren Verkommenheit am Beispiel des Bayernkönigs Ludwig illustriert wird. Doch nun sei die Zeit gekommen, dieser Willkür ein Ende zu bereiten. Im **Aufruf zum Kampf** der zahlenmäßig übermächtigen Armen gegen ihre „Presser" schließlich scheinen noch einmal Büchners Worte durchzuklingen:

> Hebt die Augen auf und zählt das Häuflein eurer Presser, die nur stark sind durch das Blut, das sie euch aussaugen und durch eure Arme, die ihr ihnen willenlos leihet. Ihrer sind vielleicht 10,000 im Großherzogthum und Eurer sind es 700,000 und also verhält sich die Zahl des Volkes zu seinen Pressern auch im übrigen Deutschland. Wohl drohen sie mit dem Rüstzeug und den Reisigen der Könige, aber ich sage euch: Wer das Schwert erhebt gegen das Volk, der wird durch das Schwert des Volkes umkommen. (HL 36)

Was nach einer gelungenen Revolution entstehen soll, deutet auch Weidig abschließend nur an. Ein geeintes ‚Reich der Gerechtigkeit' werde kommen, ein ‚Freistaat', in dem die verschiedenen Stände als Glieder eines Leibs gleichberechtigt in Freiheit leben. Vorerst aber solle sich das Volk im Geiste rüsten und auf ein Zeichen durch die Boten des Herrn warten.

Die religiösen Implikationen eines **Gottesgesandtentums** musste Büchner in Kauf nehmen, um seine ‚Zurüstungen im Geiste' – wenngleich auch zum Teil verfälscht – unter das Volk zu bringen. Die Ergebnisse der Flugschriftaktion, die zur Emanzipation des Volks beitragen und dessen revolutionäres Potential in Erfahrung bringen wollte, werden ihm vor Augen geführt haben, welcher „Riß zwischen der gebildeten und ungebildeten Gesellschaft" (P 440) noch klaffte. Doch aus seinem weiteren Vorgehen ein Resignieren abzuleiten, wäre falsch. Als ihm der Ermittlungsdruck des Behördenapparats gegen Ende des Jahres 1834 die direkte politische Agitation weitgehend unmöglich machte, hatte er bereits eine andere Ausdrucksmöglichkeit für sich gefunden: das Drama.

1.6 Wirkungsgeschichte und künstlerische Rezeption

Mit den **Untersuchungsberichten und Prozessakten** liegen uns Dokumente einer Wirkungsgeschichte des *Hessischen Landboten* vor, wie sie bei literarischen Werken nur selten zur Hand sind, können sie doch Aufschluss geben über die Verbreitung der Schrift beim Zielpublikum, den Stellenwert innerhalb des zeitgenössischen Flugschriftenkontexts und die agitatorischen Möglichkeiten. Doch zeichnen diese Dokumente aufgrund der verschiedenen Positionen und Interessen kein einheitliches Bild. Lange Zeit wurde Beckers Aussage, „daß die Bauern die meisten gefundenen Flugschriften auf die Polizei abgeliefert hätten" (HL 112), unhinterfragt als Beweis für ein Debakel der Aktion gewertet und übersehen, dass diese Behauptung des Inhaftierten darauf abzielte, seine Verwicklung in die Herausgabe und Verbreitung einer als hochverräterisch eingestuften Schrift herunterzuspielen. Denn wurde anderen Flugschriften aus dem Umfeld Weidigs zwar aufwieglerische Tendenz mit beleidigenden Drohungen bescheinigt, beurteilte das Gießener

Hofgericht den *Landboten* als „unzweifelhaft revolutionäre Flugschrift“ (HL 209), als „Ausfluß der verwerflichsten Gesinnung, als das Product des frechsten, zügellosesten Republikanismus“ (N 112). Die besondere **Gefährlichkeit der Schrift** sah man in der unverhohlenen Aufforderung zum Umsturz, also in der auf Büchner zurückgehenden Strategie, weniger einzelne Verfehlungen der Regierung anzugreifen, sondern diese selbst beseitigt wissen zu wollen. Die jahrelang hartnäckig verfolgte Aufklärung des Falls mit teils unmenschlichen Methoden, denen sich Weidig nach zwei Jahren Haft, wenige Tage nach Büchners Tod, durch Öffnen der Pulsadern schließlich freiwillig entzog, bezeugt, welcher Brisanz man der Schrift zumaß.

Im Volk scheint die Botschaft, nicht nur im materiellen Sinn, durchaus angekommen zu sein. Eichelberg sprach nach Angaben Clemms „von der guten Wirkung, die der Landbote unter den Curhessischen Bauern der Umgegend schon erzeugt habe“ (HL 116). Wer nicht selbst lesen konnte, dem wurde die Botschaft vorgetragen. Dies alles würde zu Schulz' Einschätzung von 1851 passen, der *Landbote* sei „in seiner Art und unbedingt das Bedeutendste, was seit den s.g. Befreiungskriegen die revolutionäre und populäre Presse Deutschlands aufzuweisen hat“ (S 60). Doch schon bald nach Büchners und Weidigs Tod scheint er in Vergessenheit geraten zu sein. Kenntnis vom Text hatte man ironischerweise nur mehr durch die Auszüge in Noellners *Actenmäßiger Darlegung*. 1850 besorgte Ludwig Büchner in den *Nachgelassenen Schriften* eine erste Teiledition unter dem Titel *Der ...sche Landbote*, allerdings – da etliches auch „noch heutzutage Staatsverbrechen involviren“ würde – entpolitisierend auf eine „Predigt für die Armen und gegen die Reichen“ (B 50, 48) zurechtgestutzt. Für den vollständigen Wiederabdruck dieser ‚ersten sozialistischen Broschüre in Deutschland‘ in der Frankfurter Zeitung zeichnete 1877 Franzos verantwortlich, der die Schrift auch drei Jahre später trotz der Bedenken seines Verlegers in seine Gesamtausgabe der Werke Büchners aufnahm. Die Frage der **sozialistischen Haltung Büchners**, die ihm schon sein Bruder Ludwig zugeschrieben hatte und nun das Interesse der jungen Sozialdemokratie fand, bestimmte die Diskussion im letzten Viertel des 19. Jahrhunderts. Schon 1889 ist die erste Übersetzung des *Landboten* ins Französische zu verzeichnen. Noch aber waren sich die Sozialdemokraten nicht einig, ob man den Verfasser der Schrift in die Ahnengalerie reihen sollte, wie dies Wilhelm Liebknecht bereits 1876 unternahm, oder doch eher auf Distanz ging, wie etwa der spätere Minister Eduard David, der die erste selbstständige Einzelausgabe des *Landboten* mit einer ausführlichen Studie 1896 besorgte.

Das Zentennarium 1913, vor allem aber die Folgen des Ersten Weltkriegs verstärkten noch das Interesse an der Agitationsschrift, deren Neuauflagen nicht zufällig oft **in Zeiten gesellschaftlicher Umbrüche** erfolgen. Schon 1916 hatte Wieland Herzfelde den *Landboten* in seinem *Almanach der Neuen Jugend* abdrucken lassen, als Ausdruck der Umsturzhoffnungen der oppositionellen Linken. Der Aktualität der Schrift bedienten sich 1919 (unter dem Eindruck der russischen Oktoberrevolution und der deutschen Novemberrevolution) mehrere Publikationen: Ausdrücklich in der Nachfolge des *Landboten* sieht sich die Zeitschrift *Tribunal* des Darmstädter Sozialdemokraten Carlo Mierendorf, die Mannheimer Flugblattreihe *Der Schrey* druckt seine Schlusspassage mit dem Aufruf zum Tyrannensturz unter dem programmatischen Titel *Manifest* wieder ab und Kurt Pinthus gibt kurz nach der Auflösung der Räterepublik eine vollständige Fassung der Schrift als erstes Flugblatt seiner Rowohlt-Reihe *Umsturz und Aufbau* heraus. Mit dem expressionistischen Umschlagbild von Wilhelm Plünnecke weist das mit Büchners Motto betitelte Flugblatt die erste Illustration zum *Landboten* auf. Pinthus' Edition findet sich 1936 auf einer der Listen des „schädlichen und unerwünschten Schrifttums“ (HL 141), mit denen die nationalsozialistische Kulturpolitik unerwünschte Literatur ächtete. Tatsächlich sollte der politisch verdächtige Regimekritiker Büchner, trotz halbherziger Vereinnahmungsversuche zumal im Gedenkjahr 1937, im Dritten Reich weitgehend der Erinnerung entrückt werden, seine Werke wurden kaum noch verlegt, selten inszeniert. Wer in dieser Zeit sich mit dem *Landboten* auseinandersetzte, tat dies in zumeist widerständiger Absicht. Von zwei **Dramen** wissen wir aus dieser Zeit, auch wenn sie sich nicht erhalten haben: Das titelgleiche Theaterstück des späteren Büchner-Preis-Trägers Hans Erich Nossack, 1935 verfasst und 8 Jahre später bei einem Bombenangriff verbrannt, war als „Akt der résistance“ (BPR I, 103) des ehemaligen KPD-Mitglieds geschrieben worden. Drei Jahre später entwirft Werner Steinberg – Autor des Büchner-Romans *Protokoll der Unsterblichkeit* (1969) – nach einer zweijährigen Haftstrafe wegen antifaschistischer Betätigung sein Drama *Der Landbote*, das von den Vorfällen um die Entstehung und Verbreitung der Flugschrift inspiriert war. Auch so manchen ins Exil gezwungenen Autoren klang die Agitationsschrift des dafür aus der Heimat vertriebenen Büchner wie ein aktueller „Mahn- und Kampfruf“ (HL 147) an ein Volk, das gegen seine Unterdrücker aufstehen sollte.

Abb. 7: Der Hessische Landbote (hg. von Kurt Pinthus, 1919)

Nach dem Krieg vereinnahmte die hessische KPD das dichterische Erbe Büchners für ihre Zwecke, indem sie ihr Mitteilungsblatt kurzerhand nach der Flugschrift benannte. Es sollte der erste einer Reihe von Versuchen sein, der eigenen Publikation Aufmerksamkeit und ein sozialrevolutionäres Flair durch Titelanleihen zu geben. Stärker noch im **politischen Diskurs** funktionalisiert wurde die Flugschrift zur Zeit der Studentenbewegung. Den Anstoß gab 1965 Hans Magnus Enzensbergers kommentierte Insel-Edition, in der der Herausgeber im abschließenden Abschnitt ‚Politischer Kontext 1964' die weltpolitische Gegenwärtigkeit des Texts durch einen *Persischen Landboten* belegt, eine Transponierung des Konflikts von Arm und Reich in den Iran unter dem letzten persischen Schah. Den Ansatz Enzensbergers verschärfte Peter-Paul Zahl noch im Nachwort seiner *Landboten*-Ausgabe, die 1968 als 4. Heft seiner *zwergschul-ergänzungshefte* erschien, wenn er die Gültigkeit der Flugschrift nicht nur für Entwicklungsländer, sondern auch für europäische Staaten postuliert. Heinrich Böll verweist in seiner Büchner-Preis-Rede von 1967 auf das Naheliegende solcher tagespolitischen Adaptionen, streicht aber die ästhetische Aktualität heraus, die mit der politischen untrennbar verbunden sei. Beinah versöhnlich nehmen sich dagegen 1991 Wolf Biermanns ironische Mutmaßungen über einen *Hessischen Landboten* unserer Tage aus, der alle Register des Enthüllungsjournalismus ziehen würde. Das Anzuprangernde sei zwar nicht weniger geworden und das Aufdecken selbst würde ähnlich folgenlos bleiben; doch würde das Pamphlet zumindest „ein Bestseller mit Honoraren statt Strafen für den Autor und mit einem Gewinn für den Verleger. Ist das etwa kein Fortschritt?" (BPR III, 138)

Ab dem 150. Geburtsjubiläum häufen sich die Beispiele der produktiven Rezeption des *Landboten* im **lyrischen, dramatischen und narrativen Bereich**. Textuelle Bezüge beschränken sich jedoch zumeist auf eingängige Stellen, deren Signalcharakter mehr oder weniger originell nutzbar gemacht wird. Mehr Anregung als die Kampfschrift selbst gibt der historische Kontext, der – wie bei Frieder Venus' Szenenfolge *Traumtanz* (1977) – nicht selten verschwörungsromantisch inszeniert und mit Textmontagen ideologisch koloriert wird. Frühe Vorläufer waren Franz Theodor Csokors expressionistisches Stationendrama *Gesellschaft der Menschenrechte* (1927) oder Kasimir Edschmids Roman *Wenn es Rosen sind, werden sie blühen* (1950). Den bisherigen Höhepunkt erreichte die Rezeption des *Hessischen Landboten* im Umfeld der Büchnerfeiern 1987. In den vorangegangenen 15 Jahren hatte sich mit der Auswertung der Prozessakten, der Aufarbeitung der Rezeptionsgeschichte und den Arbeiten der Marburger Forschungsstelle das Verständnis der Schrift erheblich erweitert. Nun folgten weitere interessante Neuauflagen, darunter die erste **illustrierte Edition** mit Reproduktionen von sechs Strichätzungen Leo Leonhards, die der Künstler für eine gleichzeitig erscheinende Mappe als Aquatintaradierungen ausarbeitete. Dass bei aller Anerkennung der künstlerischen Leistung Büchners jedoch nicht das aggressive, radikal-kritische Potential des *Landboten* in Vergessenheit geraten soll, kommt in Gedichten Guntram Vespers, Franz Hodjaks, Reinhold Nischs, Fritz Depperts oder Max A. Waldaus [i. e. Jan-Christoph Hauschild] zum Ausdruck.

Zusammenfassung

Der *Hessische Landbote*, eines der wichtigsten sozialrevolutionären Dokumente des deutschen Vormärz, ist eine achtseitige politische Flugschrift, die sich an die bäuerliche Bevölkerung Hessen-Darmstadts wandte, um ihr den Zusammenhang zwischen ihrem Elend und der staatlichen Unterdrückung vor Augen zu führen.

Der erste, bis Ende März 1834 entstandene Entwurf Büchners stellte mithilfe von statistischem Material und drastischer Bildlichkeit den Gegensatz zwischen Besitzenden und Besitzlosen heraus. Die Drucklegung ermöglichte der Butzbacher Pfarrer Friedrich Ludwig Weidig, der zu dieser Zeit versuchte, die oppositionellen Lager zu einem gemeinsamen Vorgehen zu vereinen. Um das liberale Bürgertum nicht vor den Kopf zu stoßen, ersetzte er in einer umfassenden Überarbeitung u. a. Büchners ‚Reiche' mit ‚Vornehme' und veränderte damit die Zielrichtung der Schrift zu einem Kampf der Armen gegen die Aristokratie. Durch Verrat wurde bei der Verteilung der frisch gedruckten Exemplare Anfang August 1834 Büchners Freund Karl Minnigerode verhaftet. Büchner gelang es zwar, seine Mitstreiter zu warnen, war aber fortan selbst im Visier der Untersuchungsbehörden.

Nur wenige Exemplare dieses Juli-Drucks haben sich erhalten, doch scheint er zumindest soviel Anklang gefunden zu haben, dass noch im November eine weitere (ohne Beteiligung Büchners überarbeitete) Auflage erfolgte. Vorrangiges Aufgabenfeld der Forschung ist die Differenzierung der Textanteile Büchners und Weidigs bzw. weiterer Bearbeiter und damit verbunden die Frage der politischen Ausrichtung und Intention.

Die suggestive Wirkung des *Landboten*, die auch das harte Vorgehen der Obrigkeit erklärt, beruht auf drei quellenabhängigen Textstrategien: die Verarbeitung revolutionärer Flugblattliteratur, die Authentisierung durch fiskalische Zahlenbelege und die Emotionalisierung durch einprägsame Sprachbilder (vor allem aus der Bibel und dem bäuerlichen Alltag), die die Ausbeutungsverhältnisse illustrieren. Indem die herrschenden Missstände als nicht gottgewollt und Folge einer pervertierten Gesellschaftsordnung dargestellt werden, sollen die Adressaten zum Aufstand gegen die Ungerechtigkeiten ermutigt werden. Jahrzehnte nach ihrem Entstehen fand die Schrift neue Beachtung durch die erstarkende deutsche Sozialdemokratie und wurde seitdem gerade in Zeiten gesellschaftlichen Umbruchs immer wieder im politischen und literarischen Diskurs aktualisiert.

Weiterführende Literatur: Ruckhäberle 1975; Mayer 1979, 1980, 1981, 1987; Holmes 1986; Grab 1990; Schaub 1996; Müller Nielaba 1994; Poschmann 1999, 804–871; Knapp 2000, 67–88.

2. Danton's Tod

2.1 Entstehungskontext und historischer Hintergrund

Büchners Interesse für die Französische Revolution wurde schon früh durch die Erzählungen des Vaters geweckt, der in seiner Jugend als Feldchirurg in holländischen Truppenverbänden der napoleonischen Armee gedient hatte. Gern las er seiner Familie abends aus den populärgeschichtlichen Heften *Unsere Zeit, oder geschichtliche Uebersicht der merkwürdigsten Ereignisse von 1789-1830* vor und kommentierte die Lektüre mit eigenen Erinnerungen und Einsichten. Büchners Begeisterung für die Große Revolution schlug sich nicht nur in den Gymnasialaufsätzen und -reden nieder; Minnigerode und er grüßten sich gegen Ende der Schulzeit auch nur noch mit ‚Bonjour citoyen'. Eine kritischere Auseinandersetzung brachten die Debatten in seiner ersten Straßburger Zeit und das **Studium der Revolutionsgeschichte** während des krankheitsbedingten Heimataufenthalts Ende 1833. Inwiefern Büchner schon damals in Erwägung zog, ein Drama zu diesem Thema zu schreiben, muss dahingestellt bleiben. Immerhin finden sich Gedanken des Fatalismusbriefs – zum Teil im Wortlaut – in seinem Erstlingsstück wieder. Doch verwirklicht wurde zunächst die Flugschrift, die im subversiven Versuch, politischen Fragestellungen eine wirksame ästhetische Form zu geben, trotz aller Unterschiede und über den Revolutionsexkurs hinaus in einem Entstehungszusammenhang zu sehen ist mit *Danton's Tod.*

Bereits kurze Zeit nach seiner Rückkehr aus Gießen und dem familiären Antrittsbesuch seiner Verlobten im September 1834 scheint Büchner mit der **Konzeption eines Revolutionsdramas** begonnen zu haben. Zu diesem Zweck entlehnte er sich Anfang Oktober aus der Darmstädter Hofbibliothek Thiers' *Histoire de la Révolution française*, eine seiner inhaltlichen und strukturellen Hauptquellen. Weitere Ausleihen, Überarbeitungen und Erscheinungsdaten von Zusatzquellen lassen auf **mehrere Arbeitsphasen** in den folgenden Monaten schließen. Wenn er in seinem Begleitbrief an die Redaktion am 21. Februar 1835 also behauptet, unglückliche Umstände hätten ihn gezwungen, sein Drama „in höchstens fünf Wochen zu schreiben" (P 393), so mag sich diese Angabe auf den Gesamtaufwand für die verschiedenen Entwurfsstufen beziehen oder aber – wahrscheinlicher – auf die Zeit für die Reinschrift, die diese Vorarbeiten kompilierte. Dass der Autor über Aufbau-, Erweiterungs- und Ergänzungsstufen zur endgültigen Form seiner Werke findet, belegt ja die Überlieferungslage des *Woyzeck.* Wie aus den Überarbeitungsstufen der erhaltenen Handschrift H ersichtlich, stellte Büchner sein Manuskript erst unmittelbar vor der Absendung an den Verlag fertig, als sich die Flucht nach Straßburg nicht mehr länger aufschieben ließ. Von den ersten Entwürfen bis zum überhasteten Abschluss der Arbeit erstreckt sich demnach ein **Zeitraum von fünf Monaten**, den Büchner trotz der gerichtlichen Nachforschungen in verschiedenen Angelegenheiten intensiv nutzte.

Ernst Büchner, dem die Gefahr, die seinem Sohn von behördlicher Seite drohte, trotz dessen Geheimniskrämerei nicht entgangen sein konnte, versuchte ihn aus seinem konspirativen Umfeld zu isolieren, indem er ihn zur Examensvorbereitung in Darmstadt behielt und unter seiner Anleitung propädeutische Anatomievorlesungen für angehende Medizinstudenten halten ließ. So recht konnte er allerdings die Kreise seines umtriebigen Sohns nicht einschränken. Verborgen blieben ihm die Zusammenkünfte der ‚Gesellschaft der Menschenrechte' ebenso wie die Bemühungen um den Pressenankauf und die Vorbereitungen für die Befreiung der Friedberger Inhaftierten, vor allem Minnigerodes. Und auch von seinen literarischen Ambitionen hatte Büchner seinem Vater nichts verraten, hätte diesen doch die Vorstellung, sein Sohn könne anstelle der familientraditionellen Medizinerkarriere die Dichterlaufbahn einschlagen, nicht wenig beunruhigt. Georgs Bruder Ludwig schildert in der Einleitung seiner Werkausgabe die Umstände der Beschäftigung mit *Danton's Tod*:

> Büchner's Arbeiten geschah im Verborgenen und war mannigfach gestört; während an seinem Arbeitstische die anatomischen Tafeln und Schriften obenauf lagen, zog er furchtsam unter denselben die Papierbogen hervor, auf denen er seine Gedanken mit einer gewissen Hast niederwarf. (B 21)

Inzwischen zog sich das Netz der Untersuchungsbehörden immer enger um Büchner zusammen. Nach der Verhaftung des Weidig-Intimus Zeuner im November war Büchner in Friedberg als Zeuge verhört worden. Im Februar 1835 wurde mit dem Buchdrucker Preller ein weiterer wichtiger Konspirant verhaftet und Büchner vermutlich noch einmal in Offenbach befragt. Es schien nur mehr eine Frage der Zeit, dass einer der Mitwisser geständig oder das gesammelte Belastungsmaterial erdrückend wurde. So entschloss sich Büchner zur **Flucht ins Ausland**, die er als Konsequenz seines politischen Handelns schon ein Jahr zuvor in einem Brief an Minna vorausgesehen hatte. (P 383) Abzuwarten blieb offenbar nur noch die **Friedberger Befreiungsaktion**, die von den Verantwortlichen in Darmstadt, Gießen und Butzbach für Anfang März geplant war. Zellennachschlüssel und Betäubungsmittel waren dem als Fluchthelfer gewonnenen Wachsoldaten Jacob Laurent bereits übergeben, Vorkehrungen für die Flucht der Beteiligten ins Ausland getroffen worden. Was Büchner für seinen eigenen Weg ins Exil noch sicherstellen musste, war die **Finanzierung der Flucht** und der ersten Zeit in Straßburg sowie die **Legitimation** vor den dortigen Behörden, um eine ‚Sicherheitskarte' zu bekommen, die ihn vor der Auslieferung bewahrte. Für ersteres versprach sich Büchner eine Lösung durch das Honorar für sein Drama, das er nun unter massivem psychischem Druck vollendete.

Am Samstag, dem 21. Februar, konnte Georgs Bruder Wilhelm schließlich das Manuskript zur Post bringen, versehen mit zwei Begleitbriefen an den liberalen

Abb. 8: Karl Gutzkow (Lithographie, um 1840)

Frankfurter Verleger David Sauerländer und **Karl Gutzkow**, den Redakteur des verlagseigenen *Literatur-Blatts*. In beiden Schreiben bittet Büchner, ihm möglichst rasch Antwort zu geben, Gutzkow gegenüber nennt er mit dem kommenden Mittwoch sogar einen genauen Tag, bis zu dem er sich Nachricht darüber erhoffe, ob mit einer Annahme (und einer Honorarzusage) zu rechnen war. Folgt man Mayers überzeugender These, so war an diesem (oder am folgenden) Tag jene Vorladung ins Darmstädter Stadtgericht anberaumt, zu der Büchner seinen Bruder Wilhelm schickte, um die Verhaftungsgefahr auszuloten. Als Fluchthilfe hatte man bereits eine Leiter im Garten vorbereitet. Wilhelm wurde zwar unbehelligt nach Hause geschickt, doch sein Bruder blieb weiter in größter Anspannung. Tage zuvor hatte er beim Pfarrer seines Geburtsorts Goddelau die Ausstellung eines **Geburtsscheins** beantragt, um in Straßburg ein behördliches Dokument vorweisen zu können; ein Pass wäre dem politisch Verdächtigen nicht ausgestellt worden. So wartete er zunächst vergeblich auf zwei Benachrichtigungen. Die erste, die eintraf, war von Gutzkow und einigermaßen ermutigend: Er werde sich beim Verleger für das Werk einsetzen, doch dürfe Büchner sich wegen des Honorars nicht zu große Hoffnungen machen. Eine Woche später präzisierte er die Vorstellungen des Verlags auf ‚10 Friedrichsd'or', eine vergleichsweise geringe Summe, doch fürs Erste genug zur Flucht. Tatsächlich brannte es Büchner – wie Gutzkow vermutete – „wirklich an den Sohlen" (P 395). Aus Goddelau war kein Geburtsschein gekommen, da der Pfarrer auf Anfrage vom Kreisratsamt den Bescheid erhalten hatte, dass dem „wegen Hochverrath mit Steckbriefen verfolgten Georg Büchner" (Mayer 2000, 76) keiner ausgestellt werden dürfe. Mit der Anfrage aber hatte sich der behördliche Verdacht gegen ihn erhärtet und so stellte man Beamte zur Observation wegen Fluchtgefahr ab.

Inzwischen war mit der Entlassung des Wachsoldaten Laurent am 1. März auch das Friedberger **Befreiungsprojekt gescheitert**; zudem war mit dem Beginn von Wilhelms Butzbacher Lehrzeit der einzige familiäre Vertraute abhanden gekommen. Auf das Honorar zu warten, war ein zu großes Risiko und so brach Büchner um den 6. März mit Geldmitteln für den nicht zustande gekommenen Pressenankauf offiziell zu einer mehrtägigen Reise nach Friedberg auf. Ob er vor Ort noch einmal die Möglichkeit für eine Befreiung der Gefangenen prüfen wollte, ist nicht überliefert. Mit hoher Wahrscheinlichkeit aber ist anzunehmen, dass er sich der

Vorbereitungen für die letztlich vereitelte Flucht Minnigerodes, Zeuners, Prellers und des bereits 1833 inhaftierten Georg Gladbachs nun selbst bediente und auf diese Weise „schnell und bequem“ (P 396) **nach Frankreich** gelangte.

Zu einem Arbeitstreffen mit Gutzkow, der ihm angeboten hatte, mit dem Honorar nach Darmstadt zu kommen, um dem zu anstößigen Stück gemeinsam „die Veneria herauszutreiben“ (P 395), war es also nicht mehr gekommen. Sauerländer hatte nämlich die Veröffentlichung (zunächst als Teilvorabdruck im *Literatur-Blatt*, dann in Buchform) an die Bedingung gebunden, die drastische sexuelle Metaphorik zu reduzieren. Büchner aber hatte Gutzkows Vorschlag abgelehnt und ihm angedeutet, demnächst nach Frankreich zu gehen. Das versprochene Honorar langte am 7. März 1835 ein und wurde vom Vater, der weder über die literarische Tätigkeit noch über die endgültige Flucht seines Sohnes informiert war, mit Verwunderung quittiert. Erst am 9. schrieb Büchner seiner Familie aus dem elsässischen Weißenburg und versuchte die Beweggründe seines heimlichen Gangs ins Exil zu erläutern:

> Nur die dringendsten Gründe konnten mich zwingen, Vaterhaus und Vaterland in der Art zu verlassen. ... Ich konnte mich unserer politischen Inquisition stellen; von dem Resultat einer Untersuchung hatte ich nichts zu befürchten, aber Alles von der Untersuchung selbst. ... Ich bin überzeugt, daß nach einem Verlaufe von zwei bis drei Jahren meiner Rückkehr nichts mehr im Wege stehen wird. Diese Zeit hätte ich im Falle des Bleibens in einem Kerker zu Friedberg versessen; körperlich und geistig zerrüttet wäre ich dann entlassen worden. Dies stand mir so deutlich vor Augen, dessen war ich so gewiß, daß ich das große Übel einer freiwilligen Verbannung wählte. Jetzt habe ich Hände und Kopf frei. (P 396f.)

Sichtlich an den aufgebrachten Vater gerichtet war das Versprechen, „das Studium der medicinisch-philosophischen Wissenschaften mit der größten Anstrengung“ (P 397) voranzutreiben. In Straßburg angekommen, meldete Büchner sich wieder bei Gutzkow mit der etwas koketten Vermutung, seine Flucht werde wohl schon aus einem Steckbrief im *Frankfurter Journal* bekannt sein (in der Tat erscheint ein **Steckbrief** erstmals am 18. Juni). So zahm wie den Eltern gegenüber skizziert er dem jungdeutschen Schriftstellerkollegen die eigene problematische Zukunft nicht. Immerhin spekuliert er damit, noch einmal am revolutionären Geschehen beteiligt zu sein, und sein Danton-Stück versteht er als kleinen Schritt dorthin. Am 17. März begann Gutzkow mit seiner **Überarbeitung des Stücks** für den Zeitungsteilabdruck im *Phoenix*, die nicht nur sexuelle, politische, blasphemische und konventionelle Anstößigkeiten, sondern etwa auch dialektale Formen tilgte, um eine zensurtaugliche Fassung zu schaffen. Dass ihm dieses notwendige Geschäft der „Dollmetscherei und Vermittlerschaft“ (P 395) hart ankam, hatte er Büchner schon zuvor klar gemacht. Rückblickend bedauerte er, dass gerade der beste und „eigenthümlichste Theil des Ganzen“ den vorherrschenden „Verhältnissen geopfert werden“ (G 338) musste. Tatsächlich nimmt sich seine Redaktion tiefgreifend und intentionsverändernd aus und umfasst auch Bereiche, die möglicherweise von der Zensur gar nicht beanstandet worden wären.

Die erste Fassung des Dramas erschien vom 26. März bis zum 7. April als **Fortsetzungsdruck** in zehn Teilen mit zusammenfassenden Zwischentexten. Auch für die Buchausgabe redigierte Gutzkow das Manuskript, in vollem Bewusstsein, dass aufgrund der Umstände nicht „der *ächte Danton* von Büchner“, sondern nur „die Ruine einer Verwüstung“ (G 338) in den Druck gelangen würde. Der Umfang der Eingriffe, die von Wortersetzungen und stilistischen Korrekturen über Texteinfügungen bis hin zur Streichung einzelner Sätze und Repliken reichen, belegt eindrucksvoll, wie weit *Danton's Tod* über die Rezeptionsgewohnheiten der Zeitgenossen hinausging. Für den reißerischen Untertitel *Dramatische Bilder aus Frankreichs Schreckensherrschaft* zeichnet sein Redakteurskollege Eduard Duller verantwortlich. Der Druck des Buchs verzögerte sich aufgrund der Überlastung der Verlagspressen, doch versorgte Gutzkow Büchner mit einem Übersetzungsauftrag und ermunterte ihn zu Rezensionen und weiteren Werken. So beruhigt Büchner im April seine Eltern, er könnte von seinen schriftstellerischen Arbeiten leben, werde aber seinen Studienplan nicht aufgeben. Inzwischen setzte in Hessen nach Clemms Verrat eine **Verhaftungswelle** ein, die Büchner mit großer Sorge verfolgte. Becker wurde am 6. April, Eichelberg am Tag darauf, Weidig schließlich am 24. verhaftet. Das Schicksal seiner Freunde und Mitstreiter, die im Gefängnis unter widrigsten Bedingungen leiden mussten, während er in Freiheit war, belastete Büchner bis zum Ende seines Lebens. Dennoch gestand er seinen Eltern: „Ich danke dem Himmel, daß ich voraussah, was kommen würde, ich wäre in so einem Loch verrückt geworden.“ (P 412f.) Wie sehr ihn die Vorstellung des Weggesperrtseins schon während der Abfassung von *Danton's Tod* belastete, kommt in den Gefängnisszenen der letzten zwei Akte deutlich zum Ausdruck.

Um den 10. Juli 1835 erschien endlich *Danton's Tod* in **Buchform** und etwa zeitgleich eine enthusiastische Rezension Gutzkows, der mit seinen jungdeutschen Schriften nun selbst immer stärker ins Schussfeld der konservativen Kritik geriet. Um sicher zu stellen, dass Büchner die wahre Intention seiner von der Zensur zurechtgestutzten Besprechung abschätzen konnte, ließ er ihm den noch unzensierten Korrekturabzug zukommen. Das schlechte Gewissen Gutzkows lässt sich wohl auch mit Büchners voraussehbarem Unmut über die radikalen Eingriffe in seinen Text erklären. Seinen Eltern, die er schon beinah drei Monate zuvor auf etwaige Derbheiten in seinem Stück vorbereitet hatte und denen das Stück nun offenbar gleichfalls schon vorlag, klagte Büchner am 28. Juli,

> daß die Erlaubnis, einige Änderungen machen zu dürfen, allzusehr benutzt worden ist. Fast auf jeder Seite weggelassen, zugesetzt, und fast immer auf die dem Ganzen nachteiligste Weise. Manchmal ist der Sinn ganz entstellt oder ganz und gar weg, und fast platter Unsinn steht an der Stelle. Außerdem wimmelt das Buch von den abscheulichsten Druckfehlern. Man hatte mir keinen *Correkturbogen* zugeschickt. Der Titel ist abgeschmackt, und mein Name steht darauf, was ich ausdrücklich verboten hatte; er steht außerdem nicht auf dem Titel meines Manuscripts. Außerdem hat mir der Corrector einige Gemeinheiten in den Mund gelegt, die ich in meinem Leben nicht gesagt haben würde. (P 409f.)

Die Auflage dürfte etwa 400 Exemplare umfasst haben und brachte dem Verlag im Verkauf einen bescheidenen Gewinn. An eine Inszenierung war vorerst allerdings nicht zu denken. Schon Gutzkow hatte in seiner Rezension darauf hingewiesen, wie wenig das Drama mit seinem Mangel an gewohnter Handlungsstruktur und Gedankenführung der Erwartungshaltung des restaurationszeitlichen Theaters entsprach, und die **Unmöglichkeit einer Aufführung** konstatiert, auch wenn er von deren Wirkung überzeugt war.

Ein **Geschichtsdrama** nach dem damaligen Verständnis und Geschmack war es auf keinen Fall. Dagegen sprach vor allem die weitgehende Handlungsunfähigkeit und -bereitschaft der nicht mehr entscheidungsmächtigen Hauptfiguren angesichts der außer Kontrolle geratenen Dynamik der Revolution. Nicht den allgemeinen Vorstellungen entsprach auch die Aufwertung des Trivial-Alltäglichen im historischen Prozess oder die Verweigerung eines einheitlichen Deutungshorizonts durch den komplexen und durchaus auch widersprüchlichen Zitatcharakter des Dramas. Dieses verstand Büchner, wie er seiner Familie erläutert, als „geschichtliches Gemälde, das seinem Original gleichen muß." (P 403) Obwohl bereits vier Jahrzehnte vergangen waren, waren die Ereignisse der Französischen Revolution zur Entstehungszeit des Stücks alles andere als vergessen. Den Zeitgenossen Büchners galten die Juli-Revolution 1830 und die daraus entstehenden gesellschaftlichen Veränderungen in Frankreich als Neubelebung jener umwälzenden Vorgänge zwischen 1789 und 1799, die die europäische politische Landschaft nachhaltig verändert hatten. Je nach Standpunkt blickte man auch nun wieder mit Hoffnung oder Sorge nach Frankreich und erwartete den Widerhall in anderen Staaten unter feudaler Herrschaft. Schon der *Hessische Landbote* wollte sich die **Aktualität der Revolutionsgeschichte** zunutze machen, indem er mit einem kurzen historischen Abriss deren Absichten und Ergebnisse in Erinnerung rief. Für ein historisches Drama aber ist der Bezug zwischen Geschichte und Entstehungsgegenwart geradezu konstitutiv, zumal bei einem sozialrevolutionär engagierten Autor wie Büchner, der seinem Freund Alexis Muston im Spätsommer 1833 noch als glühender Verehrer der Französischen Revolution gegolten hatte. Freilich hatten auch unter den republikanischen Oppositionellen die Revolutionsereignisse nach 1789 nicht nur Befürworter. Vor allem das repressive Programm der Jakobinerdiktatur rief Diskussionen zur Legitimation revolutionärer Gewalt, zur ideellen und materiellen Grundlegung sozialer Umgestaltungen oder zur Einbindung des Volks in den politischen Entscheidungsprozess hervor. In Straßburg hatte Büchner die ideologischen Debatten zwischen dem neojakobinischen Flügel, der sich an einer robespierristischen Politmoral orientierte, und dem materialistischen Flügel, der die Interessen des verelendeten Proletariats vertrat, mitverfolgen können. Sie ermöglichten ihm einen differenzierteren Blick auf die Ereignisse zwischen 1789 und 1794.

Die Französische Revolution

Die Verschwendungssucht und Misswirtschaft der höfisch-absolutistischen Regierung unter Ludwig XIV. und Ludwig XV., Missernten in den Jahren zuvor sowie überkommene gesellschaftliche Strukturen, die den veränderten sozioökonomischen Bedingungen nicht mehr gerecht wurden, hatten Frankreich zu Beginn der Regierungszeit Ludwigs XVI. 1774 an den Rand des wirtschaftlichen Ruins gebracht. Der junge König, den Ideen der Aufklärung nicht abgeneigt, bestellte den Physiokraten Anne-Robert Turgot zum Finanzminister mit dem Auftrag, den Staatshaushalt zu sanieren. Kernpunkte seiner **Reformen**, die den Weg zu einer konstitutionellen Monarchie bereiten sollten, waren die Verwirklichung der Steuergerechtigkeit und die Aufhebung der Feudalrechte. Denn die Steuerlast trugen bis dahin allein die Vertreter des dritten Stands, also Bürger und Bauern. Der erste Stand, die Aristokratie, war von Steuern ebenso befreit wie der zweite Stand, die Geistlichkeit (die allerdings dem Spendengebot folgen sollte). Obwohl der **dritte Stand** (und hier vor allem die Bauern, die zudem noch Zahlungen an Grundherrn und Kirche zu leisten hatten) demnach das finanzielle Rückgrat des Staats bildete und beinahe 98% der Bevölkerung umfasste, war er politisch und gesellschaftlich weitgehend bedeutungs- und rechtlos geblieben. Umso stärkeren Anklang fanden in der gebildeten Schicht die Werte und Ideen des Aufklärungsdiskurses, etwa die Schriften Charles-Louis Montesquieus, der in *Vom Geist der Gesetze* die Trennung zwischen gesetzgebender, ausführender und richterlicher Gewalt forderte, und Jean-Jacques Rousseaus, der in seinem *Gesellschaftsvertrag* die Volkssouveränität propagierte. Turgot konnte sich mit seinen Vorstellungen allerdings gegen die privilegierten Stände nicht durchsetzen und wurde abgelöst. Aufgegriffen wurden seine Ideen nach gescheiterten Sanierungsversuchen von seinem Nachfolger, dem Genfer Bankier Jacques Necker. Dieser musste jedoch 1781 nach seinem Rechenschaftsbericht über die Staatsfinanzen, der die desaströsen Zustände offenlegte, ebenfalls gehen. Unter den inkompetenten Finanzministern der folgenden Jahre schlitterte der Staat vorübergehend in die Zahlungsunfähigkeit und Necker wurde ein zweites Mal berufen. Seine Forderung, die Generalstände für eine grundlegende Neuordnung des Steuersystems (erstmals seit 1614) einzuberufen, wurde vom dritten Stand mit Begeisterung aufgenommen.

Die **Versammlung der Generalstände** wurde am 5. Mai 1789 in Versailles eröffnet. Da dem an Abgeordneten stärksten dritten Stand eine Abstimmung nach Köpfen durch den Einspruch der anderen Stände verwehrt blieb, konstituierte er sich mit Unterstützung von Teilen des Klerus und des Adels am 17. Juni als **Nationalversammlung**; drei Wochen später erklärte sich die Nationalversammlung zur verfassungsgebenden Instanz. Der König reagierte mit der Entlassung Neckers und einer Truppenkonzentration in den Herrschaftszentren Versailles und Paris. Da das Volk eine gewaltsame Zerschlagung der Reformbewegung befürchtete, stürmte es am 14. Juli das symbolträchtige Staatsgefängnis, die **Bastille**. Überall in den Provinzen kam es in der Folge zu Bauern- und Plebejeraufständen. Um die

Kontrolle zu bewahren, stellte sich die Nationalversammlung an die Spitze der Revolutionsbewegungen, hob am 4./5. August das Feudalsystem auf und beendete damit das ständestaatlich organisierte Ancien Régime zugunsten eines Klassenstaats. Die am 26. August verabschiedete ***Erklärung der Menschenrechte*** präsentiert die Ziele der Revolution u. a. in der allgemeinen Rechtsgleichheit, der Religions- und Meinungsfreiheit, der Volkssouveränität und der Gewaltenteilung. Aufgrund der anhaltenden Notlage und der Weigerung des Königs, die Erlasse zu ratifizieren, zwangen die Volksmassen König und Nationalversammlung, nach Paris zu ziehen. Dem König wurde nur mehr ein beschränktes Vetorecht gegenüber den Beschlüssen der Nationalversammlung zugestanden. Doch auch die tiefgreifenden Neuerungen der Konstituante, darunter die Verwaltungsreform, das Wahlrecht und die Verstaatlichung von Gütern der Kirche, des Hofs und aristokratischer Emigranten, konnten das Massenelend nicht lindern. Konzepte dagegen wurden in den außerparlamentarischen Clubs diskutiert, neu gegründeten politischen Interessengruppen, die sich nach ihren Versammlungsorten in aufgelassenen Klöstern benannten. In der wichtigsten Gruppierung, dem Pariser Jakobiner-Club mit seinen Filialen in ganz Frankreich, kam der linke, republikanische Flügel unter Maximilien de **Robespierre** und Antoine de St. Just zu immer größerem Einfluss. Bei den nach den Franziskanern benannten Cordeliers, einer jakobinischen Sektion, waren die Wortführer Jean Paul Marat, Camille Desmoulins, Jacques-René Hébert und Georges **Danton**.

Der springende Punkt der Verfassungsgebung blieb die Einbindung des Königs in das neue politische System. Der gescheiterte **Fluchtversuch der Königsfamilie** vom 20./21. Juni 1791 war für die Bemühungen der Nationalversammlung alles andere als hilfreich und führte lediglich zu einer Radikalisierung der Politclubs. Demonstrationen der Cordeliers unter Führung Dantons, die am 17. Juli auf dem Marsfeld eine Absetzung des Königs forderten, wurden jedoch von der Nationalgarde blutig niedergeschlagen. Die patriotische Einheitsfront zerfiel in eine vorerst noch dominante konservative und eine revolutionäre demokratische Fraktion. Mit der **Verfassung** vom 3. September 1791 wurde Frankreich in eine konstitutionelle Monarchie verwandelt mit einem Zensuswahlrecht, das das Besitzbürgertum begünstigte. Unter den Deputierten der Nationalversammlung konnte jedoch der revolutionäre Flügel mit den gemäßigteren Girondisten und den Jakobinern immer mehr an Einfluss

Abb. 9: Georges Danton vor der Hinrichtung (Rötelzeichnung, 1794)

gewinnen. Um konterrevolutionäre Interventionen zu unterbinden und eine neue Revolutionsbegeisterung zu entfachen, erklärte Frankreich Österreich am 20. April 1792 den Krieg. Eine Niederlagenserie der Armee gegen das österreichisch-deutsche Verbündetenheer schürte das Misstrauen gegen den König, den man beschuldigte, mit den Gegnern gemeinsame Sache zu machen. Als der Oberbefehlshaber der alliierten Truppen, die zum Einmarsch nach Frankreich bereit standen, unter Androhung der Vernichtung von Paris forderte, dass sich die Bevölkerung wieder dem König unterwerfe, brach unter der Führung einer aus den Pariser Sektionen gebildeten Kommune ein Aufstand aus. Am 10. August wurden die Tuilerien (der Wohnsitz des Königs) gestürmt und die in die Nationalversammlung geflüchtete königliche Familie verhaftet – die Revolution trat in ihre **zweite, radikaldemokratische Phase** ein.

Mit der Pariser revolutionären Kommune war ein radikales Gegengewicht zur Nationalversammlung entstanden, der letztlich nur mehr die Selbstauflösung und die Proklamation von **Nationalkonventswahlen** nach dem allgemeinen Wahlrecht übrig blieb. Ein ‚Provisorischer Vollzugsrat' übernahm die Regierungsgewalt und Danton wurde Justizminister. Der weiterhin ungünstige Kriegsverlauf brachte die Koalitionstruppen immer näher an Paris heran. Um eine Unterstützung von innen zu verhindern, fielen vom 2.–5. September 1792 bis zu 1400 politische Gefangene (Royalisten, Adelige, Geistliche) einem Massaker durch die Pariser Massen zum Opfer. Diese von Marat initiierten und von Danton zumindest nicht unterbundenen ‚Septembermorde' kosteten der Revolution beim europäischen Bürgertum viel Sympathie. Auch bei den Wahlen zum Nationalkonvent, der nach Ausschluss der Royalisten nur mehr aus Republikanern bestand, erhielten die Jakobiner nur halb soviel Stimmen wie die Girondisten. Der Rückzug des Invasionsheers nach der fehlgeschlagenen Kanonade von Valmy am 20. September schien ein günstiges Omen zu sein für die neue Führung, die sich am folgenden Tag konstituierte und mit ihren ersten Beschlüssen die Republik und eine neue Zeitrechnung einführte. Die Lager des Konvents waren auch räumlich getrennt: Die oberen Sitzreihen, den ‚Berg', nahmen die Montagnards mit Danton und Robespierre ein, im rechten Teil des Hauses sammelten sich die Girondisten und in der ‚Ebene' saß eine Mehrheit der Abgeordneten, die nach Sachlage bzw. Eigeninteresse abstimmte, aber schon bald immer stärker unter den Einfluss der Bergpartei geriet. Nachdem man unter den Papieren Ludwigs XVI. belastende Korrespondenz mit dem Feind gefunden hatte, wurde ihm als Bürger **Louis Capet** der Hochverratsprozess gemacht. Mit der denkbar knappen Mehrheit von 361 zu 360 Stimmen wurde er gegen den Widerstand der Girondisten wegen Landesverrats zum Tod verurteilt und am 21. Januar 1793 **durch die Guillotine hingerichtet**.

Das schockierte Ausland reagierte mit Zwangsmaßnahmen, die die prekäre wirtschaftliche Lage Frankreichs weiter verschärften. Die Truppenaufstockungen für den Krieg gegen die Alliierten, denen inzwischen auch England beigetreten war, traf vor allem wieder die bäuerliche Bevölkerung; Aufstände wurden jedoch gnadenlos niedergeschlagen. Am 10. März 1793 wurde ein **Revolutionstribunal** als politischer Gerichtshof eingesetzt, das nur auf Tod oder Freispruch ohne Berufungsmöglichkeit erkannte. Als Exekutivorgan des Nationalkonvents wurde der **Wohlfahrtsauschuss** mit Danton als Vorsitzendem geschaffen; für die innere Sicherheit war der **Sicherheitsausschuss** zuständig. Damit waren die institutionellen Voraussetzungen für eine **Politik der Terreur** (Schreckensherrschaft) gegeben, die sich gegen konterrevolutionäre Kräfte richtete. Auf Druck des Pariser Volks wurden Anfang Juni führende Girondisten aus dem Konvent ausgeschlossen und verhaftet; die politische Ausschaltung der Gironde endete mit der Guillotinierung ihrer prominentesten Vertreter im Oktober. Bereits im Juli 1793 wurde Robespierre in den Wohlfahrtsausschuss gewählt, aus dem Danton inzwischen ausgeschieden war. Über eine diktatorische Notstandsregierung versuchte man ohne Erfolg den sozialen Ausgleich zu schaffen. Die republikanisch-demokratische Verfassung, die im Wesentlichen von Marie-Jean Hérault-Séchelles erstellt worden war, ließ der Konvent nicht in Kraft treten. Am 13. Juli wurde Marat von der Girondistin Charlotte Corday, die das jakobinische Blutregime beenden wollte, ermordet und in der Folge zum Märtyrer der Revolution stilisiert. Aufgrund der anhaltenden Versorgungsnotlage in Paris kam es im September zum Volksaufstand. Bewaffnete **Sansculotten** (revoltierende Arbeiter und Kleinbürger) forderten Maßnahmen gegen die Verelendung und erzwangen die Aufnahme ihrer radikalen Vertreter in den Wohlfahrtsausschuss. Dieser bekannte sich nun offen zur Schreckensherrschaft für die Durchsetzung des Gemeinwillens und verfolgte konterrevolutionäre Aktivitäten gnadenlos. Im Zuge der Terreur gegen politische Feinde im Inneren des Staats wurden tausende Bürger aus dem linken, radikal egalitären wie auch aus dem gemäßigten revolutionären Lager hingerichtet. Die blutige Selbstzerstörung der Revolution hatte begonnen.

Abb. 10: Maximilien Robespierre (Ölgemälde, 1794)

Danton verlangte ab November ein Ende dieser Schreckensherrschaft und des Kriegs nach außen, wandte sich aber zugleich (und im Einverständnis mit Robespierre) gegen die ultraradikalen **Hébertisten** mit ihrer Forderung nach sozialer Gleichheit und Abschaffung des Christentums. Am 24. Dezember bekam Danton publizistische Unterstützung durch Desmoulins, der in seiner Zeitschrift *Le vieux Cordelier* für eine Begnadigung der Gefangenen und einen Gnadenausschuss plädierte und hart gegen die Ultraradikalen anschrieb. Der gleichfalls angegriffene Robespierre verteidigte tags darauf die politische Linie des Wohlfahrtsausschusses in einer Konventsrede, in der sich das weitere kompromisslose Vorgehen gegen die atheistische, egalitäre Fraktion um Hébert und die Gemäßigten um Danton abzeichnete. Am 13. März 1794 wurden Hébert und seine wichtigsten Anhänger verhaftet und am 24. März hingerichtet. Schon am 19. hatte sich Danton mit Robespierre getroffen, ohne ihn von seiner Position überzeugen zu können. In der Nacht zum 31. wurde schließlich auch er mit seinen engsten Freunden verhaftet und vor das Revolutionstribunal gebracht. In einer dreitägigen Verhandlung wurde Danton wegen konterrevolutionärer Handlungen des Hochverrats für schuldig befunden und am 5. April mit dreizehn Anhängern guillotiniert.

Mit der Ausschaltung seiner gefährlichsten politischen Gegner, der Hébertisten und der Dantonisten, hatte Robespierre zwar den Gipfel der Macht erreicht, doch an Rückhalt unter den Sansculotten verloren, zumal sich die wirtschaftliche Lage nicht entspannte. Ideologisch versuchte Robespierre, seit dem 4. Juni Präsident des Nationalkonvents, das Volk noch einmal durch einen ‚Kult des Höchsten Wesens und der Natur' zu versöhnen. Die Schreckensherrschaft aber steigerte sich zur ‚Grand Terreur', einer rücksichtslosen politischen Säuberungsaktion durch das erweiterte Revolutionstribunal, das keine Verteidigung mehr gestattete und in der Todesstrafe das einzige Strafausmaß kannte. Als Robespierre am 26. Juli programmatisch eine weitere Verschärfung des Terrors gegen Verräter in der politischen Führung ankündigte, bildete sich eine Angstkoalition von Gegnern aus verschiedenen Lagern, die ihn am folgenden Tag auf Konventsbeschluss hin verhaften und am 28. Juli 1794 ohne Prozess hinrichten ließen. In der fünf Jahre dauernden **dritten Phase der Revolution** bis zur Machtergreifung Napoleons konnte sich das Besitzbürgertum unter den Girondisten als eigentlicher Gewinner der Umwälzungen etablieren.

2.2 Überlieferung

Wichtigster Überlieferungsträger und Textgrundlage für alle aktuellen Editionen ist die **eigenhändige Druckvorlage** Büchners (H), die er am 21. Februar 1835 an den Verlag Sauerländer schickte. Die 86 Blatt in Quartformat weisen noch markante Spuren eines bis kurz vor Absendung andauernden Arbeitsprozesses auf. Auf diesem Autograph basiert sowohl der auszugsweise elfteilige **Vorabdruck** im belletristischen Tagblatt *Phönix* (j) als auch die **Buchausgabe** (e). Beide Drucke sind allerdings nur bedingt autorisiert, da Büchner Gutzkow zwar die Erlaubnis zu einigen Änderungen erteilt hatte, die tiefgreifende, etwa 200 Einzelstellen betreffende Überarbeitung aber vehement ablehnte. Der nur fragmentarisch erhaltene Briefverkehr mit Gutzkow aus dieser Zeit erlaubt keine Aussage dazu, welche Eingriffe mit Büchner abgesprochen waren. Hinweise gibt der Autor zwar in seinem Brief an die Familie vom 28. Juli 1835, doch scheint hier manches dem Wunsch, den Vater zu beschwichtigen, geschuldet (so sei dahingestellt, ob Büchner sein Drama tatsächlich anonym veröffentlicht haben wollte). Da H keinerlei

Bearbeitungsspuren aus der Redaktion aufweist, kann von (zumindest) einer nicht erhaltenen handschriftlichen **Zwischenstufe** ausgegangen werden, entweder eine bearbeitende Abschrift Gutzkows oder ein Schreibermundum mit Überarbeitungen des Redakteurs. In die Hände des Autors zurück kommt H vermutlich mit den Belegexemplaren. Zumindest zwei dieser Bände versieht Büchner mit **Korrekturen und Marginalien**, die unsystematisch (und nicht immer miteinander übereinstimmend) einen Teil der Textverderbnisse revidieren bzw. kommentieren. Empfänger der Widmungsexemplare, die Büchner vermutlich selbst binden lässt, sind seine Straßburger Freunde Johann Wilhelm Baum und August Stoeber. Einige „Blättchen des ersten Entwurfs“ (F 100), die den Herausgebern Ludwig Büchner und Karl Emil Franzos noch vorlagen, sind verschollen.

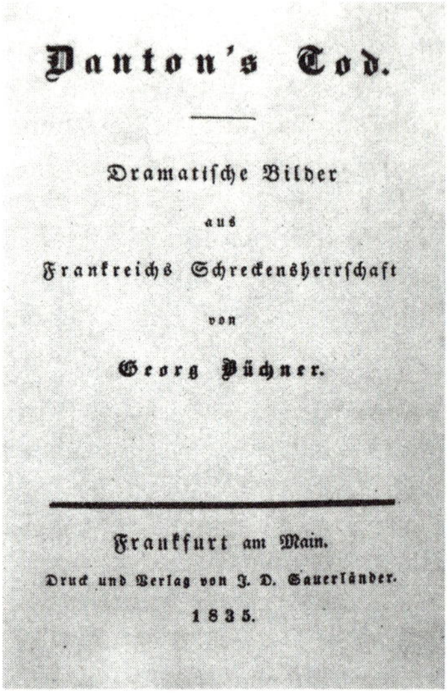
Danton's Tod.

Dramatische Bilder

aus

Frankreichs Schreckensherrschaft

von

Georg Büchner.

Frankfurt am Main.

Druck und Verlag von J. D. Sauerländer.

1835.

Abb. 11: Titelblatt der Erstausgabe (1835)

2.3 Quellen und Einflüsse

Um der Geschichte „so nahe als möglich zu kommen“ (P 410), ging der Schreibprozess bei Büchner stets mit einem intensiven Quellenstudium einher. Gut ein Fünftel des Dramentexts ist aus Quellen montiert, die sich grob dem historiographischen und dem literarisch-philosophischen Bereich zuordnen lassen. Im Vergleich zum *Hessischen Landboten* ist die Quellenverwertung bereits differenzierter und erlaubt Rückschlüsse auf Büchners literarische Entwicklung. Auffällig ist nun der selektive und kritische Umgang mit einer Vielzahl an Vorlagen, die nicht nur neutral-argumentativ verarbeitet werden, sondern durchaus auch gegen den Strich gelesen und für die spezifischen Zwecke der Textintention dekonstruiert werden können. Die Wirkungsästhetik des Texts gründet wesentlich auf dem **Zitat,** das in seiner direkten Einbettung, in der Bearbeitung oder auch der Camouflage erkannt, erahnt oder zumindest vermutet sein möchte. Von der konzeptionellen Aneignung von Strukturquellen über die großzügige Montage des Materials bis zur Detailparaphrase erstreckt sich das Spektrum der Quellenadaption. Vor allem die historiographischen Grundlagen erfüllen dabei einen doppelten Zweck: Zum einen wird das Quellenmaterial montiert, um dem ‚geschichtlichen Gemälde‘ **Authentizität und Unmittelbarkeit** zu geben; dass dieses Material zumal aus der etablierten bürgerlichen Historiographie der Restaurationsepoche übernommen wird, legitimiert es für den zeitgenössischen Rezipienten, der das Stück als „dramatisiertes Kapitel des Thiers“ (P 441) verstehen konnte. Auch die Zensur konnte an diesem Teil der auf etablierten Darstellungen fußenden Fiktionalisierung kaum Anstoß nehmen. Zum anderen aber unternimmt Büchner hinter der Oberfläche verbürgter Faktizität eine **eigene Auslegung** der geschichtlichen Prozesse, die mit der Wirklichkeit seiner Vorlagen nichts mehr zu tun hat, sondern diese als manipulative Sinnkonstruktion der Kritik unterwirft. Wo die offizielle Historiographie Entwicklungslinien und Kausalität aufzeigt, weist er den Rezipienten auf die Widersprüchlichkeit und Inkonsistenz der Positionen hin, wo sie Eindeutigkeit schafft und wertet, entfaltet sich bei Büchner eine mehrdeutige, interpretationsoffene Vielstimmigkeit. Dass diese komplexe Instrumentalisierung des Zitats beim zeitgenössischen Publikum auf Verständnislosigkeit stieß, sieht Gutzkow ein Jahr nach Erscheinen als Grund für die sehr verhaltene Aufnahme des Stücks. (P 441)

Auf die **historiographischen Quellen** zur Französischen Revolution hat bereits Ludwig Büchner hingewiesen. Kaum ein anderes Ereignis war zu dieser Zeit so gut dokumentiert, hatte man doch schon während der Revolution im Bewusstsein der historischen Bedeutung tagesaktuelles Geschehen journalistisch aufbereitet, die Konventssitzungen protokollarisch festgehalten und die Tribunalsprozesse juristisch durchleuchtet. Durch die beliebte Memoirenliteratur, durch politische Analysen und populärwissenschaftliche Abhandlungen stand Büchner neben den etablierten Geschichtswerken weiteres Material zur Verfügung, das aufgrund von Übernahmen und Mehrfachüberlieferungen in komplexen Bezugsverhältnissen zueinander steht. So ist oft nicht mit Eindeutigkeit zu sagen, welcher Quelle sich Büchner im Einzelnen bedient, zumal er im Verarbeitungsprozess sehr frei über sie verfügt. Dies zeigt sich etwa an Robespierres Rede im Jakobinerklub (I,3), die aus drei historischen Reden (darunter ein Bericht St. Justs) kompiliert ist, deren Bestandteile sich auch in anderen Szenen finden. Figural sind vor allem die Frauenfiguren ein gutes Beispiel für die fiktionale Umarbeitung historischer Vorlagen: Der selbstzerstörerische monarchistische Loyalitätsruf der wahnsinnig gewordenen Lucile am Ende des Stücks greift eine mehrfach überlieferte Revolutionsanekdote auf, die allerdings nicht Desmoulins' Frau zugeschrieben ist, wurde diese doch aufgrund einer Denunziation verhaftet. Und der dramatische Selbstmord Julies übersteigert effektvoll den Verlustschmerz Louise Dantons, die sogar Büchner um 21 Jahre überlebte. Auch an einem eingängigen Handlungsmoment wie der Laternisierungsszene lässt sich zeigen, wie Büchner anekdotische Quellen mit literarischen verschmilzt, um die Wirkung zu intensivieren.

Quellenadaption ist also bei Büchner stets auch ein beziehungsreicher intertextueller Prozess, der die genaue Zuordnung von Abhängigkeitsverhältnissen nicht einfach macht. Doch lässt sich immerhin anhand der gesicherten Quellenverarbeitung der **Entstehungsverlauf des Stücks** weitgehend rekonstruieren. Als primäre Strukturquelle sowie Stoff- und Zitatenreservoir für eine erste Entwurfsstufe diente der sechste Band von Thiers' *Histoire de la Révolution française*, die Büchner vermutlich bereits gegen Ende 1833 studiert hatte und Anfang Oktober 1834 noch einmal entlehnte. In einer Erweiterungsphase wurden strukturell wie textuell Materialien aus Johann Konrad Friederichs *Unsere Zeit* (zunächst nur aus der Hauptreihe) eingearbeitet und daran anschließend jene Szenen(teile) eingefügt, die von der Weltgeschichte in die (weniger quellenabhängige) Darstellung des Privaten und Intimen blenden. In einer weiteren Arbeitsphase integrierte Büchner Anregungen aus dem biographischen Lexikon *Galerie histoire*, aus den Supplementheften von *Unsere Zeit*, aus Louis-Sébastien Merciers *Le nouveau Paris* und wohl auch aus Charles Nodiers *Souvenirs, épisodes et portraits* und *Le Dernier Banquet des Girondins* sowie weiteren eruierten oder noch nicht identifizierten Quellen (vgl. D). Bei der Erstellung der Reinschrift mit abschließender Überarbeitung unterschiedlicher Entwürfe schreibt Büchner unter dem Lektüreeindruck von Heinrich Heines Gemäldebesprechung *Camille Desmoulins au jardin du Palais-Royal* noch Repliken des ersten Akts um.

Was Büchner den historiographischen Quellen nur bedingt entnehmen konnte, war die **Darstellung des Privaten** und allgemein Menschlichen, die die Stimmung des Dramas wesentlich prägt. Anregungen dazu wie auch zur dramaturgischen Gestaltung szenischer Interaktion holte er sich aus verschiedenen **literarischen Quellen**. Das maßgebliche Vorbild war dabei Shakespeare, der nach Einschätzung Büchners als nahezu einziger Dichter geschichtliche Wirklichkeit adäquat – und das heißt in der ästhetischen Begrifflichkeit des *Lenz* ‚lebendig' – zu gestalten verstand. Nur Goethe erreiche unter den deutschen Autoren in manchem eine ähnliche Wirkung (zumal dieser ja viel aus dem shakespeareschen Œuvre gelernt hat). Aus biographischen Zeugnissen weiß man zudem, dass Büchner auch Ludwig Tieck und Jean Paul hochschätzte, Jakob Michael Reinhold Lenz ist ihm u. a. über Tiecks Edition vertraut, auch die Kenntnis von aktuellen Dramen Christian Dietrich Grabbes und Alfred de Mussets lässt sich schon zu dieser Zeit zumindest vermuten. Selbst die durchaus kritisch beurteilten ‚idealistischen' Dramen Schillers hinterließen Spuren in *Danton's Tod.* Zur effektvollen Ensembledarstellung und Gestaltung massendynamischer Phänomene ließ sich Büchner von Szenen aus Shakespeares *Julius Cäesar*, *Heinrich IV.* und *Heinrich VI.* ebenso anregen wie aus Goethes *Egmont* und *Faust* oder Schillers *Die Räuber*, das Schuld- und Wahnsinnsmotiv fand er vorgebildet in *König Lear* und *Macbeth*, die Kontrasttechnik der derben, soziale Verhältnisse ins Bild setzenden ‚comic reliefs' konnte er aus *Hamlet* und *Richard III.* lernen. Büchners besondere Beziehung zum **Volkslied** schlägt sich in der Integration umfangreicher Textteile bzw. intermedialer Thematisierung nieder. Weniger stark als noch im *Landboten* sind dagegen die Übernahmen aus der Bibel und der christlichen Mythologie. Als Anspielungshorizont und Referenzlieferant wird nun verstärkt die antike mythologische Überlieferungstradition herangezogen.

2.4 Aspekte der Forschung

Im Gegensatz zu allen anderen literarischen Arbeiten Büchners, deren Überlieferungslage sich weitaus problematischer präsentiert, stellt die **Frage der Textkonstitution** bei *Danton's Tod* kein vordringliches Problem mehr dar. Denn das erhaltene Manuskript H dokumentiert – von Lesedifferenzen abgesehen – vergleichsweise klar die Vorstellungen Büchners zur endgültigen Textgestalt seines Erstlingsdramas. Dass es sich bei H tatsächlich um jenes Autograph handelt, das der Autor zur Drucklegung an den Verlag Sauerländer gesandt hatte, wurde zuletzt in der Marburger Ausgabe schlüssig dargelegt. (D 273f.) Schon die frühen Editionsvorhaben sind geprägt von dem Bemühen, die zensurbedingten Entstellungen zu beseitigen und *Danton's Tod* in seiner ursprünglichen Gestalt vorzulegen. Ludwig Büchners Revision auf Basis der Handschrift nimmt sich allerdings noch recht bescheiden aus, beschränkt sich die Restitution doch auf kaum ein Sechstel der Wortlautvarianten des Erstdrucks. Franzos ging bei seiner Edition gleichfalls nicht allzu konsequent zu Werk, auch wenn ihm seine Wiederherstellungen bereits einen Streit mit Ludwig Büchner einbrachten, der so manche verfängliche Stelle nicht gedruckt sehen wollte. Editorisch problematisch war Bergemanns Arbeitshypothese für seine Gesamtausgabe (1922, 666f.), der Erstdruck beruhe auf einer verlorenen Reinschrift Büchners (R), die er zu rekonstruieren versuchte, indem er aus den gedruckten Abweichungen in e und j nach Gutdünken vermutliche ‚Verbesserungen' des Autors filterte. Bereits Werner R. Lehmann (1967, 17-21) widerlegte jedoch diese angenommene autographische Zwischenstufe durch eine Leitfehleranalyse, die inzwischen überzeugend ausgeweitet wurde.

Noch nicht zur Gänze ausgefochten scheint dagegen der Streit um die Schreibmotivation Büchners und – damit verbunden – um die **Wirkungsabsicht und politische Ausrichtung** des Dramas. Schon in den ersten Reaktionen zeichnete sich ein Deutungsdualismus ab: Während Gutzkow dem Stück eine revolutionsbejahende „wilde Sanscülottenlust" (G 337) bescheinigte, ortete Hermann Marggraff in seiner *Danton*-Kritik 1837 einen revolutionskritischen nihilistischen Zynismus. (D 324ff.) Eine Schlüsselfunktion in der Interpretationsgeschichte kommt in der Folge dem Fatalismusbrief zu. In unterschiedlicher Auslegung der darin formulierten Gedanken wurde das Drama je nach Argumentationsziel des Interpreten als Ausdruck einer **Lebenskrise** gedeutet, die im Fatalismus, Ästhetizismus, heroischen Pessimismus oder Geschichtsdeterminismus ihren Ausdruck fand, oder als Zeichen eines revolutionären **politischen Veränderungswillens**. Der konservative Literaturwissenschaftler Julian Schmidt stellte 1851 in seiner Rezension der *Nachgelassenen Schriften* erstmals den Konnex zu den Geschichtsreflexionen des Briefs her und unterstellt Büchner eine Revolutionsverachtung, die die politische Diskussion zum bloßen ästhetizistischen Spiel verkommen ließe. Franzos wiederum sah die Entstehung von *Danton's Tod* im Kontext des Scheiterns der Flugschriftaktion, das Büchner im Glauben an die Unbeeinflussbarkeit geschichtlicher Abläufe bestätigt haben soll. In dieser deprimierenden Lage, verschärft noch durch einen Vaterkonflikt, habe „der Poet in ihm über den Politiker" (F CLIV) gesiegt. Damit war eine tendenziell **‚unpolitische' Interpretationslinie** vorgegeben, die gut ein Jahrhundert lang ihre Wirkung zeigen sollte. Ein anderer Ansatz entwickelte sich aus der Vereinnahmung des Dichters durch die sozialistische und marxistische Kulturtheorie, die ihn zum Vorläufer, wenn nicht Vorkämpfer der eigenen Sache stilisierte und die **sozialrevolutionäre Tragweite** des Werks betonte. Symptomatisch für die gegensätzlichen Positionen stehen die Auslegungen Karl Viëtors (1934) und Georg Lukács' (1937): Nach Viëtor herrscht in *Danton's Tod* ein antiidealistischer Nihilismus als unmissverständlicher Ausdruck der Politikenttäuschung Büchners. Lukács dagegen sah in den Gegnern Danton und Robespierre bzw. St. Just den Widerspruch von individualistischem Materialismus und plebejischem Idealismus gestaltet, den Büchner selbst in sich trug. Sinnfällig werden diese konträren Sichtweisen an der Bewertung der Titelfigur: Viëtor stellt Dantons Akzeptanz der menschlichen Determiniertheit über den naiv-gefährlichen Idealismus Robespierres, während Lukács an Danton die Beschränktheit des bürgerlichen Revolutionärs aufweist, der den notwendigen Schritt zur sozialen Befreiung nicht mehr mittragen will.

Abb. 12: Walo von May: Illustration zu *Danton's Tod* (Lithographie, 1914)

In verschiedenen Ausformungen bestimmten beide Interpretationsansätze die literaturwissenschaftlichen und dramaturgischen Auseinandersetzungen der folgenden Jahrzehnte und klingen bis heute in den Deutungen nach. Die differenziertere Beurteilung der Schreibumstände Büchners seit den 1970ern und vor allem die kritische Reflexion des Fatalismus-Begriffs (vgl. M, Holmes 1990) stellten allerdings klar, dass von einer resignativen Politikverdrossenheit des Autors keine Rede sein kann. Ebenso wenig aber ist das Stück – wie am nachdrücklichsten Voges (1990) gezeigt hat – bloß eine Fortsetzung seiner politischen Agitation mit literarisch-fiktionalen Mitteln, sozusagen ein Lehrstück, das im historischen Scheitern die Perspektive des potentiellen Gelingens eröffnet. So einen allzu didaktischen Anspruch hatte nicht zuletzt Gutzkows Erläuterung zur Themenwahl in der ersten Rezension des Stücks provoziert: „Unsre Jugend studirt die Revolution, weil sie die Freiheit liebt und doch die Fehler vermeiden möchte, welche man in ihren Diensten begehen kann." (GU 646) Wäre es aber Büchners Absicht gewesen, die Vermeidbarkeit begangener Fehler direkt zu vermitteln, würde die Parteinahme für eine der Positionen weitaus deutlicher ausgefallen sein. Tatsächlich waren die

Bedingungen und Ziele für revolutionäres Handeln über die Zeitspanne von vier Jahrzehnten hinweg nur mehr bedingt vergleichbar. (Voges 1990, Fuhrmann 1991, Funk 2002) Aus einer Aktualisierung der Konzepte der Französischen Revolution waren im Dramatischen ebenso wenig Lösungsangebote zu erhoffen wie im Politischen. Doch konnten am historischen Fall jene ideologischen Programme auf ihre Tauglichkeit hinterfragt werden, deren Derivate im politischen Diskurs der Zeit heftig diskutiert wurden. Der Dichter, so umreißt Büchner seinen Eltern die Wirkungsabsicht seines Stücks und entschuldigt damit dessen Konventionsbrüche,

> ist kein Lehrer der Moral, er erfindet und schafft Gestalten, er macht vergangene Zeiten wieder aufleben, und die Leute mögen dann daraus lernen, so gut, wie aus dem Studium der Geschichte und der Beobachtung dessen, was im menschlichen Leben um sie herum vorgeht. (P 410)

Ein einfacher Weg zur Erkenntnis des Richtigen oder Falschen ist das Drama allerdings keinesfalls. Man tut deshalb gut daran, die Arbeiten an *Danton's Tod* weniger als ideologische Stellungnahme denn als **analytische Selbstvergewisserung** zu sehen, als ästhetisches Denkmodell, das am Beispiel der selbstzerstörerischen Revolutionsphase die komplexen Abhängigkeiten, Widersprüchlichkeiten und Unwägbarkeiten menschlichen (Nicht-)Handelns erfahrbar machen soll. (Ueding 1981, K, Martin 2007) Indem es sich eindeutiger Zuordnung verweigert, erprobt das Drama nicht nur die künstlerischen Möglichkeiten, Wirklichkeit zu erfassen und zu gestalten, sondern schult zugleich das kritische Reflexionsvermögen des Rezipienten im Sinne einer umfassenden Ideologiekritik.

Wie schon im *Landboten* liegt also die eigentliche Relevanz des Stücks, das sich freilich an ein gänzlich anderes, intellektuelles Publikum wendet, in der Anregung, Zusammenhänge zu erkennen, sich über politische Prozesse klar zu werden. Dass mit dem literarischen Medium selbst keine Revolution zu machen war, war Büchner durchaus bewusst. Es schien ihm vielmehr ein Ding der Unmöglichkeit, die „Gesellschaft mittelst der *Idee*, von der *gebildeten* Klasse aus [zu] reformieren" (P 440). Doch die dramatische Gestaltung des Scheiterns bürgerlicher Revolutionäre artikuliert zumindest dieses Problem und macht es damit auch im politischen Diskurs verfügbar. Es ist das besondere Verdienst Büchners, dabei die **Vielstimmigkeit der historischen Wirklichkeit** nicht ästhetisch verkürzt und auf diese Weise die Lösbarkeit der Aporien einer sozialen Revolution suggeriert zu haben. Vielmehr sollte der unkritische, glorifizierende Bezug auf das revolutionäre Heldenzeitalter ästhetisch unterbunden werden. Das impliziert freilich nicht, dass in den Interpretationen die Gewichtung der Kritik Büchners an den verschiedenen Haltungen nicht unterschiedlich beurteilt würde. So hat etwa der Streit um die Frage, inwieweit das Stück auch als Rechtfertigung der Jakobinerdiktatur bzw. Verurteilung der dantonschen Haltung gelesen werden kann (Wender 1988, 1992, Hauschild 1993), bedauerlicherweise tiefe Gräben in die Forschungslandschaft gezogen.

2.5 Analyse

Büchners Erstlingsdrama behandelt mit dem Dantonistenprozess jenen Punkt der Französischen Revolution, an dem sich ihr Versagen als ‚soziale Revolution' endgültig manifestiert. Die Notlage der Bevölkerung, die sich in den vorangegangenen Monaten durch Krieg, konterrevolutionäre Aufstände, Missernten und Versorgungsengpässe noch verschärft hatte, erzwang im Jahr II des Revolutionskalenders eine Revision der bisherigen Politik, die das Gewaltpotential des Volks durch eine moralisch legitimierte Schreckensherrschaft des Staats zu sublimieren und instrumentalisieren versucht hatte. Denn der **Tugendkult**, mit dem das Volk ideologisch in das jakobinische Modell einer bürgerlichen Revolution integriert wurde, löste nicht den Widerspruch zwischen den Klassen und seine realökonomischen Konsequenzen. Die wirtschaftlichen Maßnahmen des Wohlfahrtsausschusses trugen nur wenig dazu bei, das Zweckbündnis zwischen dem mittleren Bürgertum und den Massen der Unterschichten zu stabilisieren, vermochten sie doch nicht das politisch brisante ‚materielle Elend' auch nur ansatzweise zu beseitigen. So drohte die **jakobinische Herrschaft** ihre gesellschaftliche Legitimierung zu verlieren, zumal sie sich auch innerrevolutionär immer stärkerer Kritik ausgesetzt sah. Gefahr drohte zum einen durch die radikal sozialrevolutionären Hébertisten, deren publizistische Agitation gegen das Eigentum den verschiedenen Organisationen der Volksbewegung Argumente zur Interessensformulierung lieferte. Gefahr aber drohte auch durch die Konsolidierungsbemühungen der ehemals radikalen Revolutionäre um Danton, die sich nun den bürgerlich-reaktionären Positionen der eineinhalb Jahre zuvor ausgeschalteten Girondisten annäherten.

Mit der Beseitigung sowohl der extremlinken **Enragés** um Hébert als auch der **Indulgents** (Gemäßigten) um Danton versuchten die Jakobiner um Robespierre noch einmal, die soziale Frage aus der Diskussion zu eliminieren. Tatsächlich aber deckten sie damit nur die Perspektivenlosigkeit und Realitätsferne ihres ‚Despotismus der Freiheit' auf. Die Revolution war zum Selbstzweck verkommen, die Terreur zum bloßen Instrument des Machterhalts. Die Hinrichtung Dantons und seiner Mitstreiter führte zwar kurzfristig zur Alleinherrschaft Robespierres und seiner Getreuen im Wohlfahrtsausschuss. Doch da sie anstelle sozialer Reformen nur mit einer weiteren Verstärkung der Terreur auf die Notwendigkeit einer gesellschaftlichen Umstrukturierung reagierten, fielen wenig später auch sie der Mechanik des Tötungsrituals zum Opfer. Mit der Liquidierung der Robespierristen besiegelt sich auch die endgültige **Entmachtung der Volksbewegung**, die zuvor bereits ihr einziges nachhaltiges Argument, die Gewalt, dem Staat und seinem institutionalisierten Schrecken überantwortet hatte. Als handelndes Subjekt der Revolution konnte sich das Volk nie etablieren. Zwar trug es die Hauptlast bei der Bekämpfung innerer und äußerer Feinde, doch die versprochene politische und soziale Befreiung blieb aus. Revolutionsgewinner war die bürgerliche Geldaristokratie, die sich in den folgenden Jahren die politischen Errungenschaften für den Ausbau ihrer gesellschaftlichen Position geschickt zunutze machen konnte.

Eine konkrete Perspektive für politisches Handeln ist aus dem Drama nicht abzuleiten. Keiner der vorgestellten (und ausgesparten) politischen Gruppierungen wird ein höherer Grad an Verbindlichkeit zugestanden. Sowohl die beiden bürgerlichen Fraktionen als auch das Volk werden in ihren Unzulänglichkeiten und Widersprüchlichkeiten vorgeführt und des Versagens am gemeinsamen Programm überführt. Als Aktionsmodell, das aktuellen revolutionären Bestrebungen dienlich sein könnte, desavouiert sich die bürgerliche Revolution hier selbst. Doch bietet sich die Möglichkeit einer kritischen Selbstverortung am historischen Beispiel, das im Dramatischen noch einmal möglichst wirklichkeitsnah durchgespielt wird. Das literarische Konzept der **Wirklichkeitsdarstellung** in *Danton's Tod* beschränkt sich dabei nicht allein auf den Authentizitätsanspruch der Quellenmontage. In seinem zweiten ‚Realismus-Brief' vom 28. Juli 1835 wehrt Büchner den Vorwurf der Unsittlichkeit seines Dramas mit poetologischen Überlegungen zum Verhältnis von Dichtung und Wirklichkeit ab:

> der dramatische Dichter ist in meinen Augen nichts, als ein Geschichtsschreiber, steht aber *über* Letzterem dadurch, daß er uns die Geschichte zum zweiten Mal erschafft und uns gleich unmittelbar, statt eine trockne Erzählung zu geben, in das Leben einer Zeit hineinversetzt, uns statt Charakteristiken Charaktere, und statt Beschreibungen Gestalten gibt. Seine höchste Aufgabe ist, der Geschichte, wie sie sich wirklich begeben, so nahe als möglich zu kommen. (P 410)

Büchner modifiziert hier einen berühmten Vergleich der Disziplinen, mit dem Aristoteles in seiner *Poetik* den Status literarischer Wirklichkeitsabbildung aufwertete, da sie die zugrunde liegenden, wesentlichen Strukturen herausarbeiten kann. Aufgabe der Dichtung ist es demnach, Wirklichkeit nicht als direktes Abbild kopieren zu wollen, sondern im Rahmen der Wahrscheinlichkeit selbstständig zu gestalten. In der so entstandenen *möglichen* Welt werden lebensweltliche Zusammenhänge aus dem besonderen in einen allgemeinen Fall überführt, in dem das Eigentliche deutlicher sichtbar wird. Voraussetzung aber bleibt immer – wie Büchner später seinen Protagonisten Lenz formulieren lässt – die „Möglichkeit des Daseins" (L 19) in der künstlerischen Gestaltung. Aufgabe des Rezipienten ist es, dieses Eigentliche zu erkennen und auf seine Wirklichkeit zu übertragen. Der Geschichte ‚so nahe als möglich zu kommen', bedeutet für Büchner die Profilierung der ideologischen und gesellschaftlichen Positionen, auch wenn dabei Quellen gegen die eigentliche Intention montiert werden, es bedeutet die Konzentration, Montage und Dekonstruktion des historiographischen Materials und seine Anreicherung und Überformung mit ‚möglichen' Elementen einer sinnträchtigen Vergangenheit.

Das historische Ereignis wird derart in *Danton's Tod* zum exemplarischen Fall, an dem das **Grundproblem der subjektiven Einflussnahme** auf den geschichtlichen Prozess verhandelt wird. Zur Zeit seiner Flucht konnte Büchner nicht mehr „im Entferntesten […] an die Möglichkeit einer politischen Umwälzung glauben". Er hatte sich – wie er seinem Bruder Wilhelm zwischen April und Juli 1835 gesteht – „seit einem halben Jahr vollkommen überzeugt, daß Nichts zu tun ist, und daß

Jeder, der *im Augenblicke* sich aufopfert, seine Haut wie ein Narr zu Markte trägt." (P 402) Das bedeutet freilich nicht, dass Büchner gänzlich der Politik entsagt hätte. Revolutionäre Agitation war angesichts der Umstände ein selbstgefährdendes Unterfangen ohne Erfolgsaussichten. Doch die **Schulung des politischen Bewusstseins** durch ästhetische Ideologiekritik sollte die revolutionäre Sache fördern, bis die Zeit reif für konkrete Aktionen wäre. In diesem Sinn war es wohl zu verstehen, wenn Büchner Gutzkow im Mai 1835 exekutionsmetaphorisch schrieb: „Mein Danton ist vorläufig ein seidnes Schnürchen und meine Muse ein verkleideter Samson." (P 398)

Die Konzentration auf das Wesentliche, vor allem die ideologiekritische Ausmessung des Handlungsspielraums des Einzelnen in seiner Welt, findet seine Entsprechung in der verdichteten **Zeitstruktur** des Stücks. In vier Akten werden neun Tage präsentiert, die symptomatisch für das gescheiterte Projekt einer sozialen Revolution stehen. Durch handlungsmotivierende Rückblicke (Septembermorde, Hébertistenprozess etc.) und Vorausdeutungen (Komplott der Thermidorianer, Hinrichtung Robespierres) werden allerdings über die eigentliche Zeitspanne hinaus weitere geschichtliche Ereignisse in Erinnerung gerufen. Die Eröffnungsszene setzt nach der Hinrichtung der Hébertisten ein und ist durch die am folgenden Tag vom Wohlfahrts- und Sicherheitsausschuss beschlossene Inhaftierung der Indulgents um Danton auf den 28. März 1794 (den 8. Germinal des Jahres II nach dem Revolutionskalender) zu datieren. Die Hinrichtung der Dantonisten am 5. April (16. Germinal) ist der Endpunkt der Handlung. Der erste Akt, der der expositorischen Charakterisierung der politischen Gruppierungen und ihrer Vertreter dient, erstreckt sich von einem Abend zum anderen, mit der gescheiterten Aussprache zwischen Danton und Robespierre als ‚erregendem Moment' der Handlung. Der zweite Akt währt vom Morgen des 30. März zum nächsten und bringt das Warten auf die Verhaftung, die gegen Ende des Akts erfolgt und im Nationalkonvent durch Robespierre und St. Just gerechtfertigt wird. Der Beginn des dritten Akts durchbricht offensichtlich das Prinzip der Sukzession und überschneidet sich mit dem Ende des zweiten Akts, indem er die Einlieferung Dantons und seiner Gefährten ins Gefängnis Luxembourg zeigt. In der Folge werden Ausschnitte aus den drei Tagen des Prozesses vom 2.–4. April gebracht, mit den Beratungen, Anklage- und Verteidigungsreden, der angeblichen Verschwörung Dillons, ihrer Aufdeckung und dem Warten der Häftlinge auf das Urteil. Zeitlich unmittelbar darauf folgend, erstreckt sich der Schlussakt mit den letzten Gesprächen bis zum Exekutionsabend.

Dynamisiert wird das Geschehen zudem durch die enge **zeitliche und kausale Verklammerung** der akzentuiert eigenständigen Szenen. Fordert Robespierre in I,2 das Volk auf, ihn zu den Jakobinern zu begleiten, hält er in I,3 bereits eine Rede im Jakobinerklub, deren Konsequenzen Lacroix in I,4 Legendre erläutert. Man beschließt, Danton im Palais Royal zu suchen, wo ihn Lacroix in I,5 tatsächlich trifft und über Robespierres Auftritt informiert. Dantons Ankündigung, mit seinem Gegenspieler zu sprechen, wird schon in I,6 eingelöst. Dazwischenliegende

Zeitspannen werden auf diese Weise beinah unmerklich weggekürzt, selbst über Aktgrenzen hinweg, und es entsteht schon während des ersten Akts der Eindruck einer immer atemloseren **Beschleunigung des Handlungsverlaufs**, der eine schicksalshaft-unaufhaltsame Eigendynamik gewinnt. Diese durchgehend dramatisierte geschichtliche Zeit kontrastiert mit punktuellen Momenten einer **individuellen Entzeitlichung**, die sich in den Dialogen, zumal in den nihilistischen Aussagen des Titelhelden manifestiert. Dezidiert angesprochen wird dieser Zusammenprall unterschiedlicher Zeitkonzepte, der objektiven selbstläuferischen Beschleunigung und der subjektiv erfahrenen antriebslosen Statik, zu Beginn des zweiten Akts, wenn Camille den lethargischen Danton nervös zur Aktivität auffordert:

> Camille. Rasch Danton wir haben keine Zeit zu verlieren.
> Danton. (er kleidet sich an.) aber die Zeit verliert uns. (D 30)

Zeigt sich der Zeitablauf trotz aller Retardierungen im existenziellen Diskurs als abgeschlossenes Kontinuum, verweist die Vielfalt der Schauplätze auf das **Raumkonzept** des offenen Dramas. Im raschen Wechsel der Orte entfaltet sich ein anschauliches Revolutions-Szenario mit den Räumen der Macht (Jakobinerklub, Nationalkonvent, Revolutionstribunal) und der Ohnmacht (die Zellen im Luxemburg und in der Conciergerie), der Öffentlichkeit (Promenade, Plätze, Straßen), des Halböffentlichen (Spielsaal) und Intimen (Privaträume). Es sind durchwegs symbolträchtige Orte, die wesentlich zur Charakterisierung und Handlungsmotivation beitragen. Am bedrohlichsten ist der Revolutionsplatz mit der Guillotine, die zwar erst in den letzten Szenen tatsächlich ins Sichtfeld rückt, als Drohbild allerdings ab Beginn das Geschehen metaphorisch dominiert. Analog zur Zeitstruktur des Dramas kommt neben diesen objektiven geschichtlichen Räumen auch subjektiven Raumerfahrungen eine besondere Bedeutung zu. Es sind vor allem Bilder der Einengung, der Verminderung des Lebensraums, zumeist versetzt mit der leitmotivischen Todesmetaphorik, die am titelbestätigenden Ausgang des Dramas keinen Zweifel lassen. Besonders bedrängend werden die klaustrophobischen Vorstellungen in der letzten Nacht in der Conciergerie, wo Danton sich angesichts der nahenden Exekution düster fragt: „Will denn die Uhr nicht ruhen? Mit jedem Picken schiebt sie die Wände enger um mich, bis sie so eng sind wie ein Sarg" (D 70). Wenig später droht sich Camille im Traum von einem geschrumpften Weltraum selbst zu verlieren. Ein komisches Gegenstück zu den pathologischen Raumeindrücken, wie sie in *Woyzeck*, vor allem aber in *Lenz* zur Verdeutlichung der Destabilisierung der Protagonisten entfaltet werden, ist die lächerliche Privatausdeutung der Erdkrustentheorie durch einen bildungsbürgerlichen Theaterfreund im zweiten Akt. Dieser lässt sich zwar von der Fiktion nur zu gern in schwindelnde Höhen führen, sieht aber in jeder Pfütze ein verhängnisvolles Loch in den Abgrund.

Dass ein Drama, das sich des Problems individueller Handlungsunfähigkeit annimmt, nicht vor **Handlung** strotzen kann, liegt auf der Hand. Schon Gutzkow weist in seiner *Phönix*-Rezension darauf hin, dass Büchner „statt einer Handlung, die sich entwickelt, die anschwillt und fällt, das letzte Zucken und Röcheln, welches dem Tode vorausgeht" (GU 646), abbildet. Tatsächlich fehlt die in der (deutschen) historischen Tragödie der Zeit charakteristische Tektonik eines dynamischen Handlungsaufbaus, die Verwicklung des Protagonisten im Verhängnis, sein Aufbäumen dagegen und sein endgültiger Fall. Dantons Untergang, durch Titel und Geschichtswissen vorweggenommen und spätestens nach der Exposition gewiss, präsentiert sich als konsequente Abstiegsbewegung in vier Akten, ohne dabei eine besondere Steigerung zum bekannten Ende hin zu erfahren. Nicht selten wurde diese **Handlungsarmut** als Unzulänglichkeit gesehen, man vermisste erregende Momente und motivische Akzente. Doch darf nicht übersehen werden, dass schon der **Antagonismus von Danton und Robespierre** im vorgestellten Rahmen (der eben nicht den gesamten Verlauf der Revolution abdeckt) dieses Defizit beinahe bedingt: Hier der desillusionierte Handlungsverweigerer, der die Bedeutungslosigkeit des Einzelnen im Geschichtsprozess durchschaut hat, dort der immer stärker isolierte Taktiker der Macht, der den status quo durch die Eliminierung von Widersachern zu erhalten versucht, da sich die Ausgangsbasis der Revolution für ihre politische Vollendung als untauglich erwiesen hat. Handlung geht nicht mehr vom Individuum selbst aus, unterliegt nicht mehr autonomer Entscheidung, sondern ist gesteuert von einem nicht weiter bestimmbaren ‚Es', wie Danton seiner Julie in Rechtfertigung der Septembermorde klagt:

> Es muß, das war dieß Muß. Wer will der Hand fluchen, auf die der Fluch des Muß gefallen? Wer hat das M u ß gesprochen, wer? Was ist das, was in uns hurt, lügt, stiehlt und mordet? Puppen sind wir von unbekannten Gewalten am Draht gezogen; nichts, nichts wir selbst! Die Schwerter, mit denen Geister kämpfen, man sieht nur die Hände nicht wie im Mährchen. (D 41)

Die **Marionettenmetaphorik** war schon im Fatalismusbrief, der den Gedankengang bis in die Formulierung und Bildlichkeit vorwegnimmt, Ausdruck eines Abschieds vom teleologischen Geschichtsbild bürgerlicher Historiographie, die Entwicklungsprozesse an den „Paradegäulen und Eckstehern der Geschichte" festmachte. In *Danton's Tod* zeigt nun Büchner, wie die Mächtigen selbst in den Mahlstrom der revolutionären Vernichtung gezogen werden, auch wenn sie sich – wie Robespierre oder St. Just – noch als selbstständig Handelnde sehen. Danton dagegen verzichtet weitgehend auf seine Rettung und fügt sich in sein Schicksal, das er doch nicht zu ändern vermag. Nicht der kaum ausgetragene Konflikt der Antipoden (die nur einmal, am Ende des ersten Akts aufeinandertreffen) oder die Spannung des Handlungsverlaufs bestimmen also den Reiz des Stücks, sondern die Umstände, die diese ‚Fatalität' bedingen. Schon in seiner Gymnasialschrift *Helden-Tod der vierhundert Pforzheimer* hatte Büchner postuliert, dass das „Augenmerk auf die Motive[] und die Umstände" zu richten die „einzige Richtschnur" sei, „nach der man die Handlungen messen und wägen" (MA 21) könne. Um diese Motive und Umstände auf die Bühne zu bringen, gibt Büchner den einzelnen Szenen – bei aller Wahrung der Kausalität – größere Eigenständigkeit, fügt auch Teile ein, die keinen Beitrag zur Handlungsentwicklung leisten (vgl. etwa die

Marionszene, die Promenadeszene, das Kunst- oder auch das Philosophiegespräch), doch als Charakterisierungen, Milieuschilderungen und Situationsdarstellungen deren Voraussetzungen illustrieren. Stark kontrastiv in Inhalt, Stil und Wirkung sind diese Szenen durch Bildsysteme miteinander verknüpft, über die sich die wesentlichen **Themenbereiche** wie Sexualität, Gewalt, Tod und Theatralität entfalten. Komisches durchbricht dabei das Tragische, Existenzielles folgt der Oberflächlichkeit, das Spiel transformiert den Ernst. In der irritierenden Gegensätzlichkeit der einzelnen Szenen, die ganz bewusst eben noch gültige Ansichten oder evozierte Gefühle umgehend relativieren oder sogar widerrufen, konkretisiert sich die **widersprüchliche Vielstimmigkeit** der vorgestellten Wirklichkeit, die als homogenes Bild nicht darstellbar ist.

Mit Fortdauer des Geschehens verlagert sich die Handlung immer mehr ins Sprachliche, wird zum bloßen **Sprechakt**, aus dem der weitere Fortgang ersichtlich wird. Nicht selten bleiben wesentliche Momente des Handlungsverlaufs sogar ausgespart und werden als ‚Leerstellen' der Imaginationskraft des Rezipienten überantwortet, so etwa die Verurteilung Dantons und seiner Freunde. Wenn man bedenkt, dass sich ‚Drama' vom griechisch-dorischen Verb ‚dran' = handeln ableitet, so scheint die Frage berechtigt, inwieweit Büchners (ungewöhnliche) Gattungsbezeichnung im literarischen Kontext seiner Zeit noch treffend (bzw. Dullers Ersetzung durch ‚Dramatische Bilder' motiviert) ist. Nicht zuletzt verweist die Genrezuordnung Büchners auf die französische Avantgarde, deren Innovationen im Bereich des Geschichtsdramas (vgl. Wender 2000, Zeller) er offenbar genau studiert hatte. Die französischen Romantiker wie Victor Hugo, Alfred de Musset oder Charles Nodier bezeichneten ihre Bühnenwerke bevorzugt als ‚Dramen', um damit eine über die Gattungsdualität von Tragödie und Komödie hinausweisende dramatische Bearbeitung zu charakterisieren, die – nach dem Vorbild Shakespeares – in der Verbindung von Ernstem und Komischem, Hoch- und Tiefstehendem, Sublimem und Groteskem die Totalität der geschichtlichen Wirklichkeit erfassen möchte. Das Drama habe das Leben abzubilden, wie es ist, ohne künstlerische verfälschende Überformung. Büchner geht über diese Forderungen noch hinaus, wenn er nicht nur versucht, Realität in ihrer Komplexität gleichsam dokumentarisch verbürgt wiederzugeben. Er verschränkte zudem den ideologiekritischen Diskurs, der die Aporien geschichtlichen Handelns aufzeigt, mit einem ästhetischen Diskurs, der auf die **Theatralisierung** der Wirklichkeit verweist und zugleich die Bedingungen und Möglichkeiten der literarischen Wirklichkeitserfassung selbstreflexiv thematisiert.

Schon in den ersten Szenen des Dramas werden die Einstellungen und Standpunkte der politisch-sozialen Interessensgruppen mehrperspektivisch herausgearbeitet und in der Gegenüberstellung dem Publikum wie zur Erstbeurteilung präsentiert. Das dekadente Eröffnungsgeplänkel der Salonszene mit Spiel und Sinnlichkeit auf der einen Seite, mit morbid-sophistischen Liebesreflexionen auf der anderen wird unterbrochen durch den Auftritt Camilles und Philippeaus. Letzterer beginnt unter dem Eindruck neuerlicher Guillotinierungen eine Debatte zur Berechtigung der jakobinischen Terreur, die sich über die Kritik an der herrschenden Diktatur zur spontanen Formulierung eines liberalistischen Gegenprogramms ausweitet. Die mechanisierte Tötung, zur kompromisslosen Beschleunigung einer gesellschaftlichen Umstrukturierung eingeführt, ist zum **Instrument der politischen Machterhaltung** über die Ausschaltung von innerrevolutionären Widersachern verkümmert. Als Disziplinierungswerkzeug hält es den Bürger in Unmündigkeit und lenkt vom tatsächlichen Dilemma ab, dass ein politisches oder soziales Ziel hinter der „Guillotinenromantik" (D 5) nicht mehr zu entdecken ist. Diese an sich zielsichere Analyse mündet in einen Forderungskatalog Philippeaus, Héraults und Camilles, dessen Kurzsichtigkeit und humanistisch verbrämte Eigennützigkeit in einer Klimax der Realitätsentfremdung offengelegt wird. Zielt Philippeaus Wunsch nach Gnadenausschuss und Wiederaufnahme ausgestoßener Deputierter auf eine Demokratisierung der diktatorischen Strukturen, blendet Héraults liberales, robespierristische Prämissen widerrufendes Plädoyer die herrschenden sozialen Zustände völlig aus:

> Die Revolution muß aufhören und die Republik muß anfangen. In unsern Staatsgrundsätzen muß das Recht an die Stelle der Pflicht, das Wohlbefinden an die der Tugend und die Notwehr an die der Strafe treten. Jeder muß sich geltend machen und seine Natur durchsetzen können. Er mag nun vernünftig oder unvernünftig, gebildet oder ungebildet, gut oder böse seyn, das geht den Staat nichts an. [...] Jeder muß in seiner Art genießen können, jedoch so, daß Keiner auf Unkosten eines Andern genießen oder ihn in seinem eigenthümlichen Genuß stören darf. (D 6)

In Zeiten des Kriegs, der Versorgungskrisen, Hungeraufstände und anhaltenden Klassengegensätze konnte dieser schöngeistigen Grundsatzproklamation nur eine durchaus selbstgefährdende, da hochverräterische Naivität bescheinigt werden. Zudem würde das Ende einer Revolution, die ihre Aufgabe, die Beseitigung der sozialen Missstände, noch nicht annähernd erfüllt hat, lediglich denen zugute kommen, die aufgrund ihrer materiellen Situation ihrem ‚eigenthümlichen Genuß' frönen können. Dass dazu Danton und sein Freundeskreis mit ihrem ausschweifenden Lebenswandel zu zählen sind, ist schon zu diesem Zeitpunkt unmissverständlich. Vollends aus dem Bereich politischer Praktikabilität führt Camille die Diskussion mit seiner schwärmerischen Ästhetisierung der republikanischen Staatsform und der **Utopie** eines hedonistischen postrevolutionären Zustands, die angesichts der Probleme des Lands einen zynischen Beigeschmack bekommt. Philippeaus Antwort auf Dantons ‚reality-check', wer „denn all die schönen Dinge ins Werk setzen" soll, verrät die eigentliche Zielgruppe dieses Programms: die „ehrlichen Leute" (D 7), also das opportunistisch taktierende Besitzbürgertum, dessen Mehrheit es im Konvent zu gewinnen galt.

Die zweite Szene führt als Gegenbild zur Vergnügungswelt der Dantonisten abrupt das **verelendete und indoktrinierte Volk** als Verlierer des bisherigen Revolutionsverlaufs vor, ohne es zu idealisieren. Auch hier wird der politische Diskurs über die Themen Sexualität und Spiel eingeleitet, nun allerdings in einer brachialkomischen Variante. Der betrunkene Theatersouffleur Simon beschimpft und verprügelt seine Frau, da sie nichts gegen die Prostituierung ihrer Tochter unternimmt, mit der diese die Familie ernährt. Mit einem Wust an mythologisch-literarischen Versatzstücken inszeniert er sich dabei als römischer Republikaner, doch wird sein moralisierendes Tugendpathos in der Brüchigkeit der Rollenbilder und in den Repliken seiner Frau und der drei Bürger der Lächerlichkeit preisgegeben. Ebenso wenig wie die ideologische Phraseologie des Republikanismus tatsächlich die propagierten Werthaltungen im Volk verankern konnte, hatte die politische **Instrumentalisierung des Volks** bislang positive Auswirkungen auf seine soziale Lage. Moral kann sich leisten, wer keinen Hunger hat. Prostitution aber ist die Konsequenz der Ausbeutung der Besitzlosen durch die Besitzenden, erläutert der erste Bürger im Sinne der Sansculotten und lenkt die revolutionäre Aggression in Richtung der genießenden ‚Spitzbuben'. Denn der Verlauf der Revolution mit ihrem Kampf gegen Aristokratie, königliches Veto und Girondisten hat – wie der dritte Bürger zu Recht konstatiert – der notleidenden Basis noch keinen Nutzen gebracht.

Diese Einsicht entlädt sich in der spontanen Bereitschaft der Anwesenden zur Lynchjustiz, wobei das alte Feindbild der Aristokratie ausgeweitet wird auf alle, die nicht der Unterschicht angehören, die über Besitz, Bildung und arbeitsfreie Zeit verfügen. Ein passendes Opfer ist schnell gefunden, schon ein Schnupftuch reicht, um diesem weitgefassten Aristokratismus zugeordnet zu werden. Doch die letzte Konsequenz, sich selbst Recht zu verschaffen, fehlt. So ist es für den auftretenden Robespierre auch ein Leichtes, diesen **Willen zu revolutionärer Gewalt** wieder in den institutionalisierten Rahmen der jakobinischen Guillotinenterreur einzubinden und zu unterbinden, dass das notleidende Volk, die „große Klasse", seine Interessen wirksamer selbst vertritt. Was zuvor noch in der Karikatur durch Simon vorgeführt wurde, zeigt sich nun im Original, das freilich nicht weniger Theatralität an den Tag legt:

Abb. 13: Ernst Stern: *An die Laterne* (Federzeichnung, 1917)

> Robespierre. Armes, tugendhaftes Volk! Du thust deine Pflicht, du opferst deine Feinde. Volk, du bist groß. Du offenbarst dich unter Blitzstrahlen und Donnerschlägen. Aber Volk deine Streiche dürfen deinen eignen Leib nicht verwunden, du mordest dich selbst in deinem Grimm. Du kannst nur durch deine eigne Kraft fallen. Das wissen deine Feinde. Deine Gesetzgeber wachen, sie werden deine Hände führen, ihre Augen sind untrügbar, deine Hände sind unentrinnbar. (D 12)

Die kultische Stilisierung des Volks zur tugendhaften, gerechten und mächtigen Größe im Kampf gegen das Böse hebt das kurz zuvor sich aus dem Gegensatz von Arm und Reich formierende Klassenbewusstsein wieder auf und ersetzt es durch ein aus moralischer Überlegenheit abgeleitetes Gemeinschaftsgefühl. Die Gewaltanwendung wird als legitimer Ausdruck eines gerechten Zorns gedeutet, doch sei aufgrund der politischen Unreife des Volks eine Selbstschädigung nur zu vermeiden, wenn diese Gewalt dem Gesetzgeber, soll heißen: der jakobinischen Diktatur, überantwortet wird. Robespierres abschließende Ankündigung, „wir werden ein Blutgericht über unsere Feinde halten“ (D 12), lässt bewusst im Unklaren, wessen Feinde damit nun gemeint sind. Büchners Überzeugung war, dass eine sozialrevolutionäre **Umgestaltung der Gesellschaft** nur vom Volk selbst ausgehen kann, das der ideologischen Überformung seiner politischen Kraft durch die ‚gebildete Klasse‘ nicht bedarf. In *Danton's Tod* kann sich das Volk jedoch noch nicht als handlungsmächtiges Subjekt der Revolution etablieren und bleibt in selbstverschuldeter Unmündigkeit.

Waren wesentliche Aspekte des jakobinischen Programms bereits in den Szenen zuvor angesprochen worden, wird es in der Jakobinerklubrede Robespierres weiter entfaltet und zeigt sich unmissverständlich als Versuch des Machterhalts durch eine weitere Verschärfung des Kampfs gegen die äußeren und inneren Feinde der Revolution. Das eigentliche Ziel, gegen das materielle Elend anzugehen, wird dabei kaum angesprochen. Das egalitäre Engagement der bereits beseitigten Hébertisten wird zum „affektierten Wahnsinn“ umgedeutet, der der Konterrevolution ebenso in die Hände gespielt hat wie das propagierte Mitgefühl der (noch nicht namentlich genannten) Dantonisten. Dagegen stellt Robespierre seine **moralische Sanktionierung des politischen Terrors**: „Die Waffe der Republik ist der Schrecken, die Kraft der Republik ist die Tugend. Die Tugend, weil ohne sie der Schrecken verderblich, der Schrecken, weil ohne ihn die Tugend ohnmächtig ist.“ Dass dieses Konzept diktatorische Züge trägt, wird nicht abgestritten, sondern als notwendig zur Durchsetzung einer abstrakten Befreiung des Volks legitimiert: „Die Revolutionsregierung ist der Despotismus der Freiheit gegen die Tyrannei.“ (D 15) Kein Erbarmen haben die ‚Bösewichte‘ zu erwarten, zu denen Robespierre nicht nur die Royalisten und ‚Fremden‘, also ihre republikfeindlichen Verbündeten, zählt, sondern alle, die das ‚Kainszeichen des Aristokratismus‘, das Laster, angenommen haben. Damit rückt er nachdrücklich die Gemäßigten um Danton ins Schussfeld, deren auf dem Genussprinzip gründende, letztendlich parasitäre Ideologie er in Kontrast setzt zum eigenen messianischen Tugendkult und zur postulierten Tugend des Volks. Das brennende Problem der gerechten Eigentumsverteilung wird damit auf eine moralische, nicht lösungsorientierte Ebene verlagert. Doch auch das Tugendmodell kaschiert nur den „Riß zwischen der gebildeten und der ungebildeten Gesellschaft“ (P 440), während es de facto die bürgerliche Dominanz über das verelendete Volk sichert.

In der abschließenden Szene des ersten Akts werden die **Positionen Dantons und Robespierres** im Streitgespräch erneut konfrontiert. Auf die Infragestellung der

Legitimität der Terreur hin bemüht Robespierre noch einmal sein dichotomisches Konzept von Laster und Tugend, das Danton jedoch mit dem Hinweis relativiert, dass jeder das „thut, was ihm wohl thut“ (D 25), mithin auch die selbstgerechte Tugendhaftigkeit nur eine Spielart des Epikureismus sei. Der folgende Monolog belegt, wie sehr Robespierre dieser Vorwurf verunsichert. Der Versuch, sich mit programmatischen Floskeln der Richtigkeit seines Handelns zu versichern, wird durch Selbstzweifel untergraben, ob das eigene Handeln tatsächlich allein der Revolution dient oder doch auch der persönlichen Befriedigung: „Ich weiß nicht, was in mir das Andere belügt.“ (D 27) In diesen Reflexionen offenbart sich ein Gegensatz zwischen dem Revolutionsführer und seinem Widerpart, der weit über die von Askese bzw. Sinnlichkeit geprägten Lebenskonzepte hinausgeht. Danton führt die Einsicht, nur zufälliges Werkzeug im subjektiv nicht steuerbaren geschichtlichen Prozess zu sein, zu weitgehender **Handlungsunfähigkeit**. Robespierre dagegen gewinnt aus der Idee, Instrument des absolut gesetzten revolutionären Gedankens zu sein, seine handlungsmotivierende Selbstgewissheit, die allerdings von der Vorstellung, die revolutionären Ziele aus den Augen verloren zu haben, erschüttert wird. Ob lasterhafter Handlungsverweigerer oder tugendsamer Handelnder, eines ist den polarisierenden Figuren der Revolution gemeinsam – beide leiden an **Vereinsamung und Vereinzelung**.

Schon am Ende des ersten Akts stehen somit die Grundzüge einer dramatischen Perspektivierung fest, die keine der vorgestellten, in sich widersprüchlichen Positionen als Richtschnur politischen Handelns in Frage kommen lässt. In den folgenden Akten werden die Standpunkte über die komplexe **Personenstruktur** des Stücks weiter ausdifferenziert. Der Gegensatz von Danton und Robespierre rückt bereits mit Ende des zweiten Akts aus dem Zentrum, dafür werden mit Camille und St. Just ihre beiden engsten Vertrauten feiner profiliert. **Camille**, einziger Revolutionär, der im Stück mit seinem Vornamen verzeichnet ist, rührt durch Lebensbejahung, Freiheitssinn, Mitgefühl und Liebesfähigkeit, ihm wird der Tod am schwersten, doch wird er auch am meisten beklagt. Als Figur kontrastiv dazu angelegt ist der jakobinische Chefideologe **St. Just**, dessen kalter Dogmatismus resistent gegen Selbstzweifel ist. Seine naturgesetzliche Legitimation revolutionärer Gewalt als beschleunigter Erneuerungsprozess der Menschheit macht den Einzelnen zum verfügbaren Objekt des ‚Weltgeists‘, der sich in der mitleidlosen Massenvernichtung der moralisch Depravierten ausdrückt. Am Beispiel des Dantonistenprozesses wird vorgeführt, wie ihn seine Wahrheitsgewissheit im Dienste der Tugend vor Manipulation, Betrug und Denunziation nicht zurückschrecken lässt. Anders aber als die übrigen Robespierre-Anhänger, die Wohlfahrtsausschussmitglieder und späteren Thermidorianer Collot, Billaud, Barrère oder der Präsident des Revolutionstribunals Dumas, verfolgt er zumindest keine eigennützigen Ziele. Wird die robespierristische Fraktion derart im Verlauf des Dramas immer stärker diskreditiert (zumal ja Robespierre selbst im zweiten Teil nicht mehr auftritt), erfährt die ‚liederliche‘ Anhängerschaft Dantons in ihrer Breite der Meinungen und Charaktere eine entschiedene Aufwertung: Der witzige Bonhomme Hérault, der scharfsinnige Zyniker Lacroix oder auch der gläubige Philippeau zeigen im Angesicht des Todes menschliche Größe. Ihre Mithäftlinge in den Luxembourg-Szenen erweitern das politische Spektrum mit den **Girondisten** (Mercier, Payne) und **Hébertisten** (Chaumette) um die früheren innerrevolutionären Opfer. Das bereits vermittelte Bild verfestigen die Volksszenen: Der rasche Meinungsumschwung für Robespierre und gegen Danton vor dem Justizpalast (III,4) zeigt, wie sehr sich das Tugendmodell durch ideologische Indoktrinierung bereits festgesetzt hat; die Hinrichtungsszenen belegen, wie sehr man sich trotz der allgegenwärtigen Not mit Inszenierung abspeisen lässt.

Nicht dem politischen Diskurs zugerechnet werden können die zentralen **Frauenfiguren** in *Danton's Tod*, sie führen vielmehr heraus aus der Sphäre geschichtlicher Notwendigkeit, sind fiktionale Konstrukte oder massive Umdeutungen historischer Personen und etablieren eine Ebene des Privaten im Drama. Im sensualistischen Lebenskonzept der bürgerlichen Grisette Marion, das einen wirksamen Gegensatz zum spiritualistischen Credo Robespierres in der folgenden Szene bildet, wird promiskuitive Sexualität nicht wie zuvor als Indiz sozialer Verelendung bzw. moralischer Libertinage gebraucht. **Marion** verkörpert eine hedonistische Absolutsetzung subjektiver Triebnatur, die eine Aufgabe fester sozialer Bindungen voraussetzt, ein sinnliches, außergesellschaftliches Sichselbstleben zum Preis von Liebesunfähigkeit, doch ohne den Zwängen der Vergesellschaftung zu unterliegen. Kontrapunktisch dazu entworfen sind **Julie** und **Lucile**, deren Identität sich über die Beziehung zum geliebten Mann definiert. In Julies Liebe gewinnt Dantons Existenz eine Sinnhaftigkeit, die ihm als öffentliche Figur verloren gegangen ist, doch eröffnet sich ihm diese Erkenntnis erst kurz vor dem Tod. Den ihren ästhetisiert Julie im Einklang mit der Natur als friedvolles Verlöschen während des Sonnenuntergangs. Ähnlich integer, unberührt von der durchgängigen Sexualmetaphorik und politisch noch unreflektierter, doch zerrissener im Schmerz der endgültigen Trennung von Camille ist Lucile. Indem sie mit einer ideologischen Formel, die nichts zu tun hat mit ihrer Überzeugung, sich selbst opfernd die revolutionäre Tötungsmaschinerie in Bewegung setzt, legt sie abschließend die Absurdität des staatlichen Terrors offen. Im Privaten scheinen Formen des geglückten Miteinanders zwar noch möglich zu sein, doch bleiben auch diese Beziehungsmodelle der Ästhetik der Negation verpflichtet. Marions asoziale Identität über solipsistische Triebbefriedigung ebenso wie Julies und Luciles minimalsoziale Identität durch selbstverleugnende Fixierung auf den Partner sind defizitäre Lebensentwürfe, die sich nur ohne oder nur über die Bindung an ein anderes Ich verwirklichen können.

Der politische Diskurs ist im Stück durchgängig von einem ästhetischen Diskurs metaphorischer Theatralität überlagert, der sich von der ‚Spiel im Spiel'-Situation der Eröffnungsszene bis zu den Auftritten der Dantonisten auf der Hinrichtungsbühne und Luciles dramatischem Abgang am Ende des Dramas erstreckt. Dieses durchgehend anzutreffende **Theatermotiv** setzt nicht nur die fiktionale Verarbeitung von Wirklichkeit durch dramatische Literatur selbstreflexiv ins Bild, sondern hebt auf das grundlegendere Problem ab, wie soziale und politische Wirklichkeit gestaltet werden kann. Über den Topos des *theatrum mundi*, eines transzendental nicht mehr verankerten Welttheaters, verknüpft Büchner ästhetische Fragestellungen der Wirklichkeitsrepräsentation mit der Kritik an einer politischen Theatralisierung gesellschaftlicher Realität. Das – nach Robespierre – „erhabne Drama der Revolution" (D 14) erweist sich als umfassende Inszenierung, die dem Menschen verschiedene Rollen aus dem historischen und mythischen Fundus zuteilt. Wie brüchig dieses Konstrukt ist, zeigt sich zunächst im Burlesken an der Figur Simons, der seine lebensweltlichen Probleme im Rollenfach ‚Held der republikanischen Tragödie' verhandelt und damit bloß unter Beweis stellt, wie weit er sich mit seiner grotesken Selbstinszenierung über literarische Versatzstücke von der Realität entfernt. Lässt sich die **Diskrepanz von Pose und Lebenspraxis** in diesem Fall noch als individualkomische Übertreibung verstehen, wird sie im nicht zufällig folgenden Aufritt Robespierres als eigentliches Problem der Revolution sichtbar. Das Pathos der vaterländischen Rhetorik und die Imitation antiker Werthaltungen übertünchen – bei aller momentanen Überzeugungskraft – nur oberflächlich den Realitätsverlust der politischen Entscheidungsträger, ihre Entfremdung von den eigenen Grundlagen und Zielen. Während aber die jakobinische Diktatur diesen **Inszenierungscharakter** mit dem öffentlichen Hinrichtungsspektakel weiter fördert, wird er in den Reihen der Indulgents bereits kritisch reflektiert. Danton thematisiert mit seinem Bild der „von unbekannten Gewalten am Draht gezogen[en]" Puppen die Fremdbestimmheit des Individuums im Drama der Revolution. Eine Befreiung ist nicht möglich, denn „wir stehen immer auf dem Theater, wenn wir auch zulezt im Ernst erstochen werden." (D 32) So verinnerlicht seien die verkörperten Rollen, dass „die Gesichter mitgehen", würde man die „Masken abreißen" (D 22). Camille appelliert im vierten Akt noch einmal mit derselben Maskenmetaphorik an seine Mithäftlinge, wenigstens in den letzten Stunden auf die gewohnten Posen und Phrasen zu verzichten. Doch muss die Frage unbeantwortet bleiben, welcher existenzielle Sinn dem Einzelnen zukommt, wenn ihm die gesellschaftliche Rolle abhanden geht. Die wirklichkeitsverfälschende Uneigentlichkeit, die Camille dem sozialen Leben hier attestiert, hatte er zuvor bereits in seinem kunsttheoretischen Exkurs (II,2) angeprangert:

> Schnizt Einer eine Marionette, wo man den Strick hereinhängen sieht, an dem sie gezerrt wird und deren Gelenke bey jedem Schritt in fünffüßigen Jamben krachen, welch ein Character, welche Consequenz! Nimmt Einer ein Gefühlchen, eine Sentenz, einen Begriff, und zieht ihm Rock und Hosen an, macht ihm Hände und Füße, färbt ihm das Gesicht und läßt das Ding sich 3 Acte hindurch herumquälen, bis es sich zulezt verheirathet oder sich todtschießt – ein Ideal! Fiedelt Einer eine Oper, welche das Schweben und Senken im menschlichen Gemüth wiedergiebt wie eine Thonpfeife mit Wasser die Nachtigall – ach die Kunst! (D 37)

Bedenklich an dieser wirklichkeitsenthobenen Fiktionalisierung ist zumal deren Wirkung. Das Publikum sei schon so gewöhnt an die idealisierenden Konstrukte des bürgerlichen Theaters, die der Komplexität der Realität nicht gerecht werden, dass sie die Beurteilungsfähigkeit zu verlieren drohen. Das Original wirkt ‚erbärmlich' im Vergleich zur zurechtgezimmerten Kopie. Analog dazu führt auch die Theatralisierung der gesellschaftlichen Wirklichkeit zum **Objektivitätsverlust**. Das schlechte Schauspiel der revolutionären Politik lässt den Sinn des Volks für die eigentlichen Anliegen und Abhängigkeiten verkümmern. Ohne tatsächlichen Vorteil daraus zu ziehen, nimmt es – wie das ‚Weib mit Kindern' in IV,7 – die theatralischen Exekutionen als Surrogat für ausbleibende Verbesserungen der eigenen düsteren Lage. *Ex negativo* lassen sich aus Camilles Kritik an den etablierten Kunstformen die Konstituenten einer neuen, realistischen Theaterkunst ablesen (für die *Danton's Tod* beispielhaft steht): Das Drama soll Wirklichkeit in ihrer Vielfältigkeit erfassen, ohne sie ideologisch zu verfälschen, und auf diese Weise das Rezeptionsvermögen des Lesers/Zuschauers schulen, das Wesentliche zu erkennen.

2.6 Wirkungsgeschichte und künstlerische Rezeption

Gutzkows überschwängliche Rezension des Stücks war nicht zuletzt ein Versuch, den Autor zu einem jener Genies einer neuen (jungdeutschen) Literatur zu stilisieren, die er im ersten ‚Literaturblatt' zum *Phönix* programmatisch angekündigt hatte. Büchner erwartete jedoch zu Recht, dass von regierungstreuer Seite „noch die ungünstigsten Kritiken erscheinen werden" (P 411). Ende Oktober 1835 wurde – im Kontext der Kampagne gegen Gutzkow – unter dem Pseudonym Felix Frei ein ausufernder Verriss veröffentlicht, der vom Standpunkt eines moralisierenden Idealismus aus mit abfälligen Wertungen nicht spart und implizit ein polizeiliches Vorgehen gegen diese „Pestbeulen der Frechheit" (D 316) einfordert. Insgesamt erhält das Stück allerdings wenig, zumeist ablehnendes **Rezensentenecho**. Es sind vor allem die Nachrufe, die Büchners Ruf als ‚Dichter der Revolution' verankern. Begeisterte Zustimmung erfährt das Drama von Friedrich Hebbel und Georg Herwegh, während die Literaturgeschichtsschreibung zunächst kritisch zurückhaltend das Talent des Dichters würdigt, aber Einzelaspekte oder auch den gesamten Gehalt missbilligt. Nicht nur die ungewohnt konzentrierte Verarbeitung dokumentarischer und literarischer Quellen musste die Lesegewohnheiten des an das ‚Originalkunstwerk' gewöhnten zeitgenössischen Publikums verstören. Auch die antiklassizistische Sexual- und Todesästhetik, die Aufwertung des sozial Niederen, die sprunghafte Struktur und nicht zuletzt die unklare Haltung zur Revolution sorgten für Irritation.

Wie sehr das Drama dennoch im literarischen Diskurs präsent war, zeigt sich an seiner **dramatischen Rezeption**. In ausdrücklicher oder unausgesprochener Abgrenzung bzw. Auseinandersetzung entstanden etliche stoffliche und dramaturgische Adaptionen, beginnend mit Rudolf Gottschalls *Robespierre* (1845), Robert Griepenkerls *Maximilian Robespierre* (1849) und Ferdinand von Heinemanns *Robespierre* (1850). Anlehnungen verschiedener Art finden sich auch in Marie von Ebner-Eschenbachs *Marie Roland* (1867), Robert Hamerlings *Danton und Robespierre* (1870), Max Bewers *Danton* (1880), Karl Bleibtreus *Weltgericht* (1888) oder auch Theodor Alts *Freiheit!* (1896). Gegen Ende des 19. Jahrhunderts beginnt sich eine junge Autorengeneration verstärkt für das 1880 erstmals gesamt edierte Werk Büchners zu interessieren, Forderungen nach Inszenierungen werden laut, zumal bei den sozialdemokratisch orientierten Vertretern des Naturalismus. Am 5. Januar 1902 kommt es schließlich zur **Premiere des *Danton*** im Berliner Belle Alliance Theater durch die Freie Volksbühne, doch eine ungenügende szenische Gestaltung scheint die Einordnung des Stücks als ‚Buchdrama' zu bestätigen. Mit Paul Landaus wegweisend eingeleiteter Ausgabe von 1909 wird Büchner auch von der expressionistischen Generation verstärkt wahrgenommen, u. a. von Georg Heym, dessen *Danton's Tod*-Rezeption sich im Gedicht (*Danton*) ebenso zeigt wie im dramatischen Entwurf (*Ludwig XVI.*). Besser als die Uraufführung wurden 1910 Leopold Jeßners expressionistische Stimmungsinszenierung am Hamburger Thalia-Theater und 1913 die Münchner Inszenierung Eugen Kilians aufgenommen. Doch erst mit **Max Reinhardts epochemachender Regiearbeit** für das Berliner Deutsche Theater 1916, die bei sparsamem Bühnenbild auf licht-, bewegungs- und audiodramaturgische Kontraste setzte, konnte sich das Stück endgültig auf den Bühnen etablieren.

Kaum drei Jahre später inszeniert Reinhardt mit Romain Rollands auf Büchner verweisendem *Danton* (1899) ein weiteres Revolutionsdrama, das – wie Kurt Tucholskys Gedicht *Dantons Tod* (1920) belegt – die Funktionsrolle der Masse noch verstärkt. Beide Dramen schließlich fließen in die erste, noch tonlose **Filmadaption** ein, die Dimitri Buchowetzki 1921 für die UFA mit Emil Jannings in der Titelrolle und Werner Krauss als Robespierre dreht. Auch Gertrud Kolmar verfasst ihre literarischen Arbeiten zur Französischen Revolution, den Gedichtzyklus *Robespierre* und das Schauspiel *Cécile Renault* (1934/35), in direkter Auseinandersetzung mit den Dramen Büchners und Rollands. Schon 1918 schrieb Alexei Tolstoi unter dem Eindruck der Oktoberrevolution sein auf Büchner basierendes Drama *Smert' Dantona* (1918), das in der Überarbeitung 1923 die Hinwendung des späteren Vorsitzenden des russischen Schriftstellerverbands zum Sowjetregime sichtbar werden lässt. Beeindruckt von Büchners Drama, aber unzufrieden mit dessen Intention, stilisiert 1929 die polnische Autorin Stanislawa Przybyszewska Robespierre in ihrem Stück *Sprawa Dantona* zum Prototyp des aufrechten Revolutionärs. Das Stück dient Andrzej Wajda 1983 als Vorlage für seinen bedeutenden *Danton*-Film (mit Gérard Depardieu als Danton), der sich wieder Büchners Charakterisierung annähert. Starbesetzung wies auch bereits Hans Behrendts Verfilmung des Dramas aus dem Jahr 1931 auf mit Fritz Kortner und Gustaf Gründgens als Danton und Robespierre.

War *Danton's Tod* in den eineinhalb Jahrzehnten zuvor in mehr als 90 Inszenierungen auf deutschen Bühnen zu sehen, nahm die **Theaterrezeption** mit Beginn des Dritten Reichs markant ab. Die existenzielle Tragik des vereinzelten Menschen verdrängte als Deutungsperspektive weitgehend den revolutionären Aspekt, doch schon die Aufnahme in den Spielplan konnte als Kritik am Regime verstanden werden. Nach dem Krieg konzentrierte sich ein Aufführungsstrang im Westen auf eine aufarbeitende Analogisierung der Schreckensherrschaft zur Nazidiktatur, andere Inszenierungen knüpften an die nihilistische Interpretationstradition an. In der DDR gelangte das beargwöhnte Stück erst 1962 nach einer intensiven Debatte in der Fassung des Nationalpreisträgers Kuba (Kurt Barthel) auf die Bühne. Ab den 1960ern entstanden zahlreiche **Fernsehproduktionen**, u. a. 1963 eine deutsche (Regie: Fritz Umgelter), 1972 eine italienische (Mario Missiroli), 1978 eine englischsprachige (Alan Clarke) und 1986 eine niederländische (Mark Timmer). Auch an ihnen wird der Interpretationsspielraum ersichtlich, der sich aus der ambivalenten Sympathiesteuerung ergibt. Je nach ideologischer Ausrichtung wurden in den Inszenierungen die drei Projektionsangebote Dantonisten, Jakobiner oder Volk akzentuiert und die Bedingungen und Folgen der Revolution verschieden gedeutet. Besonders in der Nachbereitung der gesellschaftlichen Ereignisse von 1968 und 1989 gelangte *Danton's Tod* zu neuer Aktualität. Als Orientierung und Herausforderung für das eigene **dramatische Schaffen** diente Büchner bedeutenden Exponenten einer kritischen sozialistischen Literatur schon seit Kriegsende. Bertolt Brechts *Die Tage der Commune* (1949) verrät ebenso die Beschäftigung mit dem *Danton* wie Volker Brauns *Lenins Tod* (1970). Den utopischen Anspruch auf soziale Gerechtigkeit und persönliche Freiheit trotz eines ernüchternden Revolutionsverlaufs übernimmt Heiner Müller für sein Drama *Der Auftrag. Erinnerung an eine Revolution* (1979), das an lyrische Vorarbeiten anknüpft. Ab den 1980ern überwiegt die lyrische Auseinandersetzung mit Büchners Revolutionsdrama, wie Gedichte u. a. von Erich Fried, Yaak Karsunke, Gerd Adloff oder Christian Ide Hintze belegen.

Dass Büchners Werke eine starke Affinität zur Musik aufweisen, dass in ihnen gesungen, teils auch getanzt wird, ist bekannt. So kann es nicht verwundern, dass reichlich **Bühnenmusik** zu den inzwischen weit über tausend Inszenierungen entstanden ist. Stellvertretend erwähnt seien lediglich zwei markante Beispiele: Zum einen die Musik des Schönbergschülers Marc Blitzstein für eine Broadwayaufführung durch das Mercury Theatre 1938 unter Orson Welles, zum anderen die Kompositionen des musikalischen Leiters des Preußischen Staatstheaters, Mark Lothar, für Gustaf Gründgens Berliner Inszenierung 1939. Auch **kammersymphonische Arbeiten** basieren auf *Danton's Tod*, etwa Nikolai Lopatnikoffs *Danton*-Suite (1932) oder Jan Müller-Wielands *Am Revolutionsplatz* (1989). Die bis heute berühmteste musikalische Bearbeitung ist Gottfried von Einems gleichnamige **Literaturoper** (uraufgeführt 1947), die allerdings stark in die ästhetische Struktur des Stücks eingreift und es zur Schicksalstragödie des Einzelnen gegen die Masse umdeutet. Bei aller Dekonstruktion des ursprünglichen Materials kommt wohl die 1990 erstmals gesendete Radio-Oper *Die Gebeine Dantons* von Friedrich Schenker zum Libretto Karl Mickels der büchnerschen Intention näher. Ihre zeitkritische Reformulierung mit einer Vielzahl rein auditiver Präsentationsverfahren stellt ein gelungenes Beispiel intermedialer Transposition dar. Die erste Oper zu Büchners

Stück war Nikolai Lopatnikoffs *Danton* (1931/32), dessen für 1933 geplante Simultanuraufführung in Köln und Zürich aufgrund der Machtübernahme der Nationalsozialisten nicht zustande kam. Gleichfalls in der Forschung noch nicht wahrgenommen wurden die 1968/69 ‚nach Büchner' entstandene Oper *Danton* Zbigniew Bargielskis und Manfred Gurlitts *Drei politische Reden: St. Just, Robespierre und Danton* (1947) für Bariton, Chor und Orchester.

1916 setzt die **bildnerische Rezeption** des Stücks mit einer Einzelausgabe ein, zu der Walo von May 33 Originallithographien verschiedenen Formats beisteuert. Im folgenden Jahr erscheint eine weitere bibliophile Edition mit kolorierten Federzeichnungen Ernst Sterns ‚nach der Aufführung des Deutschen Theaters zu Berlin', die der Künstler, verantwortlicher Bühnenbildner dieser Inszenierung, seinem Regisseur widmet. Die kontrastreiche Lichtdramaturgie Reinhardts scheint auch noch in den montierten Illustrationen Paul Hübners für eine 1920 erschienene Ausgabe nachzuwirken. 1921 fertigt der Dresdner Expressionist Erich Wünsche zwanzig Radierungen zu *Danton's Tod* an, die (wohl aufgrund der forcierten Erotik) 1937 auf die Liste entarteter Kunst gesetzt werden. Betont zurückhaltend nehmen sich dagegen die Radierungen Franz Reinhardts für einen Privatdruck von 1923 aus. Eine wohlfeile Nachkriegsausgabe (1947) versieht Otto Dill mit Zeichnungen, die zum Teil historische Graphiken adaptieren. 1986 erarbeitet Hans Fronius eine Serie von 22 lavierten, großformatigen Federzeichnungen, die zwei Jahre später in Buchform erscheint, sowie 12 thematisch teilweise übereinstimmende Radierungen, die als Mappenwerk ediert werden. Leo Leonhards *Danton*-Illustrationen von 1988 umfassen gleichfalls Zeichnungen für eine Buchausgabe und einen radierten Zyklus für eine Graphikmappe.

Abb. 14: Paul Hübner: Illustration zu *Danton's Tod* (Zeichnung, 1920)

Wie bei den übrigen Dramen Büchners harrt auch hier noch das vielfältige künstlerische Material zu den Inszenierungen (Bühnenbilder, Szenen- und Kostümentwürfe, Programmheftzeichnungen, Medien-Cover oder auch künstlerisch gestaltete Theaterplakate) einer wissenschaftlichen Aufarbeitung.

Zusammenfassung

Ständig von der Verhaftung bedroht, schrieb Büchner in seinem Elternhaus heimlich das Revolutionsdrama *Danton's Tod* und sandte es unmittelbar vor seiner Flucht Ende Februar 1835 an Karl Gutzkow. Dessen Überarbeitung des Stücks ermöglichte zwar die Veröffentlichung, verfälschte aber den Gehalt erheblich, wie der Vergleich mit Büchners Reinschrift zeigt. Differenzierter als beim *Landboten* ist nun bereits die Quellenverarbeitung, die sich von strukturellen Übernahmen über Zitatmontagen bis hin zu Detailparaphrasen erstreckt. Vor allem die umfangreichen Anleihen bei historiographischen Arbeiten verleihen Büchners interpretationsoffenem Geschichtsbild eine suggestive Authentizität. Den zeitgenössischen Leser allerdings irritierte der unklare Standpunkt zur Revolution ebenso wie die antiklassizistische Sexual- und Todesästhetik, die Privatisierung von Geschichtlichkeit oder auch die sprunghafte Handlungsführung. So kam es erst 1902 zur Uraufführung.

Danton's Tod ist Ideologiekritik in dramatischer Form, mit der Büchner das unausbleibliche Scheitern einer sozialen Revolution vor Augen führen wollte, die in den Händen bürgerlicher Intellektueller liegt. Mit dem Dantonistenprozess zeigt er jenen Moment der Französischen Revolution, an dem sich die Schreckensherrschaft als Strategie des reinen Machterhalts entlarvte. Der jakobinische Tugendkult als einigendes ideologisches Konstrukt vermochte nicht den Widerspruch zwischen den Klassen zu lösen. Am fortdauernden Elend aber drohte die Zweckkoalition zwischen den Unterschichten und dem Bürgertum aufzubrechen. Mit der Eliminierung der Extremlinken um Hébert und der Gemäßigten um Danton, die einen Kurswechsel forderten, versuchten die Jakobiner um Robespierre, der sozialen Frage auszuweichen. Tatsächlich lässt sich das Volk ein weiteres Mal mit ‚Guillotinenromantik' abspeisen, doch wird die Perspektivlosigkeit des ‚Despotimus der Freiheit' offenkundig.

Anstatt die Ereignisse als Aktionsmodell gesellschaftspolitischen Handelns vorzuführen, weist Büchner die Widersprüchlichkeiten und Unzulänglichkeiten *aller* vertretenen Standpunkte nach. Ein zentrales Problem ist dabei die Frage der subjektiven Einflussnahme auf den Geschichtsverlauf. Dantons weitgehende Handlungsunfähigkeit resultiert aus der Gewissheit, bloß Marionette in einer nicht steuerbaren Entwicklung zu sein. Robespierre dagegen versteht sich als Werkzeug des revolutionären Gedankens und gewinnt daraus seine handlungsmotivierende Selbstgewissheit. Herr seines Schicksals ist aber auch er nicht. Handlungsmächtiges Subjekt der Revolution könnte allein das Volk werden, doch verharrt es in selbstverschuldeter Unmündigkeit.

Weiterführende Literatur: Ueding 1981; Wender 1988, 1992; Dedner 1990; Voges 1990; Kurz 1991; Niehoff 1991; Hauschild 1993, 541–584; D; Knapp 2000, 88–126; Mayer 2000; Funk 2002; Port 2004; Hiebel 2005; Taniguchi 2005.

3. Lenz

3.1 Entstehungskontext und historischer Hintergrund

Mit der Flucht nach Straßburg hatte sich Büchner im letzten Augenblick den Nachstellungen der hessischen Justiz entzogen. Gänzlich sicher fühlen konnte er sich jedoch nicht. Zwar hatte Georgis steckbriefliches Ersuchen an die Behörden des In- und Auslandes, ihn „im Betretungsfalle festnehmen und wohlverwahrt" in Darmstadt „abliefern zu lassen", in der weltoffenen elsässischen Hauptstadt nur wenig Gewicht. Doch hielt sich Büchner als Exulant ohne gesetzlichen Schutz auf, war nur „*geduldet* und somit ganz der Willkür des Präfecten überlassen" (P 405), wie er seinen Eltern am 10. Juni 1835 mitteilt. Die wenige Tage zuvor angeordnete Ausweisung Wilhelm Schulz', mit dem er sich in den vorangegangenen Wochen befreundet hatte, verdeutlichte ihm seine prekäre Lage. Mit dem Gerücht, in die Schweiz weitergereist zu sein, versuchte er seine Spuren etwas zu verwischen. Wo er in diesen ersten Monaten seines Exils unregistriert wohnte, ist nicht bekannt, wohl nicht bei den Jaeglés. Erst durch die **Ausstellung einer Sicherheitskarte** im Oktober bekam er den Status eines politischen Flüchtlings mit beschränktem Bleiberecht und konnte auf einen gewissen Rechtsschutz im Falle eines Ausweisungsantrags hoffen. Am 12. Dezember 1835 ließ Büchner sich schließlich im Fremdenverzeichnis aufnehmen, gab als Zeitpunkt der Ankunft den 1. Oktober an und als Wohnort ein Zimmer im Straßburger Südbezirk, wo der Polizeikommissar Jonathan Pfister eine schützende Hand über die deutschen Flüchtlinge hielt, solange sie unauffällig blieben. An eine Fortsetzung der politischen Betätigung war unter diesen Bedingungen nicht zu denken, auch wenn er die Vorgänge in der Heimat mit größter Aufmerksamkeit verfolgte und im ständigen Austausch mit dem Konspirantenkreis stand. Die augenblicklichen Verhältnisse schienen ihm

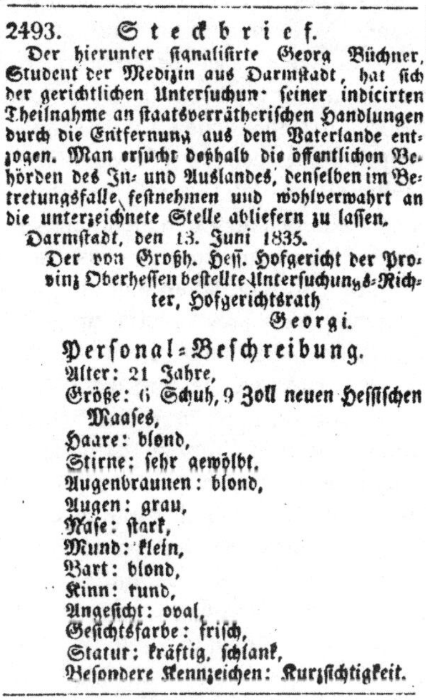
2493. Steckbrief.

Der hierunter signalisirte Georg Büchner, Student der Medizin aus Darmstadt, hat sich der gerichtlichen Untersuchung seiner indicirten Theilnahme an staatsverrätherischen Handlungen durch die Entfernung aus dem Vaterlande entzogen. Man ersucht deßhalb die öffentlichen Behörden des In- und Auslandes, denselben im Betretungsfalle festnehmen und wohlverwahrt an die unterzeichnete Stelle abliefern zu lassen.

Darmstadt, den 13. Juni 1835.

Der von Großh. Hess. Hofgericht der Provinz Oberhessen bestellte Untersuchungs-Richter, Hofgerichtsrath

Georgi.

Personal-Beschreibung.

Alter: 21 Jahre,
Größe: 6 Schuh, 9 Zoll neuen Hessischen Maases,
Haare: blond,
Stirne: sehr gewölbt,
Augenbraunen: blond,
Augen: grau,
Nase: stark,
Mund: klein,
Bart: blond,
Kinn: rund,
Angesicht: oval,
Gesichtsfarbe: frisch,
Statur: kräftig, schlank,
Besondere Kennzeichen: Kurzsichtigkeit.

Abb. 15: Steckbrief im Frankfurter Journal (18. Juni 1835)

ohnedies nicht geeignet für weitere revolutionäre Aktionen. Man hoffte auf den Faktor Zeit und das allmähliche Eindringen des republikanischen Gedankenguts bei den Jüngeren. Vom Aufbau einer revolutionären Organisation im Straßburger Exil, wie sie etwa der braunschweigische Burschenschafter Georg Fein verfolgte, hielt Büchner sich bewusst fern.

Wichtiger war es nun, Entscheidungen zu treffen für zwei dringliche Probleme: die **Neuorientierung** seiner beruflichen Zukunft, die ihm Unabhängigkeit ermöglichen sollte, und die gegenwärtige **finanzielle Absicherung**. Dass die vom Vater gewünschte Medizinerkarriere nicht seinen Vorstellungen und Interessen entsprach, war Büchner schon lange klar geworden. Die problematischen Zustände in Praxis und Lehre der Heilkunde ebenso wie seine Abneigung gegen die dem praktischen Mediziner unumgängliche „Kranken und Leichenschau“ (P 437) ließen ihn schon in Gießen in Richtung Naturwissenschaften tendieren, die empirische Konzepte mit einer philosophischen Fundierung verbanden. Die Hinwendung zur noch in den fachlichen Kinderschuhen steckenden **vergleichenden Anatomie** bzw. Morphologie bedeutete zwar, dass Büchner so manche Vergünstigungen, die Medizinstudenten in Straßburg als angehende, notwendig gebrauchte Ärzte genossen, nicht in Anspruch nehmen konnte. Doch war der Wechsel ein strategisch kluger Schachzug für eine wissenschaftliche Karriere an der jungen Universität im emigrantenfreundlichen Zürich, wie sie der Darmstädter Asylant, vielleicht auf Anregung von Schulz, nun längerfristig anstrebte. Unterstützung erfuhr er dabei von seinen Straßburger Lehrern, vor allem Ernest-Alexandre Lauth und Georges-Louis Duvernoy, die ihm den Weg zur Forschungsliteratur ebneten und bei der Erlangung der *carte de sûreté* behilflich waren. In den folgenden Monaten brachte Büchner sein Studium zügig voran und sah sich bereits im Oktober „nach Stoff zu einer Abhandlung über einen philosophischen oder naturhistorischen Gegenstand um“ (P 419). Letztlich sollte es eine zweiteilige **Dissertation** über das Nervensystem der Barben (*Mémoire sur le système nerveux du barbeau*) werden, deren erster, deskriptiver Teil die Ergebnisse seiner anatomischen Studien auf Basis eigenhändiger Präparationen vorstellt, die im zweiten Teil ‚philosophisch‘, also anatomisch-komparativ interpretiert werden. Daneben begann er im Spätherbst 1835 bereits mit vorbereitenden philosophischen Studien, um bei einer Züricher Lehrtätigkeit in zwei Fächern gerüstet zu sein.

Begleitet war dieser Weg zur beruflichen Unabhängigkeit von ständigen ökonomischen Schwierigkeiten. Finanzielle Zuwendungen erhielt er zwar weiterhin von seinem Vater, der ansonsten jeden Kontakt mit dem Sohn abgebrochen hatte, doch bedurfte es zur Existenzsicherung weiterer Einnahmequellen. Eine hatte sich noch in der Heimat aufgetan, als Gutzkow ihm durch „weitre Arbeiten etwa für den Phönix“ „einige wiederkehrende Einkünfte“ (P 394) in Aussicht stellte. Büchners Zukunftssorgen versuchte er mit der Versicherung zu zerstreuen, dass die Autorschaft „das beste Mittel der Existenz“ sei, und ermutigte ihn, nach der jungdeutschen Strategie der ideologischen Infiltration durch Literatur gleichfalls den „Schmuggelhandel der Freiheit“ zu betreiben: „Wein verhüllt in Novellenstroh, nichts in seinem natürlichen Gewande: ich glaube, man nützt so mehr, als wenn man blind in Gewehre läuft, die keineswegs blindgeladen sind." (P 398) Zwar stand Büchner dieser Vorgehensweise politisch wie auch ästhetisch ablehnend gegenüber, da er literarischen Ideenschmuggel angesichts der Entfremdung zwischen ungebildeter und gebildeter Schicht als Naivität wertete. Doch wird er sich Gedanken über einen möglichen Stoff gemacht haben, den er nach seinen Vorstellungen (und ohne allzu großen Aufwand für die Recherche) bearbeiten konnte. Zur Überbrückung konnte ihm Gutzkow einen **Übersetzungsauftrag** für die Sauerländer-Ausgabe der *Sämmtlichen Werke* Victor Hugos vermitteln. In etwa zwei Monaten bis Mitte Juni übertrug Büchner die beiden Prosa-Dramen *Lucrèce Borgia* und *Marie Tudor* mit einigem Widerwillen gegen die schematisierten, nur dem Spannungsaufbau dienlichen Charaktere um ein Honorar von 100 Gulden ins Deutsche. Zugleich aber war er sich bereits über sein nächstes schriftstellerisches Projekt ins Klare gekommen. Auf die Aufforderung Gutzkows hin, weitere ‚Originale' zu schaffen, informierte Büchner seinen Förderer in einem nicht erhaltenen Brief von der Idee, sich mit dem livländischen Sturm und Drang-Dichter **Jakob Michael Reinhold Lenz** erzählerisch auseinanderzusetzen. Zumindest rekapituliert dieser eine entsprechende Ankündigung: „Ihre Novelle Lenz soll jedenfalls, weil Straßburg dazu anregt, den gestrandeten Poeten zum Vorwurf haben? Ich freue mich, wenn Sie schaffen." (P 405)

Die Themenwahl ist leicht nachvollziehbar und nicht ganz so spontan dem *genius loci* zu verdanken. Büchners Interesse für den exzentrischen Autor rührt spätestens aus seiner ersten Straßburger Studienzeit her, konnte er doch mit den Stoebers die maßgeblichen Lenz- und Oberlin-Forscher der Zeit zu seinem Freundeskreis zählen. Als er im Herbst 1831 bei den Sitzungen der ‚Eugenia' die Brüder Adolph und August Stoeber kennenlernte, veröffentlichte letzterer gerade seinen Aufsatz *Der Dichter Lenz* als mehrteiligen Zeitschriftenbeitrag. Darin wurden neben einem einführenden biographischen Abriss und einigen (für seine Beziehung zu Friederike Brion bemerkenswerten) Briefen Lenz' an den Straßburger Gerichtsaktuar Johann Daniel Salzmann auch erstmals Passagen aus dem **Bericht Johann Friedrich Oberlins** abgedruckt, in dem der populäre Steinbacher Pastor und Sozialreformer über den dreiwöchigen Aufenthalt des seelisch zerrütteten Poeten bei ihm im elsässischen Waldersbach berichtet. Gleichfalls um diese Zeit publizierte Augusts Vater Daniel Ehrenfried Stoeber seine umfangreiche Oberlin-Biographie *Vie de J.F. Oberlin* mit einem kurzen Kapitel zur Lenz-Episode. Es ist anzunehmen, dass auch Büchner sich auf Anregung seines Freunds August mit Lenz zu beschäftigen begonnen hatte, wohl schon damals das zusammengetragene Material bei den Stoebers einsah und vielleicht auch deren dreibändige Lenz-Ausgabe entlehnte, die Ludwig Tieck 1828 besorgt (und damit eine literaturwissenschaftliche Auseinandersetzung erst ermöglicht) hatte. Zudem wird Büchner so manches auch im Gespräch mit Zeitzeugen aus seinem Bekannten- und Familienkreis erfahren haben, nicht zuletzt von seinem Vermieter Pastor Jaeglé. Immerhin hatte dieser nicht nur am 5. Juni 1826 eine Grabrede beim Begräbnis Oberlins gehalten, sondern auch ein Gedicht in jenem schillerschen ‚Musen-Almanach für das Jahr 1798' veröffentlicht, in dem das (Goethe gewidmete) Lenz-Gedicht *Die Liebe auf dem Lande* erstmals gedruckt worden war. Dieses in Tiecks Ausgabe nicht erfasste und auch August Stoeber zu dieser Zeit noch nicht bekannte Werk, in dem Lenz mit viel Selbstironie seine und Goethes Beziehung zur Sesenheimer Pfarrerstochter Friederike Brion aufarbeitet, liefert auch den ersten Beleg für **Büchners Lenz-Kenntnis**. Denn in einem Brief von Mitte März 1834, der seiner Verlobten nach halbjähriger Trennung offenbar die Angst nehmen sollte, von ihm verlassen zu werden, zitiert Büchner zwei Gedichtausschnitte zur quälenden Sehnsucht der zurückgelassenen Geliebten (übrigens eine recht unsensible Textwahl, sofern Minna den Kontext kannte, hatte doch Goethe, auf den Lenz hier anspielt, Friederike sitzen lassen). Sogar als Chiffrierhilfe für die geheime Korrespondenz der ‚Gesellschaft der Menschenrechte' war das Lenz-Gedicht, wohl auf Vorschlag Büchners, Anfang 1835 in Gebrauch.

Ob Büchner sich bereits in seiner ersten Straßburger Zeit mit dem Gedanken trug, etwas zu diesem Thema zu publizieren, ist nicht belegt. Nun, zu Beginn des Exils allerdings war die Entscheidung naheliegend, immerhin war das grundlegende Material mithilfe August Stoebers rasch zur Hand und konnte umgehend studiert und mit Freunden und Bekannten diskutiert werden. So liest sich auch Georg Fein am 10. und 11. Mai in die Unterlagen ein, nachdem bei einem gemeinsamen Treffen mit Schulz wenige Tage zuvor das Gespräch auf Goethe gekommen war und Büchner mit interessanten Details aufwarten konnte. Offenbar dachte auch Büchner zu diesem Zeitpunkt der Erstkonzeption noch an eine stärkere Fokussierung auf die **Goetheana** des Stoffs, besonders die Sesenheim-Episode, die als ‚Teaser' sicher das Interesse des Lesepublikums erregt hätte. Immerhin war erst 1831 mit August Stoebers Lenz-Aufsatz das traurige Nachspiel jener Liebesbeziehung ans Licht geraten, die durch Goethes Ausführungen in *Dichtung und Wahrheit* 1812/1814 Berühmtheit erlangt hatte. Noch ein Dreivierteljahr später scheint sich Gutzkow vor allem an diesen Aspekt des Projekts zu erinnern, wenn er Büchner schreibt:

> Eine Novelle Lenz war einmal beabsichtigt. Schrieben Sie mir nicht, daß Lenz Göthes Stelle bei Friederiken vertrat. Was Göthe von ihm in Straßburg erzählt, die Art, wie er eine ihm in Commission gegebene Geliebte zu schützen suchte, ist auch schon ein sehr geeigneter Stoff. (P 429)

Im Laufe der Arbeiten aber war Büchner von diesem sensationsheischenden Thema abgerückt, um sich auf den **Aspekt der psychischen Zerrüttung** zu konzentrieren. Nach ersten Vorarbeiten noch im Frühjahr dürfte Büchner die Arbeiten am *Lenz* zunächst zugunsten der Übersetzungen, vor allem aber aufgrund seiner akademischen Verpflichtungen zurückgestellt haben. Gutzkow dagegen drängte weiter auf karrierestrategisch wichtige Folgeveröffentlichungen und wollte ihn als regelmäßigen Beiträger für seine geplante Zeitschrift *Deutsche Revue* gewinnen, die im Dezember starten sollte. Büchner musste dieses Angebot wegen seiner zeitintensiven Studien ablehnen, dachte aber offensichtlich daran, zumindest seine *Lenz*-Arbeit bis zum Auflagenstart fertig zu stellen, wenn er seiner Familie ankündigt, dass vielleicht „Ende des Jahres noch etwas von mir erscheint“ (P 416). In diese Kerbe schlägt in seinem Brief vom 28. September auch Gutzkow, den Büchners Absage hart ankam, hatte er doch auf „Lenziana, subjektiv und objektiv“ spekuliert: „In der Tat, lieber Büchner, häuten Sie sich zum 2ten Male: geben Sie uns, wenn weiter nichts im Anfang, *Erinnerungen an Lenz*: da scheinen Sie Tatsachen zu haben, die leicht aufgezeichnet sind.“ (P 417)

In den folgenden Wochen wird Büchner die Arbeit am Werk tatsächlich etwas vorangetrieben haben, denn im Oktober informiert er seine Familie nicht nur über sein Dissertationsvorhaben, sondern nun auch schon etwas konkreter über dieses literarische Projekt:

> Ich habe mir hier allerhand interessante Notizen über einen Freund Goethe's, einen unglücklichen Poeten Namens Lenz verschafft, der sich gleichzeitig mit Goethe hier aufhielt und halb verrückt wurde. Ich denke darüber einen Aufsatz in der deutschen Revue erscheinen zu lassen. (P 419)

Tatsächlich wird Büchner in der öffentlichen Ankündigung der Zeitschrift am 26. Oktober als Mitarbeiter (neben Heine, Laube, Schulz, Meyerbeer u. a.) genannt. Doch sollte es nicht mehr dazu kommen. Denn inzwischen sah sich das politische Establishment im Deutschen Bund wieder soweit gefestigt, dass es die zuvor gewährten publizistischen Freiheiten rigoros zu unterbinden gedachte. Am Ende einer monatelangen **Verleumdungskampagne gegen Gutzkow** und seine Mitstreiter kam es schließlich am 14. November zum Verbot aller jungdeutschen Schriften durch Bundestagsbeschluss. Zwei Tage später wurde gegen den Verfasser von *Wally, die Zweiflerin* und seinen Verleger ein Verfahren wegen Herabwürdigung der Religion eröffnet, im Zuge dessen Gutzkow am 30. November verhaftet wurde. Etwa um diese Zeit muss auch Büchner von den Aktionen gegen die Jungdeutschen erfahren haben. Man liegt wohl nicht falsch, zu diesem Zeitpunkt auch das **vorzeitige Ende der Arbeit** an seiner Erzählung zu vermuten, für die nun keine sichere Publikationsmöglichkeit und damit auch kein Fertigstellungsdruck mehr gegeben war. Büchner konstatiert zwar seiner Familie gegenüber zu Neujahr 1836: „Das Verbot der *deutschen Revue* schadet mir nichts. Einige Artikel, die für sie bereit lagen, kann ich an den Phönix schicken“ (P 422), doch hatte er bei diesem Blatt und auch bei anderen als potentieller Beiträger eines Gutzkow-Projekts nicht viel zu erwarten. So blieben die unvollendeten Manuskripte vorerst liegen und Büchner legte seine Kraft in die Fertigstellung seiner Dissertation. Sein abgebrochenes Erzählvorhaben verwarf er freilich nicht endgültig. Denn weder retournierte er Stoebers Bücher und Manuskripte, als er Straßburg ein halbes Jahr später verließ, noch ließ er die *Lenz*-Handschriften bei seiner Verlobten zurück. Einige Überarbeitungen könnten also durchaus noch in Zürich entstanden sein.

Jakob Michael Reinhold Lenz

Es war nicht nur Zufall, dass Büchner allein schon über seinen engeren Freundeskreis so reiches Material für seine Erzählung in die Hände bekam. Die Erinnerung an die bewegte Zeit des Sturm und Drang wurde gerade in **Straßburg** hochgehalten, das in den 1770er Jahren durch das Zusammentreffen junger, innovationshungriger Autoren kurzfristig zum Mittelpunkt der deutschen Literaturlandschaft avancierte. Neben Johann Gottfried **Herder**, der mit seinen theoretischen Schriften die Prämissen der Geniezeit vorgab, und **Goethe**, der als Inkorporation des Original-Genies rasch zur Leitfigur stilisiert wurde, war es vor allem Lenz, der diese literarische Bewegung von europäischem Rang prägte. Am 23. Januar 1751 als Sohn des pietistischen Pastors und späteren livländischen Generalsuperintendenten Christian David Lenz in Seßwegen im heutigen Lettland geboren, studierte J.M.R. Lenz ab 1768 auf Wunsch des Vaters ohne viel Engagement Theologie in Königsberg, nutzte aber die Zeit, Vorlesungen bei Kant zu besuchen, der ihn mit den Ideen Shaftesburys, Humes und Rousseaus vertraut machte. Die Entwicklungen in der Literatur verfolgte er mit großer Aufmerksamkeit, begann mit Übersetzungen der Dramen Shakespeares und Plautus' und debütierte 1769 mit seinem Gedichtzyklus *Die Landplagen* als Schriftsteller. Um sich den Erwartungshaltungen seines Vaters zu entziehen, der ihn für den geistlichen Beruf vorsah, ging Lenz 1771 für Kost und Logis als Hofmeister zweier Barone Kleist nach Straßburg, wo er trotz der unwürdigen Anstellung die glücklichsten und produktivsten Jahre seines Lebens verbrachte. Hier lernte er bei Salzmanns Tischgesellschaften die Repräsentanten der jungen ‚wilden' Literatur kennen, hier schloss er Freundschaft mit Goethe, neben dem er sich mit seinen Dramen wie *Der Hofmeister* (1774), *Der neue Menoza* (1774) und *Die Soldaten* (1776) und theoretischen Schriften wie die *Anmerkungen übers Theater* (1774) als **führender Vertreter des Sturm und Drang** etablieren konnte. Anders aber als Goethe entschloss sich das durch seine Exzentrik oftmals belächelte Enfant terrible 1774 für eine Karriere als freier Autor, eine zu dieser Zeit noch ungewöhnliche, risiko- und entbehrungsreiche Berufswahl. Unerfüllte Lieben, zum Teil in den Fußstapfen Goethes, sowie die kontroverse Beurteilung und der mangelnde ökonomische Erfolg seiner literarischen Tätigkeit trugen gegen Mitte der 1770er Jahre wesentlich zur **Destabilisierung** des nach ideeller und materieller Unabhängigkeit ringenden Dichters bei. Schon in seiner Rezension zum *Götz* (1775) umriss er die Determiniertheit eines bürgerlichen Akademikerlebens:

Abb. 16: J.M.R. Lenz (Zeichnung, um 1777)

> Wir werden geboren – unsere Eltern geben uns Brot und Kleid – unsere Lehrer drücken in unser Hirn Worte, Sprachen, Wissenschaften, – irgend ein artiges Mädchen drückt in unser Herz den Wunsch es eigen zu besitzen [...] – es entsteht eine Lücke in der Republik wo wir hineinpassen – unsere Freunde, Verwandte, Gönner setzen an und stoßen uns glücklich hinein – wir drehen uns eine Zeitlang in diesem Platz herum wie die andern Räder und stoßen und treiben – bis wir wenns noch so ordentlich geht abgestumpft sind und zuletzt wieder einem neuen Rade Platz machen müssen [...].

Lenz wollte sich nicht damit abfinden, eine „vorzüglichkünstliche kleine Maschine“ zu sein, „die in die große Maschine, die wir Welt, Weltbegebenheiten, Weltläufte nennen besser oder schlimmer hineinpaßt“ (LB 637), sondern forderte ein Leben, in dem der Einzelne sich frei entfalten kann. Die externen und internalisierten Zwänge seines sozialen Umfelds waren jedoch stärker als er. In seinen Werken verarbeitete Lenz diese deprimierende Erfahrung einer zum Scheitern verurteilten Individualisierung.

1776 folgte er, finanziell am Ende und in Straßburg ohne berufliche Perspektive, seinem Freund Goethe nach **Weimar**, wohin dieser ein halbes Jahr zuvor als Günstling des Herzogs übersiedelt war. Vermutlich versuchte er dort mit seiner militär- und sozialreformerischen Schrift *Über die Soldatenehe* zu reüssieren. Am Hof nahm man ihn zunächst mit Wohlwollen auf und zeigte sich belustigt über seine Einfälle und seine Fauxpas. Doch nach einem bis heute nicht geklärten Eklat wurde er gegen Ende des Jahres des Landes verwiesen, auf Betreiben Goethes, der jeglichen Kontakt mit Lenz abbrach. Im Rückblick seiner Autobiographie *Dichtung und Wahrheit* nahm der Weimarer Dichterfürst seinen ehemaligen Freund als abschreckendes Beispiel für jene Künstler, die sich nicht – wie er durch den *Werther* – von der masochistischen Selbstreflexion befreien können und sich dadurch aus eigener Schuld im Wahnsinn verlieren. Tatsächlich wurden in den folgenden Monaten nach dem traumatisierenden Zerwürfnis mit Goethe und seinem beruflichen Scheitern die **Anzeichen einer psychischen Erkrankung** bei Lenz immer offensichtlicher. Von innerer Unruhe getrieben, reiste er mehr und mehr ziellos durch Baden, das Elsass und die Schweiz. Freunde, darunter Goethes Schwager Johann Georg Schlosser und seine Frau Caroline (deren Tod im Juni 1777 Lenz schwer zusetzte), der Autor und Pädagoge Gottlieb Konrad Pfeffel, der Theologe und Physiognom Johann Kaspar Lavater sowie der Schweizer ‚Genieapostel‘ Christoph Kaufmann (der durch die Umbenennung von Friedrich Maximilian Klingers Drama *Wirrwarr* in *Sturm und Drang* indirekt Namensgeber der Epoche wurde), kümmerten sich um ihn, doch verschlechterte sich sein Zustand gegen Ende 1777 dramatisch. Im November wurden nach einem ersten psychotischen Anfall bei Kaufmann in Winterthur Hilfestellungen für den kranken Dichter diskutiert, doch war man sich uneins, ob der seelischen Störung mit Schonung oder mit normkonformer beruflicher Beschäftigung beizukommen sei.

Im Januar des folgenden Jahres schickte man Lenz schließlich zum Reformpietisten **Johann Friedrich Oberlin** (1740-1826) ins abgelegene Steintal, das sich unter der Führung des beinahe sechs Jahrzehnte dort amtierenden Seelsorgers, Sozialpädagogen und Philanthropen von einem der rückständigsten Gebiete des Elsass zu einer wirtschaftlich prosperierenden Region entwickeln sollte. Nach einem Fußmarsch durch das Vogesen-Gebirge wurde er in Waldersbach am 20. Januar 1778 gastfreundlich aufgenommen. Über erste Auffälligkeiten wie nächtliche Bäder im eisigen Brunnenwasser sah man dezent hinweg. Pastor Oberlin versuchte in den folgenden Tagen, ihn seiner Ausbildung entsprechend in die seelsorgerliche Praxis einzubinden. Lenz unterstützte seinen Gastgeber bei der Erstellung von didaktischem Material, begleitete ihn auf seinen Visitationsritten und übernahm einmal sogar seinen Predigtdienst. Doch führten diese Integrationsversuche nach kurzfristigen Phasen der Konsolidierung zu einer bedrohlichen Verschlechterung, als Oberlin der Hochzeitseinladung Kaufmanns Folge leistete und am 26. Januar zu einer Reise in die Schweiz aufbrach. Lenz, dem eine Fußverletzung das Gehen erschwerte, sollte nach den Angaben Oberlins während seiner Abwesenheit lediglich die Predigtdienste übernehmen, doch fühlte er sich offenbar auch zu seelsorgerlichen Diensten verpflichtet. Am 2. Februar machte er einen Krankenbesuch bei einem todgeweihten Bauernmädchen namens Friederike, dessen Genesung er vorhersagte. Nach einem Fasten- und Bußritual machte er sich am folgenden Tag erneut auf den Weg und traf unmittelbar nach dem Tod des Kindes ein. Sein verzweifelter Versuch, es kraft seines Gebets von den Toten zu erwecken, scheiterte und provozierte einen **emotionalen Zusammenbruch**. Am 5. kam Oberlin nach Waldersbach zurück; offenbar erschreckt von Berichten über Lenz' Gesundheitszustand hatte er seine Reise vorzeitig abgebrochen. Sein gutgemeinter Rat, Lenz solle sich nach dem Willen seines Vaters ein berufliches Ziel setzen, verschlimmerte nur dessen Gewissensqualen. In den folgenden Tagen häuften sich die **selbstzerstörerischen Anfälle**: Lenz warf sich wiederholt aus dem Fenster, schlug seinen Kopf gegen die Wand und versuchte sich mit einer Schere zu verletzen. Da sich die überforderte Pfarrersfamilie von der Unberechenbarkeit des Kranken zunehmend bedroht fühlte und die Therapieversuche keine Wirkung zeigten, sah sich der Pastor schließlich gezwungen, seinen Gast am 8. Februar unter Bewachung nach Straßburg zurückzuschicken.

In einer Art **Rechtfertigungsschrift**, die die Grundlage für Büchners Erzählung wird, rekapitulierte Pastor Oberlin Lenz' 20-tägigen Aufenthalt. Er interpretiert dabei die Krankheit im Sinne einer Gottesstrafe als Konsequenz seiner Lebensführung, als Resultat „seines Ungehorsams gegen seinen Vater, seiner herumschweifenden Lebensart, seiner unzweckmäßigen Beschäftigungen, seines häufigen Umgangs mit Frauenzimmern" (O 239). Lenz' Fall wird somit symptomatisch für den künstlerischen Außenseiter, der sich den Usancen einer normalen Sozialisierung im Rahmen überkommener Moralvorstellungen widersetzt und sich dadurch aus konservativ-pietistischer Sicht, aber etwa auch nach Auffassung der zeitgenössischen Psychiatrie, versündigt. Auch in den folgenden Monaten, die Lenz zunächst in Straßburg, dann in Emmendingen bei Schlosser verbrachte, trat keine Besserung ein. Die katatonischen Störungen und Selbstverletzungen versuchte man mit Fixierung, Beruhigungsmitteln, Wasserkuren sowie Lese- und Schreibverbot in den Griff zu bekommen. Gegen Mitte des Jahres besserte sich sein Zustand etwas und der nun gebrochene, apathische Dichter wurde zur Arbeitstherapie bei einem Schuster, dann bei einem Förster untergebracht. Von seinem Bruder Karl 1779 mit Spendengeld aus Weimar nach Livland zurückgeholt, kam es zu **keiner Versöhnung mit dem Vater**, der weder mit der literarischen Laufbahn des Sohns, noch mit seiner Krankheit umzugehen wusste und seine Reintegration in die bürgerliche Gesellschaft forderte. Lenz bewarb sich deshalb um die Rektorenstelle an der Domschule zu Riga, scheiterte aber an der Weigerung Herders, eine Empfehlung zu schreiben. 1780 finden wir ihn in St. Petersburg, wo er vergeblich versuchte, als Pädagoge und Sekretär längerfristig sein Auskommen zu finden. 1781 ging er schließlich nach Moskau, wo er u. a. als Lehrer und Übersetzer tätig war, immer angewiesen auf die Unterstützung seiner Freunde aus dem Umkreis der russischen Freimaurerbewegung. Die letzten Lebensjahre des kranken Dichters sind nur mehr spärlich dokumentiert. Am 3. oder 4. Juni (nach russischem Kalender am 23. oder 24. Mai) 1792 starb er, von der Öffentlichkeit vergessen, in einer Moskauer Straße einen kläglichen Tod. Überschattet von Goethes Diskreditierung, wurde die Bedeutung von Lenz' Œuvre lange Zeit nur von einzelnen Größen wie Achim von Arnim, Clemens Brentano oder Ludwig Tieck erkannt, ehe sich Büchner über Vermittlung seiner Straßburger Freunde für den unglücklichen Autor zu interessieren begann.

3.2 Überlieferung

Nach dem Tod Büchners brachte Jaeglé mit seinem literarischen Nachlass auch die *Lenz*-Manuskripte zurück nach Straßburg und fertigte eine vermutlich sehr sorgfältige **Abschrift** an, die sie im September 1837 Gutzkow schickte. Dieser hatte ihr nämlich von seinem Vorhaben geschrieben, das restliche Œuvre ihres Verlobten zu publizieren, und sie um Mithilfe gebeten. Dachte er bei diesem Publikationsprojekt zunächst an eine Gesamtausgabe, die auch eine einleitende biographische Studie und die vorhandene Korrespondenz beinhalten sollte, musste er sich schließlich doch mit einer **Erstveröffentlichung** der Erzählung im von ihm redigierten Hamburger Literaturblatt *Telegraph für Deutschland* begnügen, wo er bereits im Mai 1838 *Leonce und Lena* untergebracht hatte. Diese in acht Teilen im Januar 1839 erschienene Fassung der Erzählung (d1) ist die einzig maßgebliche, denn sowohl die Autographen als auch die Abschrift Jaeglés sind verschollen. Auch die beiden folgenden Drucke, Gutzkows Wiederabdruck in *Mosaik. Novellen und Skizzen* (1842) sowie der Druck in den *Nachgelassenen Schriften* (1850) basieren nicht mehr auf diesen Manuskripten und sind somit für die Textkritik irrelevant.

Nicht gänzlich geklärt ist, wann und in welchem Ausmaß die an der Drucklegung beteiligten Personen (Jaeglé, Gutzkow sowie Verlagssetzer bzw. -korrektor) das vorhandene Material bearbeiteten. Anzunehmen ist, dass Jaeglé bei ihrer Abschrift die – in den Worten Gutzkows – „verschiedenen Bruchstücke des Lenz" (L 169) noch nicht zu einem zusammenhängenden Text verband, sondern nur die notwendigsten orthographischen Normierungen vornahm, Spuren des Arbeitsprozesses (Streichungen, Abbreviaturen, Verschleifungen, Schreibversehen etc.) beseitigte, aber Alternativvarianten und einen arbeitstechnischen Hinweis beließ, Textlücken kennzeichnete und – wie aus einzelnen Textredundanzen zu schließen ist – wohl keine eigenmächtigen Tilgungen vornahm. Ganz im Gegensatz zu seiner Überarbeitung des *Danton's Tod*-Manuskripts fiel Gutzkows Redaktion dieser Abschrift, von der er vermutlich keine Verlagsreinschrift erstellen ließ, allem Anschein nach sehr zurückhaltend aus. Auf ihn zurückzuführen ist vermutlich die Erstellung einer **durchgehenden Textfassung**, die die Bruchstücke zusammenfügt und Einschübe positioniert. Ergänzt wurden Titel und der Untertitel *Eine Reliquie* (womit nicht nur ein Werturteil gegeben, sondern auch die fragmentarische, ungeglättete Form gerechtfertigt wird) sowie Kommentare, Vor- und Nachbemerkungen. In der Setzerei werden zudem noch weitere orthographische Normierungen vorgenommen worden sein.

3.3 Quellen und Einflüsse

Die umfassende Quellenrecherche und das intensive Studium des zu Rate gezogenen Materials sind bei Büchner stets Voraussetzung für das literarische Schaffen und eng verbunden mit den ersten Schritten des Schreibprozesses, bilden doch **Exzerpte, Zitate und Lektüreerinnerungen** die Ausgangsbasis für die weiteren Arbeitsvorgänge. In keinem anderen seiner Werke kommt dies so deutlich zum Ausdruck wie im *Lenz*, wo der Schreibabbruch Einblick gibt in Strategien der Materialaufbereitung, Entwurfsphasen und Überarbeitungstechniken. Durch die Vielfältigkeit seiner historisch-dokumentarischen, literarischen und fachwissenschaftlichen Quellentexte, die nach ihrem Gehalt geprüft, zueinander in Beziehung gesetzt und gegeneinander abgewogen werden, erschafft Büchner eine komplexe und diskursreiche fiktionale Realität, die ein reiches Spektrum an Annäherungen und Deutungen ermöglicht.

Vor allem die **historisch-dokumentarischen Quellen** zu Lenz und Oberlin wird Büchner mit den ‚allerhand interessante[n] Notizen' gemeint haben, von denen er seinen Eltern berichtet. Die thematisch, strukturell und stilistisch wichtigste daraus ist zweifellos **Oberlins Rechtfertigungsbericht**, der kurz nach Lenz' Abtransport noch unter dem Eindruck der Erlebnisse verfasst worden war. Büchner hatte diesen an einen kleineren Freundes- und Bekanntenkreis gerichteten Bericht, der ihm sicher schon früher bekannt war, wohl Ende April 1835 in einer Abschrift von August Stoeber mit weiteren Dokumenten erhalten. Auch wenn die Korrespondenzen zwischen der Textvorlage und Büchners Erzählung an manchen Stellen bis zur wortidenten Übernahme einzelner Textteile gehen (die in einer späteren Arbeitsphase wohl noch umgestaltet worden wären), sind die Unterschiede zwischen dem rekapitulierend-wertenden Bericht des Pastors und der narrativen Fiktionalisierung allein schon in der Wirkungsabsicht enorm. Ziel der Ausführungen Oberlins war es, zu erwartende oder bereits angeklungene Kritik vor allem an der Dauer seiner therapeutischen Bemühungen, an der Einbindung eines psychisch Kranken in den seelsorgerlichen Dienst und der mangelnden Beaufsichtigung während seiner Reise zu entkräften und die Notwendigkeit und Rechtmäßigkeit seines Vorgehens zu belegen. Teil der Argumentation war die (korrekte) Diagnose der Krankheit als ‚Melancholie', die allerdings erst im Verlauf des Aufenthalts und während seiner Abwesenheit in ihrem Ausmaß erkennbar gewesen sein soll. Weitaus fragwürdiger dagegen ist Oberlins **ätiologischer Befund**, dass die Krankheit auf den Widerstand gegen die vom Vater vorbestimmte theologische Laufbahn, auf unnütze Beschäftigungen und bedenklich häufigen Kontakt mit dem weiblichen Geschlecht zurückzuführen sei und somit die „Folgen der Principien die so manche heutige Modebücher einflößen" (O 239) sichtbar mache. Die Erkrankung seines Gasts wertet Oberlin gemäß der christlichen Morallehre als **Resultat sündhafter Verfehlungen** und sozialer Unangepasstheit und diesbezüglich habe er auf Lenz einzuwirken versucht. Obwohl Lenz' Leiden durchaus mit Mitgefühl geschildert wird und die Frustration des Seelsorgers über sein Unvermögen, dem unglücklichen Dichter erfolgreich Erleichterung zu verschaffen, nicht zu überhören ist, wird das Vorgefallene von einer urteilenden Außenperspektive vermittelt, mit dem vorrangigen Ziel der Selbstrechtfertigung. Büchners Erzählung aber subjektiviert die Perspektive durch eine über weite Strecken dominante interne Fokalisierung aus figuraler Sicht. Der Erzähler lässt uns also das Geschehen mit Lenz' Augen verfolgen und damit nachvollziehen, wie sich die Außenwelt in der Wahrnehmung einer verwundeten Seele darstellt, er erlaubt **Einblicke in die Innenwelt** des Protagonisten und verwischt zuweilen die Grenze zwischen subjektiven Eindrücken und objektiven Vorfällen. Erst diese Innensicht erlaubt uns, das Drama in seinem vollen Ausmaß zu erkennen.

Abb. 17: Johann Friedrich Oberlin (Kupferstich, um 1800)

Eine weitere wichtige Quelle, die Büchner bei der Gestaltung seines Protagonisten dienlich ist, deren Intention er aber rigoros umwertet, ist **Goethes abschätzige Lenz-Charakteristik** in *Dichtung und Wahrheit*, die jahrzehntelang das Bild des Sturm und Drang-Poeten prägte. Auch wenn er darin mit despektierlichen Urteilen nicht sparte, hatte Goethe sich letztlich außerstande gesehen, die charakterlichen

„Eigenheiten“ seines ehemaligen Mitstreiters „darstellend zu überliefern“ (L 260). Doch äußerte er die vage Hoffnung, dass es in Zukunft einmal möglich sei, nach seinen Prämissen Lenz’ „Lebensgang, bis zu der Zeit da er sich in Wahnsinn verlor, auf irgend eine Weise anschaulich zu machen“ (L 262). Büchner nahm diese Herausforderung an, indem er einen markanten Lebensausschnitt in einer Weise schildert, die Goethes negative Wertung revidierte. Besonders reizvoll ist, dass er dabei mit der ‚seelenmalerischen Naturdarstellung‘ auch **literarische Verfahren des *Werther***, eines der von Oberlin angesprochenen ‚Modebücher‘, anwendet. Mit diesem von Büchner hochgeschätzten Romanerstling wollte Goethe eine „Zeitgesinnung“ erledigt haben, die u. a. im selbstquälerischen „Abarbeiten in der Selbstbeobachtung“ (L 261) ihren Ausdruck fand. Dass Lenz diese Ästhetisierung eines psychologischen Phänomens nicht schaffte bzw. nicht schaffen wollte, machte ihm der ehemalige Jugendfreund zum Vorwurf. Büchner dagegen versuchte kein Zeitphänomen zu erledigen, sondern das Schicksal eines Einzelnen, eines Künstlers mit unübersehbaren Werther-Zügen an einem aussagekräftigen Punkt seines Lebens als **psychopathologische Fallstudie** nachvollziehbar und mitfühlbar zu machen.

Zu den **gesicherten Quellen** zählt auch August Stoebers Aufsatz *Der Dichter Lenz*, der Büchner zu wesentlichen Aus- und Umgestaltungen der primären Quelle anregte, so zum Marsch ‚durch’s Gebirg‘, zur Charakterisierung des Protagonisten oder auch zum Ausbau der Kindeserweckung zu einer zentralen Szene der Pathographie. Mit der These der unglücklichen Liebe als Auslöser des Wahnsinns und der dementsprechenden Aufwertung des Friederike-Motivs bieten Stoebers ‚Mitteilungen‘ zudem eines jener Deutungsmuster, die Büchner kritisch hinterfragt und letztlich verwirft. Hilfreich bei der Ausgestaltung seiner Hauptfigur war neben den Briefen aus dem Fundus Stoebers auch Tiecks Einleitung zu seiner Lenz-Werkausgabe. Wesentliche Züge des Oberlin-Portraits übernimmt Büchner aus Daniel Ehrenfried Stoebers *Vie de J.F. Oberlin*. Zusätzliche Anregungen vor allem zu den charakterlichen, spiritistischen und didaktischen Eigenheiten des Pastors und zu den Bedingungen in seinem Pfarrgebiet mag er – über mündliche Quellen hinaus – aus weiteren biographischen Arbeiten wie Pauline Guizots *Le Pasteur du Ban de la Roche* (1822), Heinrich Lutteroths *Notice sur Jean-Frédéric Oberlin* (1826), Sarah Atkins’ *Memoire of John Frederic Oberlin* (1829) oder Christian Gottlob Barths *Ein Besuch bei Oberlin, im Jahr 1824* (1834) gewonnen haben. Auch erzählerische Arbeiten der reichhaltigen Oberlin-Literatur wie Paul Merlins *Promenades alsaciennes* (1824) und *Le Pasteur Oberlin* (1833) könnten in die Gestaltung des Lenz eingeflossen sein (vgl. L).

Literarische Inspirationsquellen wirkten vor allem in späteren Arbeitsphasen auf den Schreibprozess ein und dienten wohl nur in einzelnen Fällen (vgl. etwa die *Werther*-Adaptionen) als direkte Vorlagen. Die meisten Anregungen verdanken sich der allgemeinen Leseerfahrung Büchners als sprachliches, stilistisches oder motivisches Material, kamen auch in seinen übrigen Arbeiten zum Tragen und sind nur schwer von zufälligen Parallelen und Ähnlichkeiten zu trennen. Etliche der von der Forschung in den letzten Jahrzehnten als Inspirationsquellen angeführten Werke liegen wohl jenseits des ohnedies imposanten **Lektürehorizonts des Autors**. Einfluss auf die künstlerische Gestaltung dürften zweifellos Lenz' eigene theoretische und poetische Werke gehabt haben, die *Anmerkungen übers Theater* und der *Versuch über das erste Principium der Moral*, die Dramen *Der Hofmeister* und *Die Soldaten*, die im ‚Kunstgespräch' der Erzählung Erwähnung finden, sowie *Der neue Menoza*, vor allem aber sein Romanfragment *Der Waldbruder, ein Pendant zu Werthers Leiden*, das Goethe erst 1797 auf Wunsch Schillers zum Erstdruck freigegeben hatte, da es auf leicht durchschaubare und aufschlussreiche Weise die Beziehung zwischen ihm und Lenz entfaltet. Nicht wenige Spuren im Schreiben Büchners hinterließ das Erzählwerk Ludwig Tiecks, der eine Zeitlang „den ersten Platz" (B 18) unter den von ihm geschätzten deutschen Autoren eingenommen hatte; hier zu nennen sind vor allem *Der Aufruhr in den Cevennen*, *Abdallah*, *William Lovell*, *Leben und Tod des kleinen Rothkäppchens*, *Der blonde Eckbert* und *Der Runenberg*. Auch Werke anderer Autoren der deutschen Romantik wie Clemens Brentano, E.T.A. Hoffmann, Jean Paul, Joseph von Eichendorff, Novalis, August Klingemann und Friedrich Schlegel klingen vereinzelt an, zumeist allerdings ohne dass sich eine konkrete Übernahme im Einzelnen tatsächlich belegen ließe.

Noch schwieriger sind die genauen Referenzquellen für den in der Erzählung so maßgeblichen psychiatrischen Diskurs zu bestimmen. Die rege Forschungstätigkeit der beiden letzten Jahrzehnte hat zwar die maßgeblichen Schriften zur **Melancholiediskussion** eingehend untersucht und die Bedeutung der verschiedenen Positionen für Büchners Rekonstruktion eines Krankheitsfalls herausgearbeitet. Konkrete Vorlagen für die an der fortschrittlichen somatischen Position orientierte Darstellung ließen sich aber bislang nur ansatzweise eruieren, so etwa im Eintrag *Mélancolie* im *Dictionnaire des sciences médicales* von Jean-Etienne-Dominique Esquirol, dessen antimetaphysischer Empirismus die psychiatrischen Debatten auch in Deutschland prägte. Auch ähnlich ausgerichtete Arbeiten Friedrich Birds oder Johann Baptist Friedreichs werden Büchner wohl bekannt gewesen sein, ebenso Gegenpositionen, wie sie etwa von Johann Christian August Heinroth vertreten wurden, der die psychische Erkrankung mit dem Verstoß gegen religiös geprägte Moralkategorien in Verbindung brachte. In jüngster Zeit wurden auch die **naturphilosophischen und naturwissenschaftlichen Einflüsse** in Büchners Erzählung untersucht. Sie kommen in den Gesprächen zu geomantischen und parasomnischen Phänomenen ebenso zum Ausdruck wie in Lenz' elementaristischer Weltdeutung, in der Ideen aus Lorenz Okens *Lehrbuch der Naturphilosophie* verarbeitet sein könnten. Für die markanten Landschaftsbeschreibungen konnte der leidenschaftliche Berggeher Büchner Erinnerungsbilder seiner Wanderungen durch die Vogesen verwerten.

3.4 Aspekte der Forschung

Trotz der bereits regen literarischen Rezeption wurde *Lenz* selbst nach der Edition Paul Landaus (1909), dessen fundierte Einleitung als Beginn der wissenschaftlichen Rezeption gesehen werden kann, in den meisten Literaturgeschichten kaum berücksichtigt. Erst in den Dreißigerjahren des 20. Jahrhunderts fand Büchners Erzählung mit den Studien von Hermann Pongs, Karl Viëtor, Walter Moos und Hans Mayer gebührende Beachtung. In ihren symbolistischen, existenzialistischen, psychopathologischen und historisch-materialistischen Analyseansätzen wurde bereits der **weite Interpretationsspielraum** abgesteckt. Nach dem Krieg blieb das Forschungsinteresse an *Lenz* zunächst vergleichsweise gering; erst in den 1960er-Jahren kam mit Arbeiten u. a. von Benno von Wiese und Peter Hasubek ein neuer Aufschwung. Seitdem ist die Forschungsliteratur ins nur mehr schwer Überschaubare angewachsen. (Schwann 1997, Neuhuber 2007) Neben biographischen Fragestellungen (zu Lenz und Büchner, vgl. Wender 1996, Winter 1997, Dedner/Gersch/Martin 1999, Dedner 2001, Martin 2002) sowie vorrangig literarhistorischen, motivgeschichtlichen und formal-stilistischen Ansätzen (Arendt 1990, Diersen 1991, Oesterle 1995, Pascal 1998, Hanamoto 2000, Kuchle 2001, Descourvières 2006) interessierte zusehends auch die sozial- und ideologiekritische Diskursivität des Texts (Erb 1997, Rößer 2005). Themenbereiche wie das implizite ästhetische Programm (Stern 2001, Friedrich 2005) oder die psychopathologische Phänomenologie (Schmidt 1994, 1998, Reuchlein 1996, Seling-Dietz 2000) wurden dementsprechend mit den gesellschaftspolitischen und sozialhistorischen Rahmenbedingungen verknüpft. Daneben erhielt die Forschung durch quellenkritische und entwicklungsgeschichtliche Studien wertvolle Impulse. (Gersch 1991, 1998, Dedner 1995, P, Will 2000, L, Weiland 2004) Die letzten Jahre brachten kritische Beiträge zum philosophischen, naturwissenschaftlichen und poetologischen Horizont Büchners, zur Textgenese mit Aufschlüssen zum Entstehungsprozess sowie zur intermedialen Rezeption.

Die auffällig voneinander abweichenden **Strukturbestimmungen** wurden nicht zuletzt von zwei ‚externen' Faktoren angeregt: einer frühen Gattungsbestimmung und einer angenommenen Werkäquivalenz. Die Gattungszuordnung **‚Novelle'** findet sich bereits in Gutzkows Briefen. Ob sie auf Büchner zurückgeht, ist aufgrund der verlorenen Briefe nicht zu eruieren; seinen Eltern berichtet er in neutralerem Ton von einem ‚Aufsatz' (was eine Novelle nicht ausschließt, aber die Eltern über die *literarische* Verarbeitung des Stoffs im Unklaren ließ). Untersuchungsansatz war demnach die Konkretisierung gattungstypischer Merkmale der zeitgenössischen Novellenform im Text. Neben der konzentrierten Exposition, der gerafften, linearen Präsentation des Geschehens, den Vorausdeutungstechniken und der Bestimmung von Symbolen und Leitmotiven (Vater, Mutter, Kind, Geliebte) galt dabei vor allem der Bestimmung der Peripetie das besondere Interesse. Denn im zumeist szenisch akzentuierten Wendepunkt der Handlung, dem – nach Goethe – ‚seltsamen, unerhörten Ereignis', offenbart sich der Sinngehalt der Novelle. Es spricht weder für monokausale Deutungsversuche noch für die Treffsicherheit der Gattungsbezeichnung, dass von der Forschung verschiedene Höhe- und Wendepunkte herausgearbeitet wurden (Predigt, Kunstgespräch, Hüttenerlebnis, Gottesabfallszene), die je nach persönlicher Erkenntnispräferenz die Interpretation bestimmten. Die zweite Anregung ging von der innovativen Struktur der Dramen Büchners aus. Deren **stationenhafte Aneinanderreihung** von aufgewerteten Einzelsequenzen bestimmte auch den analytischen Blick auf die Erzählung. Betonte die Novellenzuordnung die Geschlossenheit, Dichte und Kausalität der Handlungsfolge, unterstrich eine an der ‚offenen' Form orientierte Analyse die lockere Abfolge selbstständiger Szenen und momenthafter Stimmungen. Neben der zweiteiligen Novellengliederung (die mit der Zweiphasigkeit melancholischer Erkrankungen korrespondiert) und dem Modell einer parataktischen Gestaltung finden sich **mehrteilige Gliederungsvorschläge** nach inhaltlichen Kriterien. Thorn-Prikkers (1981) Dreiteilung etwa ordnet den Abschnitten vor, während und nach der Reise Oberlins die thematischen Schwerpunkte Kunst – Religion – Krankheit zu, während Knapp (2000) drei Entwicklungsphasen des Leidensdiskurses unterscheidet. Hinderer (1990) erweitert das Modell um die Wanderung durchs Gebirge und den Abtransport und macht an jedem Teil eine psychische Veränderung fest: Der erste Teil schildert Lenz' prekären Zustand an seiner Landschaftserfahrung, der zweite bringt eine zeitweilige Konsolidierung durch seine Integration in die Steintaler Gemeinschaft, der dritte Teil zeigt die Destabilisierung durch Oberlins Abreise, im vierten Teil verschärft sich das Krankheitsbild noch durch Oberlins Moralempfehlungen und der kurze abschließende Teil präsentiert die Konsequenz der völligen Entfremdung wieder im Verhältnis zur Natur, für die er nun unempfänglich geworden ist. Um eine räumliche Komponente ergänzt Erb (1997) dieses Modell, wenn er die Grenzen der Erzählabschnitte an Lenz' Begegnungen mit dem Gebirge bindet.

So aufschlussreich solche Strukturanalysen auch sind, muss man sich doch stets bewusst sein, dass der heute vorliegende Aufbau der Erzählung nur bedingt auch mit der Autorkonzeption übereinstimmt. Da zumindest das letzte Drittel der Erzählung (mit Ausnahme des Schlusses) vor einer Drucklegung vermutlich noch stark überarbeitet, womöglich erweitert worden wäre, muss jede Interpretation davon ausgehen, dass sich im heute vorliegenden Text verschiedene, im Schreibprozess sich ändernde Darstellungsintentionen überlagern. Mit textgenetischen Untersuchungen wollte die Forschung in den letzten Jahren hier weiter Klarheit schaffen. Noch nicht gänzlich ausdiskutiert ist die „hypothetische" (L 203) Marburger **Rekonstruktion** der im Nachlass aufgefundenen Entwurfshandschriften, die für die Erstveröffentlichung kompiliert wurden. Diese Wiederherstellung geht von der weitgehend unbestrittenen Annahme aus, dass *Lenz* aufgrund der Schreibumstände unvollendet geblieben ist und sich im Nachlass des Dichters wohl ähnlich präsentierte wie der in Handschriftenteilen überlieferte *Woyzeck*. Zur bewussten Fragmentarisierung als ästhetischer Ausdrucksform einer nicht mehr als Ganzheit erfahrbaren Wirklichkeit gesellt sich also der **Fragmentcharakter** eines abgebrochenen Erzählprojekts, das durch Brüche, Redundanzen und Inkonsequenzen gekennzeichnet ist. Dedner (1995, L) isoliert in seinen zum Teil heftig widersprochenen Annahmen zum ursprünglichen Überlieferungszustand (Wender 2000, Weiland 2004) nach den Kriterien Quellenabhängigkeit, Zeitkonzept und Erzählstruktur drei Entwurfsstufen, die den Text in fünf Sequenzen unterteilen. Ein Fünftel des Textumfangs umfasst seiner Ansicht nach die **erste Entwurfsstufe** mit zwei Textabschnitten im letzten Drittel der Erzählung, die sich von „Einige Tage darauf kam Oberlin aus der Schweiz zurück" bis zur Arbeitsnotiz „Siehe die Briefe" (L 43,21–46,13) bzw. von „Den 8. Morgens blieb er im Bette" bis „Die Kindsmagd kam todtblaß und ganz zitternd" (L 48,8–29) erstrecken. In diesen Passagen zeigen sich noch starke inhaltliche, erzähltechnische und stilistische Parallelen zur Primärquelle. Sie sind weitgehend als Umgestaltungen von Oberlins Bericht zu identifizieren, der zu mehr als zwei Drittel dieser Abschnitte die Vorlage bildet. Auch in den quellenunabhängigen Textteilen klingt zumeist noch der vorgefundene Berichtstil an; der Blick ins Innere des Protagonisten und die deutliche Parteinahme für ihn fehlen noch. Etwa 10% der Erzählung umfasst ein vermutlich separat notierter Abschnitt einer **zweiten, späteren Entwurfsstufe**, der sich von „Sein Zustand war indessen immer trostloser geworden" bis „einen heftigen physischen Schmerz" (L 46,14–48,6) erstreckt. Es ist ein geraffter Überblick über Lenz' psychischen Zustand, den Büchner nun kritischer und aus psychiatrischer Sicht differenzierter skizziert. Vorausgegangen dürfte eine intensivere Auseinandersetzung mit der Fachliteratur zum Melancholiesyndrom sein. Ob dieser Abschnitt (der Anklänge an *Danton's Tod* enthält und Redundanzen zeigt zu vorangehenden, de facto aber wohl später entstandenen Passagen) in dieser Form in die Endfassung integriert worden wäre, muss dahin gestellt bleiben. 70% des Gesamtumfangs macht schließlich die **dritte Entwurfsstufe** aus, zu der der umfassendste Teilabschnitt vom Beginn der Erzählung bis zum Ende der Apostasieszene (L 31,1–43,20) und die Schlussszene ab „Er saß mit kalter Resignation" bis „So lebte er hin" (L 48,30–49,8) gehören. Es sind die eindrucksvollsten Teile der Erzählung, erzähltechnisch innovativ in der internen Fokalisierung eines heterodiegetischen Erzählers, stilistisch raffiniert u. a. durch (an Goethe und Lenz geschulte) Sturm und Drang-Paraphrasen und einzigartig in der literarischen Ausgestaltung eines Krankheitsbilds, das im Vergleich zur zweiten Entwurfsstufe auf den zweiphasigen Verlauf einer ‚religiösen Melancholie' präzisiert wird.

Schon früh beschäftigte die Forschung die Frage, an welcher Krankheit Lenz aus medizinischer Sicht litt. Lange Zeit wurde das Krankheitsbild mit einer schizophrenen Störung gleichgesetzt und die Art der künstlerischen Darstellung der Krankheitssymptomatik in Büchners Erzählung auch von medizinischer Seite als nachgerade wissenschaftlich gewürdigt. Schon 1921 hatte Raphael Weichbrodt in einer Lenz-Pathographie die Krankheit erstmalig als **Schizophrenie** identifiziert, ohne allerdings auf Büchners Erzählung einzugehen. Noch im selben Jahr jedoch übertrug Wilhelm Mayer diese Diagnose auch auf den büchnerschen Lenz. Weitere fachwissenschaftliche Studien festigten diese Sichtweise, sodass ihr verständlicherweise auch die Literaturwissenschaft, die Lenzforschung ebenso wie die Büchnerforschung, jahrzehntelang folgte. In den letzten Jahren allerdings rückt man zusehends davon ab, den Symptomenkomplex dem erst bedeutend später geprägten und auf modernen psychiatrischen Erkenntnissen basierenden Terminus ‚Schizophrenie' zuzuordnen. (Schmidt 1998) Es wird nun versucht, die Zeichen der Geistesstörung des Protagonisten im Einklang mit der zeitgenössischen Diagnostik als Manifestation einer **‚religiösen Melancholie'** zu lesen, wie sie um 1800 in ihrer symptomatischen Form beschrieben und verschieden therapiert worden war. Damit sollen neben den historischen Bedingungen auch die mit der Diagnose verbundenen Werturteile und deren Funktionalität im Kontext aufklärerischer Religionskritik und pietistischer Missionsmethodik in den Blick gerückt werden.

Grundsätzlich aber scheint es für die literaturwissenschaftliche Analyse ratsam, die Krankheitsschilderung des *Lenz* nicht auf eine klinisch-exakte Rekonstruktion einer konkreten Psychose zu verengen. Denn dies birgt die Gefahr, in der Interpretation den medizinischen und psychopathologischen Aspekt zu sehr zu betonen und darüber die innovativen ästhetischen Qualitäten der Erzählung aus den Augen zu verlieren. Zudem unterscheidet sich Büchners Schilderung eines psychischen Zusammenbruchs wesentlich von der bloßen Faktizität einer pathographischen Studie. Denn bei aller Suggestivität der Darstellung darf eines nicht vergessen werden: Nicht mit dem tatsächlichen, authentischen **Krankheitsbild** des historischen Dichters J.M.R. Lenz sind wir in der Erzählung konfrontiert, sondern mit jenem, das uns der sozialkritische Autor und Mediziner Büchner für seine Zwecke vermitteln möchte. Ebenso wenig wie Oberlins Darstellung ist auch die büchnersche ein simpler Krankenbericht. Gerade in den nosologischen Unklarheiten unterscheidet sich die literarische Annäherung an das Phänomen Wahnsinn von der medizinischen Fallstudie. So tritt zum ärztlich-diagnostischen Zugang der intersubjektive des mitfühlenden Künstlers, der mit literarischen Mitteln Verständnis für die Krankheit und den Kranken nicht durch Analyse, sondern durch Miterleben und Mitempfinden schaffen will. Die stimmige ästhetische Rekonstruktion der Krankheit in ihren Ausformungen und Auswirkungen ist dabei ‚nur' (wenn auch wesentliches) Mittel zum Zweck.

Dass Büchner bei der Literarisierung der Krankheit auch eigene Erfahrungen zum Ausdruck brachte, wurde in der Forschung wiederholt hervorgehoben. (H, Seling-Dietz 2000, Winter 2000) Auf die **Nähe zwischen Lenz und dem Autor** hatte bereits – wenn auch in problematischer Verkürzung – Ludwig Büchner hingewiesen: „In Lenzen's Leben und Sein fühlte er verwandte Seelenzustände, und das Fragment ist halb und halb des Dichters eigenes Porträt." (B 47) Tatsächlich sind Parallelen leicht auszumachen. Beide Heimatflüchtlinge verbringen die glücklichste Zeit ihres Lebens in Straßburg, haben eine ausgeprägte Sensibilität für soziale Missstände, Interesse für die Randfiguren der Gesellschaft mit ihren Instrumentalisierungs- und Entfremdungserfahrungen, teilen sich die Begeisterung für Shakespeare und brechen in ihren tabuverletzenden Dramen überkommene literarische Formen auf. Es wird allerdings der komplexen ästhetischen Struktur der Erzählung nicht gerecht, wenn man zu sehr das mögliche Autobiographische im Text sucht, den Gießener Trennungsschmerz als Schlüsselerlebnis einer Identifikation Büchners mit Lenz sieht, die Ausgestaltung psychotischer Wahrnehmungsmuster als Indiz eigener Destabilisierung versteht oder hinter Lenz' Autoritätszwängen die Paraphrase eines büchnerschen Vater-Konflikts vermutet. Wie die meisten Autoren verleiht auch Büchner seinen Protagonisten durch eigene Auffassungen und Erfahrungen Anschaulichkeit und Lebensnähe, er spricht in Äußerungen Dantons, Desmoulins, Robespierres, Leonce', Lenas und sogar Woyzecks ebenso wie in denen des ‚unglücklichen Poeten'. Bei aller Wahlverwandtschaft aber ist es keine identifikatorische Ausgestaltung der eigenen Erfahrungswelt, sondern ein **mitfühlender Nachvollzug** eines individuellen Schicksals.

Genau das fordert Lenz auch vom Kunstschaffenden im berühmten **Kunstgespräch**, das in der Diskussion des Verhältnisses von Wirklichkeit und Kunst die grundlegenden gestalterischen Prinzipien der Erzählung offenlegt. Bis heute sorgt für Diskussionen, wessen ästhetische Positionen hier ausgesprochen werden. Ist der historische Lenz für den antiidealistischen, mitempfindenden Realismus verantwortlich, ist er Büchner oder doch beiden zuzuordnen? Unmittelbar damit verbunden ist die Frage nach der Bedeutung dieser in Oberlins Bericht nicht vorgebildeten und stilistisch wie kompositorisch abgehobenen Szene für den Sinngehalt des Kunstwerks. Zumeist wird in Anlehnung an Schulz, der im Kunstgespräch Büchners „ganze Auffassung der künstlerischen Aufgabe" (S 68) formuliert fand, eine weitgehende ästhetische Übereinstimmung Büchners mit seiner Hauptfigur konstatiert und Lenz als Vermittler von Büchners eigenen ästhetischen Ansichten gesehen. (Hinderer 1990, H, Drux 2000) Fest steht, dass die Vorstellungen des Protagonisten Lenz, auch wenn hier teilweise authentisches Material verarbeitet wird, großteils über die Kunsttheorie des historischen Sturm und Drang-Dichters hinausgehen und sich mit Büchners Ansichten aus anderen Quellen (vgl. Camilles Kunstüberlegungen in *Danton's Tod* oder Büchners ‚Poetik-Briefe') decken. Das legt eine nicht auf die bloße Figurencharakterisierung beschränkte, handlungsübergreifende Funktion der Szene nahe. In den letzten Jahren hat sich die Ansicht etabliert, Büchners Protagonisten selbst als **Figuration der kritisierten ‚idealistischen Periode'** zu sehen. (Arendt 1990, Pilger 1995) Als handlungsbestimmendes Moment der Erzählung sieht man derart den Widerspruch, dass Lenz im Kunstgespräch die Basistheoreme einer idealistischen Ästhetik ablehnt, während er zugleich autotherapeutisch sein Heil in Idealisierungen seines Umfelds sucht. Fraglich ist freilich, inwiefern Lenz' Bewältigungsstrategien tatsächlich ‚idealistisch' motiviert oder nicht doch bloß dem Druck des Normativen geschuldet sind. (Schwann 1997) Wichtiger für die Konzeption des *Lenz* als diese thematische Antithese ist, dass Büchner in diesem Kunstgespräch (umfangreich wie an sonst keiner anderen Stelle seines Werks) innerliterarisch ein **poetologisches Programm** entfaltet, dessen Prämissen in der Erzählung zum Ausdruck kommen.

3.5 Analyse

Im großteils monologischen Gespräch mit seinem Freund Kaufmann wendet sich ein leidenschaftlicher Lenz vehement gegen die ‚idealistische Periode' und deren schönfärberische Konstrukte. Seine Forderung an den Dichter ist, Wirklichkeit nachzubilden, weniger allerdings als getreues Abbild mit den ohnedies unzulänglichen Mitteln der Kunst als im Sinne einer ‚lebendigen' und dadurch **authentischen Darstellung**:

> Der liebe Gott hat die Welt wohl gemacht wie sie seyn soll, und wir können wohl nicht was Besseres klecksen, unser einziges Bestreben soll seyn, ihm ein wenig nachzuschaffen. Ich verlange in allem Leben, Möglichkeit des Daseins, und dann ist's gut; wir haben dann nicht zu fragen, ob es schön ob es häßlich ist, das Gefühl, daß Was geschaffen sey, Leben habe, stehe über diesen Beiden, und sey das einzige Kriterium in Kunstsachen. (L 37)

Die Wirklichkeit selbst ist nicht übersetzbar, aber sie ist – so Lenz – in einem gewissen Maß ‚nachschaffbar', wie Shakespeares Dramen, die Volkslieder, zum Teil auch Goethes Werk belegen würden. Der Versuch aber, „idealistische Gestalten" (L 37), also die Natur korrigierende, an ästhetischen Normierungen ausgerichtete Figuren zu entwerfen, lässt nur „Holzpuppen" (L 37) ohne ‚Leben' entstehen. Nicht an einem konstruierten Ideal muss sich der Künstler für sein Wirklichkeitsmodell orientieren, sondern an der **Naturwahrnehmung** selbst. Und diese aufmerksame, unvoreingenommene Wahrnehmung versteht Lenz nicht bloß als Ausgangspunkt des Kunstakts. Sie ist vielmehr bereits unerlässlicher Teil einer jeden künstlerischen Auseinandersetzung mit einem beliebigen Gegenstand. Das künstlerische Subjekt ist derart nicht mehr wegzudenken aus dem Kunstwerk, sondern bleibt diesem als Bedingung seiner Entstehung stets eingeschrieben (und ist dementsprechend auch am Kunstwerk ‚ablesbar').

Schon im Augenblick der sinnlichen Erfahrung kann, so zeigt Lenz am Beispiel der Alltagssituation zweier Mädchen in der Natur, das Beobachtete zu einem Kunstwerk werden. Voraussetzung aber ist die **emotionale Beteiligung**, das ‚Mitfühlen', um das Eigentliche zu erfassen. Denn nur wo die verstehende, liebevolle Empathie als Ausgangspunkt der künstlerischen Gestaltung dient, kann eine vergleichbare Wirkung auch beim Rezipienten erzeugt werden:

> Man muß die Menschheit lieben, um in das eigenthümliche Wesen jedes einzudringen, es darf einem keiner zu gering, keiner zu häßlich seyn, erst dann kann man sie verstehen; das unbedeutendste Gesicht macht einen tiefern Eindruck als die bloße Empfindung des Schönen, und man kann die Gestalten aus sich heraustreten lassen, ohne etwas vom Äußern hinein zu kopiren, wo einem kein Leben, kein Puls entgegen schwillt und pocht. (L 38)

Die von Kaufmann eingeworfenen Beispiele ‚vollkommener' Kunst wie der „Apoll von Belvedere oder eine Raphaelische Madonna" (L 38), deren Perfektion in der Wirklichkeit ohne Vorbild sei, würden bei ihm kein Gefühl erregen. Wenn

Lenz daran anschließend zwei Bilder beschreibt, denen wohl ein Emmausgemälde Carel van Savoys bzw. eine Szene aus Tiecks *Rotkäppchen* als Vorlagen dienten, so ist das nicht nur eine Reverenz an die ‚realistische‘ niederländische Malerschule. Es führt vielmehr vor, wie narrative Illusionierung an Anschaulichkeit und Nachvollziehbarkeit gewinnt: durch eine **Bildlichkeit**, die im Leser Emotionen erweckt und sein ‚abgespeichertes‘ Bilderreservoir anregt.

Es ist ein durchaus moderner Gedanke, den Büchner hier über Lenz anspricht: Durch die emotionale Codierung der literarischen Wirklichkeitsbilder, ihre Aufladung mit Gefühlsinhalten, wird die Phantasie des Rezipienten angeregt. Denn das menschliche Gehirn – so zeigen auch neurowissenschaftliche Studien – erinnert sich weniger an die Wahrnehmungsimpulse selbst als an die damit verbundenen Gefühle. Je intensiver es dem Künstler gelingt, in seiner Kunst selbst durchlebtes (Mit-)Gefühl zu vermitteln, desto geringer wird auch die Distanz von Kunst- und Realitätswahrnehmung, desto stärker wird auch die Wirkung auf den Rezipienten. Wesentlichstes narratologisches Mittel, das Publikum ‚fühlen‘ zu machen, ist die Subjektivierung des Blicks durch **interne Fokalisierung**. Sie vermittelt uns die Sicht des Protagonisten auf die Außenwelt, in der sich Lenz’ erschütterte Innenwelt konkretisiert. Wichtigstes thematisches Mittel ist die damals noch keineswegs übliche **mitfühlende Auseinandersetzung** mit einem psychisch Kranken. Die Kombination dieser Mittel, der Nachvollzug einer psychotischen Welterfahrung durch perspektivische Identifikation, war revolutionär. Bis heute haben diese einprägsamen Bilder des Irrationalen und Anomalen offenbar nichts an ihrer schockierenden Unmittelbarkeit verloren. Um diese introspektive Anschaulichkeit zu erreichen, bedient sich Büchner eines breiten Spektrums **narrativer Visualisierungsverfahren**. Dazu gehören der subtile Blickwinkelwechsel zur Dimensionalisierung des Erzählten ebenso wie die quasi-ikonische Nachahmung der Malerei durch Innehalten bei Schilderungen, durch flächenhaftes Arrangement symbolträchtiger Szenen oder durch Nachbildung von Gemäldesituationen über Rahmung und Betrachtersimulation. Die wohl wirkungsvollste Veranschaulichung von psychotischer Welterfahrung aber basiert auf der spezifischen ‚Stimmung‘ des Raums durch deskriptive Unterscheidungen hinsichtlich Größe, vertikale und horizontale Entfernung, Farb- und Formgebung, Bewegung, Geräusch etc. Durch den subjektiven Blickwinkel erfährt der Rezipient diesen Raum nicht nur als Handlungsraum, sondern zugleich als ‚Seelenraum‘ des Protagonisten.

Schon Gutzkow wies in der ersten Würdigung der Erzählung auf das zentrale Zusammenspiel von Ichgefühl und Raumerfahrung hin: „Welche Naturschilderungen; welche Seelenmalerei!“ (L 179) Tatsächlich entfaltet sich in *Lenz* das Bewusstsein des Dichters auffallend häufig über **Landschaftsdarstellungen**. Die natürliche Umgebung ist Handlungsraum *und* Ausdruck psychopathologischer Raumwahrnehmungsstörungen, die Einblick gewähren in die seelischen Qualen des Protagonisten. Das Phänomen korrelativer Außen- und Innenweltbeschreibung kannte Büchner aus Goethes *Werther*. So ist es denn auch kein Zufall, dass sich schon die viel gerühmte Eingangspassage des *Lenz* unübersehbar auf jene Naturbeschreibungen bezieht, die als Projektionsfläche der psychischen Entwicklung Werthers dienen. Büchner intensiviert jedoch diese ‚Spiegelung' eines Seelenzustands noch in zweierlei Hinsicht: Zum einen durch seine psychopathologischen Kenntnisse, die ihm die symptomatische Rekonstruktion einer krankhaften Wahrnehmungsstörung ermöglichen. Zum anderen durch eine veränderte Stellung des Erzählers, der ‚Mitsicht' heterodiegetisch (Erzähler ≠ Figur) realisiert, an Bruchstellen des Texts aber auch eine auktorialere Perspektivierung erlaubt.

Besonders deutlich zeigt sich dies am Textbeginn. Dem markanten Auftakt des Erzählers „Den 20. ging Lenz durchs Gebirg", der zur Orientierung dient, folgt eine gedrängte atmosphärische Darstellung des umgebenden Raums aus dem Wahrnehmungswinkel des Protagonisten:

> Die Gipfel und hohen Bergflächen im Schnee, die Thäler hinunter graues Gestein, grüne Flächen, Felsen und Tannen. Es war naßkalt, das Wasser rieselte die Felsen hinunter und sprang über den Weg. Die Äste der Tannen hingen schwer herab in die feuchte Luft. Am Himmel zogen graue Wolken, aber Alles so dicht, und dann dampfte der Nebel herauf und strich schwer und feucht durch das Gesträuch, so träg, so plump. Er ging gleichgültig weiter, es lag ihm nichts am Weg, bald auf- bald abwärts. Müdigkeit spürte er keine, nur war es ihm manchmal unangenehm, daß er nicht auf dem Kopf gehen konnte. Anfangs drängte es ihm in der Brust, wenn das Gestein so wegsprang, der graue Wald sich unter ihm schüttelte, und der Nebel die Formen bald verschlang, bald die gewaltigen Glieder halb enthüllte; es drängte in ihm, er suchte nach etwas, wie nach verlornen Träumen, aber er fand nichts. Es war ihm alles so klein, so nahe, so naß, er hätte die Erde hinter den Ofen setzen mögen. (L 31)

Die überwiegend optischen Impulse sind akzentuiert durch klimatisch hervorgerufene Empfindungseinsprengsel, die ein Abdriften der Beschreibung ins bloß Naturidyllische schon von Beginn an unterbinden. Der Raumeindruck ergibt sich dabei maßgeblich über das Verhältnis eines Oben und Unten. Der Weg des Wandernden zwischen Felsen, Gestrüpp und Tannen markiert die Mitte zwischen Höhe und Tiefe. Lokaladverbien, die die Richtung auf den Betrachter zu bzw. von diesem weg bestimmen, dienen der Hervorhebung des perspektivischen Zentrums und machen den **Standpunkt des erlebenden Ich** rekonstruierbar. Die unwirtliche Bedrohlichkeit des Gebirges im Winter wird noch betont durch die feuchte Kälte des Nebels, das Grau der Felsen korrespondiert mit dem der Wolken und eine statische Schwere dominiert den Eindruck. Auch die Richtungsadverbien ‚hinunter' und ‚herauf' bewirken keine Dynamisierung, sondern umreißen das visuelle Feld, dessen Ränder im Wechsel von Annäherung und Entfernung durch ein Mitschauen von Lenz' Position aus erfasst werden. So wird der Rezipient in die Sinneswelt des kranken Künstlers gezwungen, der deutliche Züge einer melancholisch-depressiven **Wahrnehmungsstörung** in Bezug auf Raum und Zeit zeigt. Zur Vertikalisierung des Raums in der niederdrückenden Schwere der Umgebung tritt der Eindruck der anomalen Verlangsamung der Bewegung bis hin zur Erstarrung und ein bedrückendes Gefühl der Enge. „Nur manchmal" kann unter dem Eindruck eines Wintersturms die Erhabenheit der Natur Lenz aus seiner inneren Leere reißen und in ebenso lustvollen wie schmerzhaften **Verschmelzungs- und Entgrenzungsphantasien** Momente der Einheit von Subjekt und Objektwelt vermitteln. Dann

> riß es ihm in der Brust, er stand, keuchend, den Leib vorwärts gebogen, Augen und Mund weit offen, er meinte, er müsse den Sturm in sich ziehen, Alles in sich fassen, er dehnte sich aus und lag über der Erde, er wühlte sich in das All hinein, es war eine Lust, die ihm wehe that; oder er stand still und legte das Haupt in's Moos und schloß die Augen halb, und dann zog es weit von ihm, die Erde wich unter ihm, sie wurde klein wie ein wandelnder Stern und tauchte sich in einen brausenden Strom, der seine klare Fluth unter ihm zog. (L 31)

Meteorologische und atmosphärische Phänomene der Außenwelt sind hier Auslöser von inneren Vorgängen, die als melancholisch-ästhetische Umgestaltung objektiver Gegebenheiten nicht unbedingt als krankhaft verstanden werden müssen. Mit dem Einbruch der Nacht verliert sich jedoch dieser Bezug zur Objektwelt. Der Schrecken, zuvor für den Leser noch als Reaktion auf die erhabene Macht der Natur nachvollziehbar, zeigt sich nun als genuin psychotische Erscheinung. Dementsprechend verinnerlicht ist auch das einprägsame Bild dieses Schreckens: „Es war als ginge ihm was nach, und als müsse ihn was Entsetzliches erreichen, etwas das Menschen nicht ertragen können, als jage der Wahnsinn auf Rossen hinter ihm.“ (L 32) Nicht mehr als Wolkengebilde lassen sich die heranstürmenden Rosse objektivieren. Nun sind sie bedrängende Gebilde einer krankhaften Phantasie, die keinen realen Bezugspunkt in der Objektwelt mehr haben. Das Leiden am **Welt- und Selbstverlust** wird zum Leitmotiv der Erzählung, beinah ständig in der Handlung präsent, besonders bestürzend jedoch in den gescheiterten Versuchen einer Selbstverortung in einem größeren Sinnzusammenhang.

Doch finden sich neben Naturschilderungen, in denen sich psychotische Raumerlebnisse ausdrücken, zunächst auch solche einer beruhigenden Landschaftswahrnehmung, die noch auf eine Melancholietherapie durch die Schönheit der Natur hoffen lassen. Das sorgfältig komponierte Tableau während Lenz’ Ausritts an der Seite Oberlins, die morgendliche Winterlandschaft, die ‚harmonische Welle‘ des Raumeindrucks vor der Predigt und sogar noch das Gebirgserlebnis unmittelbar nach Oberlins Abschied vermitteln die Hoffnung, dass die kontemplative Teilhabe an der Natur heilend auf das zerrissene Gemüt des Dichters einwirken kann. Das **ästhetische Naturerlebnis**, das ihm die Entfremdung von seiner Umwelt für einen glücklichen Moment kompensiert, wird Lenz in den ersten Tagen seines Aufenthalts zur Offenbarung Gottes in seiner Schöpfung. Die Versöhnung von Innenwelt und Außenwelt durch die religiöse Ausrichtung des Lebens, das „Seyn in Gott“ (L 34), scheint Lenz nun wieder möglich. Doch mit der missglückten Kindeserweckung und der daraus folgenden Gotteslästerung verliert sich jeglicher ästhetisch-euphorische Naturbezug. Die Landschaft beängstigt ihn nun, sie ist „so eng, daß er an Alles zu stoßen fürchtete.“ (L 45) Im Schlussbild der grandiosen Gebirgslandschaft schließlich ist keine Beziehung mehr zwischen Außenwelt und

Lenz' Innenwelt gegeben. Auf sich selbst geworfen, ist ihm jeglicher Halt in seiner natürlichen und sozialen Umgebung verloren gegangen.

Büchners **literarische Pathographie** ist eine Revision des Goethe-Urteils, Lenz sei selbstverschuldet dem Wahnsinn verfallen, da er sich von der epochentypischen „Selbstquälerey" (L 260) nicht aus eigener Kraft befreit hatte. Beim Krankheitsbild ‚religiöse Melancholie', das Büchner in Oberlins Darstellung vorfand, war dieser Vorwurf freilich unangebracht. Auf Basis einer avancierten psychiatrischen Diagnostik hatte er erkannt, dass die gutgemeinte pietistische Behandlungsstrategie Oberlins mit ihrer moralisierenden Deutung der Erkrankung und der religiös-spirituellen Rechtfertigung der Leiderfahrung den Krankheitsverlauf nur negativ beeinflussen konnte. Indem Büchner die Beobachtungen des Steintaler Pastors unter diesem Aspekt neu interpretiert, ist er imstande ein viel komplexeres Bild des Künstlers und seines Leidens zu zeichnen, als es dem medizinischen Laien Oberlin möglich gewesen wäre. Mit erschütternder Eindringlichkeit gestaltet er den pathologischen Verlauf des Aufenthalts neu, mit seinen Phasen der Konsolidierung, der Zuspitzung der Krankheit zur ‚religiösen Melancholie' und der Verschlechterung des Zustands bis hin zur katatonischen Erstarrung. Die einzelnen Stadien dieser verhängnisvollen Dynamik arbeitet Büchner mit einer beinah klinischen Differenziertheit heraus. Die in der Eingangsszene vorgeführten Selbstverlustängste zwingen Lenz während seines Aufenthalts in Waldersbach zu ‚Zufällen' mit autotherapeutischer Selbstmisshandlung, Beharrungs- und Wiederholungszwängen oder entwürdigendem Wahnverhalten. Schon am Abend der Ankunft treibt ihn der Selbsterhaltungsinstinkt dazu,

> sich zu retten, er stieß an die Steine, er riß sich mit den Nägeln, der Schmerz fing an, ihm das Bewußtsein wiederzugeben, er stürzte sich in den Brunnstein, aber das Wasser war nicht tief, er patschte darin. (L 33)

Doch in den ersten Tagen des Aufenthalts klingen diese Anfälle ab, da Lenz offenbar in der Identifikationsfigur Oberlin ein Beispiel für eine geglückte Identitätskonstitution gerade in jenem pietistischen Umfeld findet, das auch für ihn von väterlicher Seite vorgesehen war. Eine Versöhnung mit dem eigenen Schicksal scheint nun möglich, denn die religiösen Unterweisungen und das Vorbild Oberlins, die Bibel- und Apokalypselektüre, auch das Predigterlebnis tragen zunächst zur Besserung bei. Die Fatalität dieser schleichenden **religiösen Fixierung** wird erst beim Wendepunkt der Erzählung sichtbar, der in Oberlins Entschluss, Kaufmann in die Schweiz zu begleiten, zu sehen ist. Lenz' Destabilisierung durch Oberlins Abreise wird in den erfundenen unheilvollen Erfahrungen während des Heimwegs effektvoll ins Bild gesetzt. Seine Einkehr in die trostlose Hütte am Ende seines ziellosen Irrens stellt ein negatives Gegenstück dar zur Ankunftsszene in Waldersbach. Was dort Hoffnung, Geborgenheit und Leben vermittelt hatte, die Vertraulichkeit des Kindes, die engelgleiche Mütterlichkeit der Pfarrersfrau, die beruhigende Gastfreundlichkeit Oberlins, findet in der Hütte, in der Lenz sein Nachtlager nimmt, ein verzerrtes Äquivalent. Das lichterfüllte Kindergesicht wird ersetzt durch das bleiche Antlitz des kranken Mädchens, im Hintergrund schnarrt eine Alte mechanisch ihre trostlosen religiösen Lieder und der verwirrte ‚Heilige' ist unübersehbar eine Gegenfigur zu Oberlin. Lenz erlebt in der Nacht das namenlose Leiden der Bewohner dieser Hütte mit, das trotz der exzessiven Hinwendung zu Gott keine Linderung erfährt. Angst ergreift wieder Besitz von ihm, da der **Glaube als sinnstiftendes Prinzip** seine Gültigkeit verliert. Unter dem Eindruck dieser Erfahrung verschlimmert sich Lenz' Zustand in den folgenden Tagen rapide: „Je höher er sich aufriß, desto tiefer stürzte er hinunter" (L 41). Kurz klingt nun auch das Motiv des unverwundenen Liebes- und Verlusterlebnisses an, das August Stoeber als Ursache der Krankheit sieht, doch ist es hier nur ein Symptom unter anderen. Allmählich steigern sich Lenz' selbstbezogene Negationen wieder soweit ins Unerträgliche, dass er sich selbst als innerlich abgestorben empfindet. Noch einmal sucht Lenz Rettung im Glauben. Mit „religiösen Quälereien" will er erfolglos die nihilistischen Anwandlungen bekämpfen, um sich schließlich in der „fixe[n] Idee" (L 42) der **Erweckung des toten Mädchens** der Macht Gottes in seinem Leben zu versichern. Das ersehnte Zeichen sollte zugleich auch seine innere Starre lösen, ihm die existenzielle Leere mit metaphysischem Sinn füllen, in gewisser Weise ihn selbst erwecken. Stattdessen provoziert die misslungene Totenerweckung einen atheistischen Ausbruch, in dem sich die **Frustration** über die Wirkungslosigkeit seines Gottvertrauens entlädt. Die enttäuschte Heilserwartung, in der Nachfolge Jesu allein durch den Glauben den Tod überwinden und derart helfend in seine Umwelt eingreifen zu können, lässt Lenz „halb wahnsinnig" werden. Er stürzt hinaus in die Finsternis der Berglandschaft, wo wie zu Beginn der Erzählung die Gewalt des Windes Größenphantasien hervorruft:

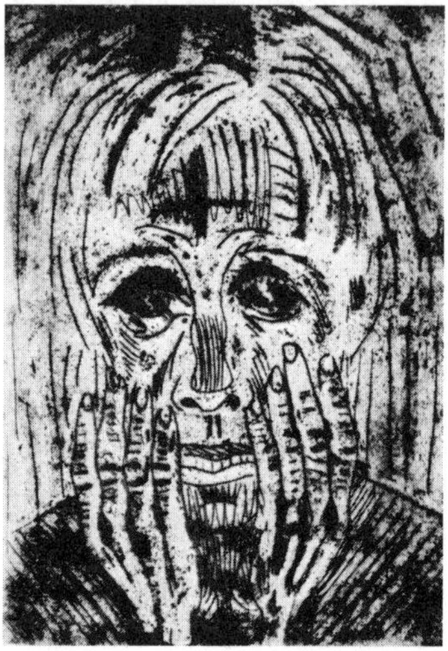

Abb. 18: Walter Gramatté: *Lenz*, Blatt VIII (Radierung, 1924)

> In seiner Brust war ein Triumph-Gesang der Hölle. Der Wind klang wie ein Titanenlied, es war ihm, als könne er eine ungeheure Faust hinauf in den Himmel ballen und Gott herbei reißen und zwischen seinen Wolken schleifen; als könnte er die Welt mit den Zähnen zermalmen und sie dem Schöpfer in's Gesicht speien; er schwur, er lästerte. So kam er auf die Höhe des Gebirges, und das ungewisse Licht dehnte sich hinunter, wo die weißen Steinmassen, und der Himmel war ein dummes blaues Aug, und der Mond stand ganz lächerlich drin, einfältig. Lenz mußte laut lachen, und mit dem Lachen griff der Atheismus in ihn und faßte ihn ganz sicher und ruhig und fest. (L 43)

Unter dem Eindruck der gescheiterten Theodizee weitet sich das Naturerlebnis zu einer gewalttätigen Inszenierung des Gottesabfalls, der über die radikale Abwertung des Naturerhabenen ins Bild gesetzt wird. Die lächerliche Verfügbarkeit der Schöpfung zielt ab auf die blasphemische Entwertung des Schöpfers selbst. Da die Normativität der religiösen Vorstellungen für Lenz dadurch aber nicht ausgelöscht ist, bedingt dieser Ausbruch nun auch die Angst, sich unrettbar versündigt zu haben. Fortan ist der **Selbst- und Weltverlust** verbunden mit Schuldgefühlen, die im Laufe des Aufenthalts immer bedrängender werden.

Die eingeschobene **psychologische Skizze** gegen Ende der Erzählung führt gedrängt die katatonischen Störungen im mentalen, affektiven und perzeptuellen Bereich vor: Denkstörungen, Sprachverwirrtheit und Selbstentfremdung, emotionale Überreaktionen, Gefühllosigkeit und Selbstverletzungen, Halluzinationen und Projektionen. Nur zu deutlich kommt der durch das Umfeld verstärkte religiöse Schuldwahn in den **Selbstbildern** zum Ausdruck, die Lenz nun für sich findet. Im ersten Teil dominierte noch das zunächst tröstliche Kind-Motiv, das sich jedoch mit der gescheiterten Totenerweckung zur Projektionsfläche seiner Selbstverlustängste verkehrt. Mit Ahasver und Satan, Verdammten der christlichen Mythologie, findet er zwei weitere Identifikationsfiguren, in denen sich seine existenzielle und eschatologische Hoffnungslosigkeit spiegelt. Zumal Lenz' Selbstidentifikation mit dem Prinzip des Bösen, der Negation alles Bestehenden, spiegelt das zermürbende Gefühl der völligen Isolation ebenso wie der Unrettbarkeit aus dieser Lage. Doch liegt keine Selbstverschuldung vor, wie Büchners Erzählung eindrucksvoll unter Beweis stellt: Gerade Lenz' Versuch, sich in die prädisponierte Rolle zu fügen, führte aufgrund des vorliegenden pathologischen Schemas zu einem fatalen Zirkel, der unausweichlich in die Katastrophe führt. In tragischer Ironie erweisen sich die Heilungsversuche Oberlins als fatale Fehlbehandlung einer psychischen Störung, deren Leidensdruck sich über religiöse und moralische Normierungen entfaltet.

Es ist eine grundlegendere Kulturkritik, die Büchner hier über das Einzelschicksal eines Künstlers formuliert. Denn letztlich scheitert eine Reintegration in die Normalität des gesellschaftlichen Lebens an der Fragwürdigkeit bestimmter gesellschaftlicher Konstanten. Lenz' krankmachende Orientierungslosigkeit steht symptomatisch für einen Wandel im bürgerlichen Selbstverständnis des 18. Jahrhunderts, der bis heute seine Auswirkungen zeitigt. Mit der Problematisierung traditioneller **Integrationsmuster** im Aufklärungsdiskurs verliert die Selbstverortung des Einzelnen allmählich ihre Selbstverständlichkeit. Dem ‚vormodernen' Menschen war seine Bestimmung und damit auch seine Identität noch im Netz transzendentaler und gesellschaftlicher Sicherheiten etwas weitgehend Unverrückbares. Im Zuge der Dogmenerosion der Aufklärungszeit allerdings verdichtet sich die radikale Skepsis allen tradierten Wahrheiten gegenüber zu einem Spezifikum modernen Denkens. Gott und die Religion verlieren ihren bis dahin fraglos akzeptierten Anspruch, als identitätsstiftende Prinzipien zu dienen. Soziale und personale Identität beginnen gerade bei bürgerlichen Intellektuellen immer häufiger auseinanderzuklaffen, da sich gesellschaftliche Identitätsentwürfe nicht mehr mit den individuellen Vorstellungen vereinbar zeigen. Aber die Sehnsucht des Einzelnen nach einer beständigen Verankerung des Selbst in seinem Lebensumfeld bleibt. Auch Büchners Protagonist Lenz versucht noch einmal diese Reintegration, scheitert jedoch beispielhaft, da traditionelle Konstanten wie Religion für sein ‚modernes' Selbstverständnis nur mehr bedingt richtungweisende Kraft entfalten können. Sein **ontologisches Dilemma** manifestiert sich in der Frage nach dem Sinn des allgegenwärtigen Leids, danach, warum Gott nicht hilft, wenn er doch allmächtig ist. „[W]enn ich so wäre", lässt Büchner Lenz sagen, „und ich könnte das Leiden nicht ertragen, ich würde retten, retten" (L 47). Dass ihm diese Frage unbeantwortet bleibt, verdeutlicht Lenz die Unmöglichkeit eines Lebensentwurfs auf Basis der Religion. Von deren moralischem Normensystem als Erbe seiner Sozialisierung kann er sich zu seinem Unglück jedoch nicht befreien.

In der Interpretationsgeschichte der Erzählung gab es nicht wenige Versuche, die psychische Krankheit des Protagonisten in Zusammenhang zu seiner künstlerischen Existenz zu bringen. Schon Goethes Lenz-Charakteristik hatte diesen Konnex vorgegeben, allerdings durchaus im negativen Sinn, indem sie die Grundlagen seines künstlerischen Tuns, die quälende Selbstreflexion und kreative Missachtung des Normativen, als pathologisches Übel stigmatisierte. Konträr zu dieser moralisierenden Aburteilung des kranken, da schwachen Genies verstanden die Romantiker die problematische psychische Disposition eines Künstlers nicht als destruktive, sondern produktive Kraft. In der **Affinität von Geisteszerrüttung und künstlerischer Erfahrung** wurde eine wesentliche Erweiterung der Wirklichkeitserfassung und der Ausdrucksmöglichkeiten durch Kunst gesehen. Romantisches Kunstverständnis poetisierte den Wahn als Möglichkeit, der Einbildungskraft im Leben eine tragende Rolle zu geben. Die im Leiden ermöglichte Hellsichtigkeit, die dem ‚Gesunden' nicht im selben Maß verfügbar ist, wird zum positiven Effekt psychischer Krisen. Die zu dieser Zeit sich etablierende somatische Psychiatrie wandte sich allerdings scharf gegen diese Idealisierung von Wahnsinn, da sie das damit verbundene Leid bagatellisiere bzw. mystisch überhöhe. Auch Büchner unternimmt in *Lenz* **keine romantische Verklärung psychischer Krankheit** als Weg zur Inspiration. Nicht das unheimliche Faszinosum der Andersartigkeit, die erschließt, was ‚normalen' Zugängen verschlossen bleiben muss, sondern existenzielle Bedrohlichkeit, Angst und Verzweiflung kennzeichnen die Krankheitsdarstellung. Den Grenzüberschreitungen fehlt der kompensatorische Bonus höherer Erkenntnis. Lenz wird vorrangig als Leidender beschrieben, geschlagen mit einer Krankheit, die durch keinen Sinn aufgewertet ist, weder in religiöser noch ideologischer noch ästhetischer Hinsicht. Seine Wahrnehmung der Welt ist eine von psychischer Abweichung bestimmte, keine genuin künstlerische. So ist es ihm offensichtlich auch nicht mehr möglich, das Erlebte literarisch umzusetzen; schreibend tritt er in der Erzählung nur als Verfasser offensichtlich wirrer Briefe in Erscheinung. Nicht der Dichter Lenz als Repräsentant eines bestimmten Künstlerbilds steht im Mittelpunkt der Erzählung. Es ist der Mensch Lenz in seiner hoffnungslosen, einsamen Qual, der vergeblich versucht, sein Selbstverständnis mit den Erwartungshaltungen seiner Umwelt abzugleichen.

Dieser verzweifelte Versuch des Abgleichs von Innen- und Außenwelt kommt am eindringlichsten in den **Fensterbildern** der Erzählung zum Ausdruck. Das Fenster ist in der Kunst doppelsinniges mediales Symbol: Es ist Freiraum und Grenze, Verbindung und Trennung zugleich. Seine trennende Funktion des Dazwischen-Seins entfaltet den Gegensatz eines Innen und Außen, das verbindende Moment des Fensters aber hebt durch seine Durchlässigkeit diese Trennung wieder auf, erlaubt Einblicke und Ausblicke und macht in der Grenzüberschreitung den Austausch der verschiedenen Welten wieder möglich. Bezeichnenderweise bringt schon das Kunstgespräch eine solche Fenstersituation. In Lenz' Beschreibung des Gemäldes einer Frau, die am offenen Fenster im Gebetbuch lesend den Glocken der Kirche und dem Gesang der Gemeinde zu lauschen scheint, verbindet sich Innen und Außen zu einer symbolträchtigen harmonischen Einheit. In der christlichen Symbolik ist das Fenster Einlass des Göttlichen in das irdische Dasein (wie es etwa in der Glaskunst gotischer Kathedralen großartigen Ausdruck findet). Auch in Lenz' Bildbeschreibung verschmilzt das Innen über die Gottesannäherung mit dem Außen und schafft eine harmonische **Übereinstimmung von Subjekt und Objektwelt**. Diese Grenzüberschreitung ist unübersehbar ein Sehnsuchtsbild des Künstlers, das sich schon bei der ersten Verwendung des Fenstermotivs nach den paranoiden Angstszenarien der Gebirgswanderung entfaltet:

> Er ging durch das Dorf, die Lichter schienen durch die Fenster, er sah hinein im Vorbeigehen, Kinder am Tische, alte Weiber, Mädchen, Alles ruhige, stille Gesichter, es war ihm als müsse das Licht von ihnen ausstrahlen, es ward ihm leicht. (L 32)

Doch schon hier steht das Fenster als ästhetisches Zeichen für die **Entfremdung des Subjekts** von der Lebenswelt des Anderen. Als Ausgeschlossener beobachtet Lenz die Atmosphäre familiärer Geborgenheit, die ihm immerhin Trost gibt und die Hoffnung, teilzuhaben an dieser Gemeinsamkeit – eine Integration, die er jedoch auch im Pfarrhaus von Waldersbach, nur bedingt finden sollte. Auch während der Phase der Beruhigung gelingt es Lenz nicht, sich selbst als Teil des harmonischen Zusammenlebens zu begreifen. Diese Selbstsicht wird klar, wenn er Kaufmanns Empfehlung, sich in die Wünsche seines Vaters zu fügen, empört ablehnt und unter den Bedingungen für ein erträgliches Leben anführt, „durch den Garten gehn, und zum Fenster hineinsehen" (L 39) zu können. Lenz bleibt distanzierter Betrachter. Sein Fensterblick eröffnet ihm Einsicht in eine Welt, die nicht seine ist, von der er sich zunächst jedoch noch Hilfe verspricht. Zur Aussöhnung von Innenwelt und Außenwelt wird es allerdings nicht kommen. Sein Versuch, die Grenze zu überschreiten, um Aufnahme in die Gemeinschaft zu finden, geht mit Selbstbeschädigung einher und endet schließlich im Desaster, drastisch ins Bild gesetzt durch seine Fensterstürze.

3.6 Wirkungsgeschichte und künstlerische Rezeption

Gutzkows Charakteristik der Erzählung im Nachwort zum Erstdruck und Ludwig Büchners einführende Bemerkungen zu seiner Edition gaben die wichtigsten Themen der frühen literaturkritischen und -wissenschaftlichen Analysen vor: die Naturbeschreibungen und Darstellung seelischer Befindlichkeit, die künstlerische Gestaltung von Wahnsinn, der Fragmentcharakter des Werks, die „reproduktive Phantasie" (L 181) des Autors und seine Berührungspunkte mit dem historischen Lenz. Neben einigen lobend-unverfänglichen Besprechungen sind in den ersten Jahren vor allem eine anerkennende Rezension Hermann Marggrafs (1843) und die harsche Kritik Julian Schmidts (1852) aufschlussreich. Marggraf attestiert der Erzählung „so etwas Halbwahnsinniges [...], daß es dem Leser fast erscheint, als lese er hier nicht die Novelle eines Zweiten über einen Wahnsinnigen, sondern habe es mit diesem selbst zu thun, sei wol gar von ihm angesteckt, als sei Büchner Lenz und Lenz Büchner und er, der Leser selbst, Beide zugleich". Verstört von dieser irritierenden Innenperspektive, verdammt Schmidt – Befürworter eines ‚idealen Realismus' – 1852 die Wahnsinnsdarstellung als „Einfall einer krankhaften Natur" (Schaub 1996, 96).

Intensiver rezipiert wird *Lenz* erst mit Franzos' Werkausgabe, nun auch von namhaften Autoren, allen voran Gerhart Hauptmann, dessen frühe Erzählungen, v. a. *Bahnwärter Thiel* und *Der Apostel*, auffällige Anklänge zeigen. Starken Einfluss hatte Büchners Erzählung in den folgenden Jahrzehnten auf die Prosa Hugo von Hofmannsthals (*Soldatengeschichte*, 1896; *Andreas*, 1912/13), Alfred Döblins (*Jagende Rosse*, 1900; *Adonis*, 1902; *Die Ermordung einer Butterblume*, 1910), Robert Walsers (*Kleist in Thun*, 1907; *Büchners Flucht*, 1912), Georg Heyms (*Der Irre*; *Der Dieb*, 1911) und Georg Trakls (*Traum und Umnachtung*, 1914). Interesse am Text verraten Peter Huchels Gedicht *Lenz* (1927) und seine Literaturreflexion *Georg Büchners Lenz* (1933). Seitdem hat sich das Spektrum der Aneignungsformen erheblich erweitert: Gattungstransformationen stehen neben Arbeiten, die inhaltliche und stilistische Anleihen nehmen, sich an der äußeren Form orientieren (Peter Waterhouse' *Aufzeichnung*, 1985) oder mit einem Zitat Assoziationen hervorrufen (Johannes Bobrowskis Gedicht *J.R.M. Lenz*, 1963). Die bis heute populärste **literarische Adaption**, Peter Schneiders *Lenz* (1973), belegt die Vorbildwirkung der Erzählung für die Gestaltung von Entfremdungserfahrungen. In diesem Kontext sind auch die Prosaarbeiten Karin Strucks (*Klassenliebe*, 1973; *Die Mutter*, 1975), Volker Brauns (*Unvollendete Geschichte*, 1975), Uwe Timms (*Kerbels Flucht*, 1980) oder noch Peter Weibels *Lenz, später* (2003) zu sehen. Auf eigenen Forschungen fußt Gert Hofmanns Erzählung *Die Rückkehr des verlorenen Jakob Michael Reinhold Lenz nach Riga* (1980), die im imaginativen Tagesverlauf des 23. Juli 1779 eine subtile Ausdeutung des Vater-Sohn-Konflikts gibt. Literaturhistorisch motiviert ist auch Hugo Schulz' Romanessay *Bruder Lenz* (2000), der Goethes Beziehung zu Lenz hinterfragt. Ein eigener Fall sind die **Büchnerpreisreden**, die über die Würdigung hinaus auch Aufschlussreiches über das Schreiben der Preisträger verraten. So verweist Paul Celan in seiner *Meridian*-Rede, in der er 1960 sein poetologisches Programm entwickelt, auf die Impulswirkung des *Lenz* für sein *Gespräch im Gebirg* (1959). 1964 tritt Ingeborg Bachmann in *Ein Ort für Zufälle* in einen intertextuellen Dialog mit dieser Poetologie Celans, indem sie Lenz' leidvolle Erfahrung als Ansatzpunkt ihrer Ausführungen nimmt. Auch eigenständige literarische Arbeiten wie Friederike Mayröckers *Phantasie über LENZ von Georg Büchner* (2002) sind in diesem Zusammenhang entstanden.

Erste Dramatisierungsversuche der Erzählung für Film und Theater finden sich ab den 1970ern sowohl im deutschsprachigen Raum als auch international. Das Spektrum der **Verfilmungen** umfasst vergleichsweise texttreue Umsetzungen ebenso wie freiere Adaptionen des Stoffs in Spiel-, Dokumentar- und Experimentalfilmen. Den Beginn machte 1970 George Moorse' einfühlsamer *Lenz*-Film, es folgten u. a. Alexandre Rockwells Independent-Film *Lenz* (1981) mit seiner Übertragung der Leidensgeschichte in das New Yorker Betongebirge, Jürgen Lodemanns Dokumentarfilm *Im Steintal* (1982), András Szirtes' ungarisches Filmdrama *Lenz* (1986), die Kurzfilme *Lenz* (1985) von Oliver Hockenhull und *Lenz échappé* (2003) von Dominique Marchais sowie die italienische Produktion *Lenz* (2004) von Marco Franchini und Fabrizio Mantica. Am meisten Publikumsaufmerksamkeit auf sich ziehen konnte wohl Thomas Imbachs ‚Heimatfilm' *Lenz* (2005/06). Parallel dazu wurde Büchners Erzählung als **Vorlage für das Theater** entdeckt. So kam bereits 1974 mit Mike Stotts *Lenz* „a play based (loosely) on the story by Georg Büchner" im Londoner Almost Free Theatre auf die Bühne. Nach den bekannteren deutschsprachigen Bühnenbearbeitungen des Texts durch Heinz Joachim Klein (*Ein Mann namens Lenz*, 1984) sowie vor allem Jürg Amann (*Büchners Lenz*, 1985) boomten in den letzten beiden Jahrzehnten die *Lenz*-Dramatisierungen. In weit über hundert szenischen Lesungen, eigenständigen Bühnenbearbeitungen, ja sogar dramaturgischen und szenografischen Übungen wurden mit höchst unterschiedlichen theatralen Darbietungsformen die Möglichkeiten der dramatischen Gestaltung einer narrativen Vorlage ausgelotet. Neben text- und kontexttreuen szenischen Umsetzungen mit einem agierenden Interpreten oder verteilten Rollen finden sich auch experimentellere Formen der kreativen Aneignung. So wird der Erzähltext – wie in Matthias Langhoffs umstrittener Inszenierung *Lenz, Leonce et Lena* für die Comédie Française (2002) – mit Ausschnitten aus Büchners Œuvre zu einem vielstimmigen Werkkonzentrat kombiniert; er kann aber auch mit Arbeiten anderer Autoren zu einer vieldeutigen Textlegierung verschmolzen werden (bereits 1980 etwa collagierten Brigitte Landes und Hannes Klett Büchners Erzählung mit Texten des historischen J.M.R. Lenz und Robert Walsers).

Bedingt durch die **Transformation vom narrativen zum dramatischen Gestus** werden in den Inszenierungen perspektivisch und handlungslogisch neue Vermittlungssituationen geschaffen. Der Frage der Präsentation des Geschehens kommt dabei eine ebenso zentrale Bedeutung zu wie der Entscheidung zwischen einer analytisch-rekonstruierenden oder einer direkten Vermittlung der Vorfälle. So rekapituliert in der Bearbeitung von Martin Schwartengräber und Ulrike-Kirsten Hanne (2005) Lenz selbst seine Steintal-Erlebnisse als Gehilfe des Schusters Süß. Ein gleichfalls retrospektiver Dialog zwischen Oberlin und einem Mädchen entfaltet sich in Davud Bouchehris Adaption (2006), doch wird die berichtete Handlung mit *Lenz*-Sequenzen vergegenwärtigt. Um die Simultaneität von Außen- und Innenperspektive zu bewahren, lassen manche Inszenierungen eine episierende Erzählerfigur zeitgleich die gespielte Handlung begleiten oder verschmelzen sie mit dem Protagonisten. Eng verbunden mit dem Problem der Perspektivierung der Handlung ist die Festlegung des Figureninventars, das verdichtet oder um zusätzliche handlungs- bzw. perspektiventragende Akteure erweitert werden kann. Auf die Oberlin-Kinder fokussiert etwa Volker Dietzels Stück *Lentz* (1997), das der Frage nachspürt, inwiefern Lenz' Aufenthalt die Familienstruktur im Hause Oberlin beeinflusste. Vorgegebene Rollen können aber auch geteilt und von mehreren Darstellern verkörpert werden – wie in der Off-Theater-Version des ‚Berliner Männerensembles', in der die Figur des Lenz zur Verdeutlichung einer Persönlichkeitsspaltung von fünf Akteuren gespielt wird. Auch Elemente des Figurentheaters werden herangezogen, um im Spiel mit der Puppe die leidvoll erfahrene Fremdbestimmtheit des Protagonisten in Szene zu setzen (vgl. das Stuttgarter Projekt *AmbivaLENZ* 2001). Im direkten Zusammenhang mit Büchners Intention, Krankheit unmittelbar erfahrbar zu machen, ist die Auflösung der Distanz schaffenden traditionellen Theaterkonstellation zu sehen. Die *Lenz*-Produktion im Torontoer Gladstone Hotel 2001 etwa verteilte Spielraum und Publikum auf mehrere Ebenen, um in der Fragmentarisierung der Handlung Illusionserfahrung zu individualisieren. Aktions- und Publikumsraum können aber auch, wie in der ‚in situ'-Inszenierung *Lenz. Ein Theatergang* (2000) der Location-Theater-Gruppe ‚Freuynde + Gaesdte', zusammengeführt und so die Zuschauer stärker eingebunden werden. Selbst psychisch Kranke lassen sich in das Spiel um Krankheit integrieren, wie die italienische Gruppe ‚Lenz Rifrazioni' in einem theatertherapeutischen Projekt 2005 erfolgreich vorführte. Der sprachliche Ausdruck kann bei den Dramatisierungen durch die Reduktion des körperlichen Zeichens seine dominante Vermittlungsfunktion weiterhin behalten (vgl. die ‚szenische Installation' von Markus Dietze und Brigitte Kofmel, 2005), er kann aber auch, wie in Mathilde Monniers Tanzperformance *Déroutes* (2002), hinter die körperliche Präsenz der Akteure zurücktreten.

Bei vielen dieser Bearbeitungen tritt der dramatisierte Text mit Musik in einen intensiven Dialog, wie die **Theatermusikbeiträge** von Eckhard Koltermann, Bernd Preinfalk, Wolfgang Mitterer, Harald Kimmig und zahlreichen anderen Komponisten belegen. Von den **musikdramatischen Adaptionen** fand bislang lediglich Wolfgang Rihms Oper *Jakob Lenz* (1978) zum Libretto Michael Fröhlings das Interesse der Literaturwissenschaft. Erstmals ‚veropert' wurde die Erzählung jedoch bereits acht Jahre zuvor durch den australischen Komponisten Larry Sitsky, dessen einaktiger *Lenz* (1970) zu einer Textfassung von Gwen Harwood entstand. Weitgehend unbeachtet blieb die Oper *En passent Lenz* (2001) des Schweizers David Wohnlich (Libretto von Hubert Thüring und Michael Kohlenbach). *Lenz* inspirierte darüber hinaus zu so unterschiedlichen musikalischen Formen wie der Klavierminiatur (György Kurtágs *Lenz – a Luigi Pestalozza* aus *Játékok*, 1999), zu kammermusikalischen Arbeiten (Erhard Grosskopfs Projekt *L+L&L* mit seiner *Lenzmusik 1–5* sowie seine miniaturartigen *Lenzlieder*), zu symphonischen Projekten (Michael Hirschs *Das graue Buch*, 1997) und sogar zum Rocksong (NOEKK, *The Riddle Seaker*, 2005). Gleichfalls auf auditive Vermittlungsmuster konzentrieren sich Hörstücke, die konventionelle dramatische Dialogisierungen ebenso umfassen wie vielschichtige sprachlich-akustische ‚sound-poetry' unter Ausnutzung der Möglichkeiten neuer medialer Ausdrucksformen (vgl. Linda Mussmanns englisch-deutsche ‚Stimmkomposition' *Lenz*, 1994, in der mit simultanen Sprachsequenzen psychotische Wahrnehmung hörbar gemacht werden soll).

Kein anderes Werk Büchners wurde in der **bildenden Kunst** so stark wahrgenommen wie der *Lenz*. Die Rezeption setzt ein mit einer Serie ausdrucksstarker Radierungen, in denen der Berliner Expressionist Walter Gramatté 1924 Lenz' qualvolle Selbstentfremdung über zehn Selbstportraits, gerahmt von zwei gegensätzlichen Darstellungen der Gebirgslandschaft, vermittelt. Im Dritten Reich wurde das Werk des unbequemen Dichters zunehmend ins Abseits gedrängt. Umso interessanter sind die unterschiedlichen Bilddeutungen der fünf illustrierten Textausgaben, die in Deutschland und den besetzten Gebieten bzw. in der Schweiz während des Weltkriegs (vier davon 1942) entstanden. Eine mystifizierende Interpretation geben die biederen Zeichnungen Hans H. Hagedorns für eine Volksausgabe des regimetreuen Verlags Rütten & Loening, weitgehend ästhetizistisch entdramatisierend wirkt die Frontispizzeichnung Cees Bantzingers für die bibliophile Ausgabe der Maastricher Halcyon-Presse und Toyens scherbenhafte Landschaftsbruchstücke für eine tschechische *Lenz*-Edition sind subtile Verbildlichungen einer autistisch wirkenden Wirklichkeitswahrnehmung. Gunter Böhmers Illustrationsfolge für eine Liebhaberausgabe des St. Galler Verlegers Henry Tschudy konzentriert sich auf die Leiderfahrung des Protagonisten, während sich in Giuseppe Mignecos Zeichnungen für eine Mailänder Ausgabe (1944) diese Qualen zum existenziellen Problem des Menschseins weiten. Nach dem Krieg bleiben Hanna Nagels Zeichnungen (1948) für längere Zeit die einzige bildnerische Auseinandersetzung, da unter dem Leitparadigma der Abstraktion gegenständliche Buchkunst an Ansehen verlor. Auch die beiden *Lenz*-Kupferstichfolgen von Hubertus von Pilgrim (1970–74) und Baldwin Zettl (1972) kommen nicht bzw. nur mit Verspätung in den Druck. Erst in den Achtzigerjahren reagierte auch der deutsche Buchmarkt auf das neue Selbstverständnis der Illustrationskunst als gleichberechtigte Ausdrucksform und bringt einige aufwändig gestaltete *Lenz*-Ausgaben. Den abstrakten Bildchiffren Anton Watzls (1982) stehen eine realistische Federzeichnung Bruce Waldmans (1984) und die expressiven Pastellzeichnungen und Radierungen Alfred Hrdlickas (1988) gegenüber. Edgar Osers zehn Gegen-Bilder zu *Lenz* (1984) warten noch auf eine Buchrealisierung. Auch wenn der illustratorische Aspekt der Gegenüberstellung von Text und Bild zunehmend wegfällt, werden ab den 1990ern Bilder zum *Lenz* immer häufiger. Neben den altmeisterlichen Radierungen Michael Triegels (1996) und den sensiblen Graphit- und Farbstiftzeichnungen Leo Leonhards (ab 1997) finden sich die wuchtigen Monotypien Friedrich Zimmermanns (1990), die neorealistischen Tafelbilder Hellmuth Eichners (1995–99) und die Farbholzschnitte Bernd Zimmers (1998). Ein wichtiger Rezeptionsschub ging vom **Otto-Ditscher-Illustrationswettbewerb** 2003 aus. Ausgezeichnet wurden die expressiven Radierungen Susanne Theumers, die mit Fragmentarisierungen, flächigen Verzerrungen und harten Konturierungen die seelische Zerrissenheit und Haltlosigkeit des Protagonisten kongenial ins Bild setzen. Viele andere interpretatorisch wie technisch äußerst unterschiedliche Arbeiten wurden eingereicht. Die Leichtstrichigkeit der Kaltnadelradierungen Dieter Goltzsches oder der Zeichnungen Peter Biskups kontrastiert mit den strengen Linienbündeln der Bleistiftzeichnungen Fritz Baumgartners. Den romantisierenden, magischen Bildtopoi der Federzeichnungen Alfons Kleins und Erhard Schützes stehen die düsteren Radierungen Sven Großkreutzs oder auch Mechthild Mansels entgegen. Die ruhigen Bildkompositionen von Uta Clemens und Claudia Hüfner heben sich ab von der brutalen Dynamik der Zeichnungen Peter Haeses oder den unruhigen Strichlagen Hermann Rongstocks. Wie unterschiedlich die ästhetischen Möglichkeiten des Linolschnitts genutzt werden können, belegen die beinahe monochromen Drucke Martin Meiers, die Bilder Ulla Schenkels mit ihrer plakativen, kontrastreichen Flächigkeit oder die feinkonturigen Bildsymbiosen von Stephanie Marx. Und obwohl beide Nähe zur Comic-Art zeigen, weisen auch die Interpretationen von Max P. Haering und Karin Mihm so gut wie keine Gemeinsamkeiten auf. In den letzten Jahren entstanden Bildfolgen von Thomas Kohl (ab 2002), Nadine Respondek-Tschersich (2004), Nanna Max Vonessamieh (2003–2007), Markus Baldegger und Reinhold Nasshan.

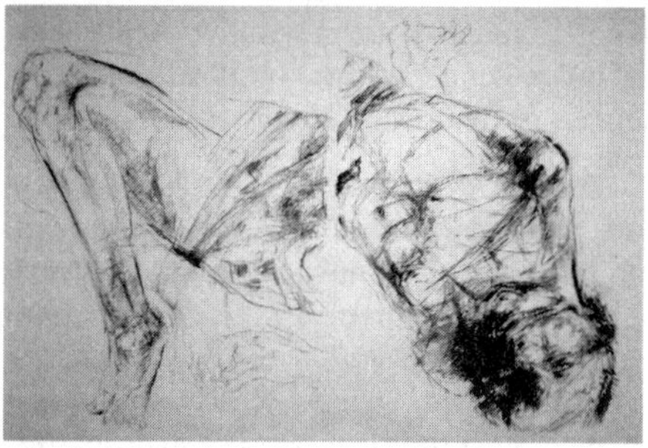

Abb. 19: Susanne Theumer: *Lenz II* (Kohlezeichnung, 2003)

Medienkünstlerisch bedeutend ist die 1983 entstandene **Loop-Version** Rodney Grahams. Sie führt in einer 336 Seiten umfassenden Buchform die büchnersche Erzählung nach der ersten Seite in eine Endlosschleife, die auf der Wiederholung der Formulierung ‚through the forest' in einem ähnlichen grammatischen Zusammenhang basiert. In der 83-fachen Wiederholung der vierseitigen Passage ergibt sich der Eindruck von Ausweglosigkeit, wie sie der kranke Dichter in Büchners Erzählung empfindet.

Zusammenfassung

Die Erzählung *Lenz* war Büchners erste literarische Arbeit im Straßburger Exil. Geplant für eine Veröffentlichung in Gutzkows *Deutscher Revue*, blieb sie nach deren Verbot gegen Ende 1835 unfertig liegen. Minna Jaeglé erstellte nach dem Tod ihres Verlobten eine Abschrift der verschiedenen handschriftlichen Bruchstücke, die für den Erstdruck 1839 zu einem zusammenhängenden Text verbunden wurden. Autographe und Abschrift sind verschollen.

Den Stoff hatte Büchner schon früh über seinen Straßburger Freundeskreis kennen gelernt. Hauptquelle war der Rechtfertigungsbericht Johann Friedrich Oberlins, in dem der Steintaler Reformpfarrer den Aufenthalt des psychisch kranken Sturm und Drang-Poeten Jakob Michael Reinhold Lenz rekapituliert. Zwischen 20. Januar und 8. Februar 1778 hatte Lenz im abgeschiedenen Vogesental versucht, Linderung seines Leidens zu finden. Tatsächlich schien ihm die Einbindung in die seelsorgerliche Praxis zunächst wohl zu tun, doch während einer Reise seines Gastgebers kam es zur dramatischen Verschlechterung seines Zustands. Da sich Oberlins Familie von Lenz' selbstzerstörerischen Anfällen zunehmend bedroht sah, ließ ihn der Pastor schließlich zurück nach Straßburg bringen. Im Bericht an gemeinsame Freunde und Bekannte interpretierte Oberlin die Krankheit seines Gasts als Gottesstrafe für seine unkonventionelle Lebensführung. Auch Goethe, dessen abschätzige Charakterisierung in *Dichtung und Wahrheit* ein weiterer Schreibimpuls Büchners war, sah das Schicksal seines Jugendfreunds als selbstverschuldet.

Büchner revidierte dieses Urteil auf Basis einer avancierten psychiatrischen Diagnostik und gestaltete den pathologischen Verlauf des Aufenthalts neu. Mit zukunftsweisenden Schreibmethoden wie narrativen Visualisierungsverfahren, ‚seelenmalerischen' Landschaftsbeschreibungen und einer Erzählhaltung, die die Psychose miterlebbar macht, zeichnet er das komplexe Krankheitsbild einer ‚religiösen Melancholie' nach und zeigt, dass der Versuch einer Heilung über religiöse Fixierung scheitern musste. Die Voraussetzungen seines mitfühlenden Schreibens legt er innerliterarisch im ‚Kunstgespräch' offen. Nach anfänglicher Missachtung zählt *Lenz* heute zu den meist gewürdigten und wirkungsmächtigsten Texten der deutschen Literatur. Autoren wie Hauptmann, Trakl, Celan, Bachmann, Schneider oder Mayröcker haben sich mit der Erzählung auseinandergesetzt, die Dramatisierungen für Film, Oper, Sprech- und Tanztheater sind kaum noch überschaubar und kein anderes Werk Büchners wurde in der bildenden Kunst so stark rezipiert.

Weiterführende Literatur: Hasubek 1969; Gersch 1984; Arendt 1990; Hinderer 1990; Diersen 1991; Schmidt 1994, 1998; Dedner 1995a, 2001; Oesterle 1995; Reuchlein 1996; Schaub 1996; Wender 1996; Erb 1997; Seling-Dietz 2000; L; Will 2000; Weiland 2004; Friedrich 2005; Rößer 2005; Neuhuber 2009.

4 Leonce und Lena

4.1 Entstehungskontext und historischer Hintergrund

Durch das Verbot der *Deutschen Revue* und die Verhaftung Gutzkows sah sich Büchner Ende 1835 gezwungen, sein Erzählprojekt fürs Erste beiseite zu legen. Endgültig von der Schriftstellerei zu lassen war niemals seine Absicht, im Gegenteil. Im Neujahrsbrief kündigt er seinen Eltern bereits an „auf dem Felde des Drama's" (P 423) zu bleiben, das – fügt er beschwichtigend hinzu – mit den tagespolitischen Zwisten um das ‚Junge Deutschland' nichts zu tun habe. Ob er damit bereits konkrete Projekte andeutet, muss dahingestellt bleiben. Vorrang hatte nun die **Fertigstellung der Dissertation**, die Büchner mit der größten Konsequenz verfolgte, „wie ein Kranker, der eine ekelhafte Arznei so schnell, als möglich mit einem Schluck nimmt" (P 437). Die Ergebnisse seiner Bemühungen präsentierte er schließlich am 13. und 20. April sowie am 4. Mai 1836 in drei auf Französisch gehaltenen Vorlesungen vor der Straßburger ‚Société du Museum d'histoire naturelle' unter dem Titel *Sur les nerfs des poissons*. Mit großem Erfolg, denn dem Antrag seiner Förderer Lauth und Duvernoy auf Kostenübernahme des Drucks und Aufnahme der Studie in die Schriftenreihe der Gelehrtenvereinigung wurde stattgegeben. Zudem wurde Büchner per Diplom zum korrespondierenden Mitglied der Gesellschaft ernannt. Gerade diese Ernennung sollte ihm im Sommer noch gute Dienste bei der Absicherung seines Flüchtlingsstatus leisten, da die deutschen Emigranten unter der restaurativen Regierung nun immer stärker von der Ausweisung bedroht waren. Auch die flüchtlingsfreundliche Schweiz, in die Büchner nach seiner akademischen Qualifikation übersiedeln wollte, um an der **Züricher Universität** zu lehren, drohte zwischendurch dem Druck der absolutistischen Mächte nachzugeben und strengere Maßnahmen gegen politische Asylanten zu setzen. So entschied sich Büchner, vorerst noch in Frankreich zu bleiben. Bis Ende Mai beschäftigte ihn die Überarbeitung seiner Dissertation für den Druck, nicht zuletzt die zeitaufwändige Vorbereitung der 20 Bildtafeln für die lithographische Umsetzung. Ungeklärt ist, ob Büchner je ein gebundenes Druckexemplar seiner Abhandlung in Händen halten konnte, denn ausgeliefert wurde das Buch offenbar nicht vor Februar 1837. Bei der Züricher Philosophischen Fakultät reichte er wohl ein ungebundenes Exemplar ohne Graphiken zur Erlangung der Doktorwürde ein. Nach günstiger Begutachtung u. a. durch den Gründungsrektor Lorenz Oken (der 1819 seine Jenaer Professur für Naturwissenschaften aufgrund seiner radikaldemokratischen Haltung verloren hatte) wurde Büchner am 3. September 1836 *in absentia* zum Doktor der Philosophie promoviert. Damit verbunden war die Einladung zu einer **Probevorlesung**; sollte diese Anklang finden, konnte Büchner mit einer Privatdozentur an der Züricher Universität rechnen.

Sein Karriereplan war somit, wenn auch verzögert, weiter auf Schiene. Die Übersiedelung nach Zürich hatte er auf den Herbst verschoben und so blieb ihm nach Abschluss der Arbeit an seiner Doktorarbeit Zeit, sich auf seine geplanten **philosophischen und naturwissenschaftlichen Kurse** vorzubereiten. Büchner rechnete zunächst damit, über „die Entwicklung der deutschen Philosophie seit Cartesius" vortragen zu können, eine – wie er Gutkzow selbstironisch mitteilt – „fixe Idee" (P 439), auf die er offenbar schon vor der Festlegung seines Dissertationsthemas etliche Mühen verwendet hatte. Vor allem aber konnte er sich in diesem zeitlichen Freiraum auch wieder literarisch betätigen. Ein nicht unwichtiges Argument dafür war seine angespannte finanzielle Situation. Wie er Eugéne Boeckel am 1. Juni 1836 berichtete, blieb ihm nach Begleichung der Promotionsgebühren „kein Heller mehr", zumal er sich in den Monaten zuvor mit seinem Schreiben nichts dazuverdienen konnte. Das wollte er nun ändern: „Ich muß eine Zeitlang vom lieben Kredit leben und sehen, wie ich mir in den nächsten 6–8 Wochen Rock und Hosen aus meinen großen weißen Papierbogen, die ich vollschmieren soll, schneiden werde" (P 437). Etwas konkreter scheint Büchner in einer nicht überlieferten Passage eines um dieselbe Zeit verfassten Briefs an Gutzkow geworden zu sein, denn dieser antwortet am 10. Juni: „Von Ihren ‚Ferkeldramen' erwarte ich mehr als Ferkelhaftes." (P 441) Es ist umstritten, was Büchner mit dieser Charakterisierung andeutete, die wohl in Zusammenhang mit seiner solidarischen Kritik an Wolfgang Menzels Gutzkow-Diffamierung zu sehen ist. Das *Woyzeck*-Projekt könnte angesprochen sein, vielleicht auch der Plan eines Dramas über den skandalumwitterten Renaissancedichter Pietro Aretino, von dem Ludwig Büchner unter Berufung auf Minna Jaeglé berichtet, das sich aber im Nachlass trotz einiger Hinweise auf seine Existenz nicht fand. Nicht so recht passen will die Etikettierung auf das Lustspiel *Leonce und Lena*, das in diesen Juniwochen in einer ersten Fassung entstand.

Anregung, eine Komödie zu verfassen, war nicht zuletzt ein **Lustspielwettbewerb** des renommierten Cotta-Verlags, der am 16. Januar 1836 erstmals in der ‚Augsburger Allgemeinen Zeitung' ausgeschrieben war:

[16] Preisaufgabe.

Die Unterzeichnete hat einen Preis für das beste ein= oder zweiaktige Lustspiel in Prosa oder Versen ausgesezt.

Die Bewerber belieben ihre Manuscripte, in der üblichen Art mit Devisen versehen, durch Buchhändlergelegenheit oder postfrei hieher gelangen zu lassen.

Drei Männer von anerkannter Urtheilsfähigkeit werden Schiedsrichter seyn; nach erfolgtem Ausspruche wird ihr Name genannt werden.

Das Lustspiel wird in der Allgemeinen Theater=Revue für 1836 abgedrukt, und dem Dichter desselben der Preis von

Dreihundert Gulden R. W.

gleich nach erfolgtem Druke durch die Unterzeichnete ausbezahlt.

Man darf jedoch annehmen, daß die besseren Bühnen, welche das Stük zur Aufführung bringen, nach der in Frankreich üblichen Art, troz des vorausgegangenen Drukes, dem Dichter das Honorar nicht vorenthalten werden. Nach drei Jahren steht das Stük dem Dichter wieder als freies Eigenthum zu.

Die Einsendung muß spätestens bis zum 15 Mai erfolgen; die Revue erscheint bis zum Oktober im Druke.

Stuttgart, den 1 Januar 1836. J. G. Cotta'sche Buchhandlung.

Abb. 20: Außerordentliche Beilage zur Allgemeinen Zeitung. (Augsburg, Stuttgart: J.G. Cotta)

Ab dem 26. Januar wurde dieselbe Annonce in verschiedenen Cotta'schen Blättern noch mehrfach geschaltet, nun aber bereits mit einem auf den 1. Juli zurückverlegten Einsendetermin. Die Bedingungen des Wettbewerbs mussten das Interesse Büchners geweckt haben, nicht nur wegen des guten Preisgelds (das immerhin dreimal so hoch war wie sein erstes Honorar), der Druckzusage und der zu erwartenden Aufführungsmöglichkeiten. Reizvoll war sicher auch die gezielte **Anonymisierung der Einsendungen** zur Objektivierung des Beurteilungsverfahrens, das auch der Arbeit eines politisch verfolgten und literarästhetisch stigmatisierten Dichters eine faire Bewertung sicherte. Denn die Jury entschied über Beiträge, die mit einem Motto, nicht aber mit dem Autornamen versehen waren. Dieser sollte in einem verschlossenen, mit demselben Motto gekennzeichneten Schreiben beigelegt sein und erst nach dem abschließenden Urteil eingesehen werden.[1] Auch die Mitglieder des Preisrichterkollegiums sollten zunächst ungenannt bleiben, doch ließen sich über die für Cotta tätigen Juroren leicht Vermutungen anstellen. Büchner wird wohl Gutzkows Gegenspieler Menzel erwartet und es als reizvolle Herausforderung gesehen haben, dem Stuttgarter Kritikerpapst ein Stück ‚Feindliteratur' zur unvoreingenommenen Begutachtung unterzujubeln. Tatsächlich aber saßen neben August Lewald, dem Herausgeber der ‚Allgemeinen Theater-Revue' und Verfasser der Anzeige, der Regisseur Carl Seydelmann und der Gymnasialprofessor Georg von Reinbeck in der Jury. Ziel der von Georg von Cotta initiierten Aktion war eine Förderung der deutschen Lustspielproduktion, da deutsche Autoren aufgrund der schlechten Honorar- und Publikationsbedingungen immer weniger Stücke schrieben und auf deutschsprachigen Bühnen deshalb dramatische Konfektionsware aus Frankreich in Übersetzungen dominierte. Da sich dadurch – so die Befürchtung – auch der Publikumsgeschmack zum Schlechteren entwickelte, hatten fortschrittliche, literarisch anspruchsvollere deutsche Stücke umso weniger Chancen.

Wann er tatsächlich mit den Arbeiten zu *Leonce und Lena* begann, lasst sich nur vermuten, denn vor dem 1. Juni gibt es keinen konkreten Hinweis. Doch selbst Büchner mit seiner selbstausbeuterischen Arbeitsdisziplin musste das Verfassen eines konkurrenzfähigen Lustspiels innerhalb von vier Wochen verwegen erschienen sein, konnte er sich nicht schon zumindest auf ein klares Konzept und vielleicht die eine oder andere Entwurfsszene stützen (etwa zu den auf den Darmstädter Erfahrungshintergrund verweisenden Teilen des dritten Akts). Dass er weder Boeckel noch Gutzkow von einer geplanten Wettbewerbsteilnahme berichtet, mag auch darauf hindeuten, dass Büchner die Komödie tatsächlich für einen **Dramenband** verfasste und nur einsandte, da er sie noch annähernd rechtzeitig fertig stellen konnte. Ganz ging es sich dann doch nicht aus, wie Ludwig Büchner berichtet:

---

1 Büchners ‚Devise' könnte der später als Vorrede vorangestellte Zweizeiler „Alfieri: ‚e la fama?' / Gozzi: ‚e la fame?'" (LL 99) gewesen sein, den er aus George Sands *Lettres d'un voyageur* (1834) übernahm, wohl auch, weil die exzentrische Erfolgsautorin damit ihre durch Schulden motivierte Schriftstellerei reflektierte.

„Seine Trägheit im Abschreiben des Concepts ließ ihn leider die Zeit versäumen; er schickte das Manuscript zwei Tage zu spät, und erhielt es uneröffnet zurück." (B 37) Er war nicht der einzige Autor, dem dieses Schicksal widerfuhr; so erging es etwa auch dem österreichischen Erfolgsdramatiker Eduard von Bauernfeld. Ob Büchner freilich bei termingerechter Einsendung erfolgreich begutachtet worden wäre, darf bezweifelt werden. Das hofsatirische Potential und die Anzüglichkeiten sprechen ebenso dagegen wie der Verzicht auf Effekthascherei und Intrigenkomik. Der Preis unter den über 60 eingereichten Arbeiten wurde schließlich der *Vormundschaft* des böhmisch-deutschen Autorenduos Wolfgang Adolf Gerle und Uffo Horn zugesprochen, einer gefälligen Intrigenkomödie, in der sich keinerlei gattungstypologischer Fortschritt andeutete. Nach Rückerhalt seiner Reinschrift scheint Büchner das Lustspiel zunächst zugunsten der Arbeiten an einem weiteren Stück liegen gelassen zu haben. Ludwig Büchner zitiert aus einem September-Brief seines Bruders, der „von zwei fertigen Dramen schon in früheren Briefen gesprochen" hatte:

> Ich habe meine zwei Dramen noch nicht aus den Händen gegeben, ich bin noch mit Manchem unzufrieden und will nicht, daß es mir geht, wie das erste Mal. Das sind Arbeiten, mit denen man nicht zu einer bestimmten Zeit fertig werden kann, wie der Schneider mit seinem Kleid. (B 37)

Eines der ‚fertigen' Stücke, die noch der Überarbeitung bedurften, wird sein Lustspiel in der Wettbewerbsfassung gewesen sein. Schon zuvor hatte er seinem Bruder Wilhelm geschrieben, dass er neben dem „Studium der Naturwissenschaften und der Philosophie" für seine Züricher Lehrtätigkeit gerade damit beschäftigt sei, „sich einige Menschen auf dem Papier totschlagen oder verheiraten zu lassen" (P 448). Ob er damit das Dramenschreiben im Allgemeinen oder Arbeiten an bestimmten Werken (*Woyzeck*, *Leonce und Lena*) meinte, muss dahingestellt bleiben.

Nach Erhalt des Doktordiploms konnte Büchner endlich die visumrechtlichen Schritte für seine **Übersiedelung nach Zürich** in die Wege leiten. Sein Ansuchen um einen ‚Laufpass' in die Schweiz vom 13. September wurde jedoch zunächst von den Straßburger Behörden abgelehnt, da nur Flüchtlingen mit einer Schweizer Aufenthaltsberechtigung ein Pass ausgestellt werden konnte. Um seine Unbescholtenheit zu belegen, bemühte sich Büchner bei Pfister um ein Führungszeugnis, das ihm Unauffälligkeit in politischen und sittlichen Belangen für die vorangegangenen eineinhalb Jahre bescheinigte. Dieses Zeugnis schickte er dem linksliberalen Züricher Regierungspräsidenten Johann Jakob Hess mit dem Hinweis auf seine politisch bedingte Emigration, seine Promotion und die Aussicht auf eine Privatdozentur und bat um die behördlich eingeforderte Autorisation, deren „Verweigerung die Vernichtung [s]eines ganzen Lebensplanes" (P 453) bedeutet hätte. Bereits am 28. September erteilte Hess die Bewilligung. Zwei Tage zuvor hatte Büchner mit der Bitte um Festlegung einer öffentlichen Probevorlesung sein Habilitationsverfahren beim Erziehungsratspräsidium eingeleitet.

Seinen 23. Geburtstag verbrachte Büchner noch mit seiner Verlobten, am folgenden Tag brach er nach Zürich auf. In einem Antrittsgespräch empfahl ihm Dekan Johann Georg Baiter, sich vorerst in seinen Vorlesungen auf Vergleichende Anatomie zu konzentrieren, da er auf diese Weise eine Lücke im Lehrangebot schließen könne. Am 5. November hielt Büchner in der Universitätsaula seine **Probevorlesung** *Über Schädelnerven* (Titel von Franzos), die Voraussetzung war für seine Zulassung als Privatdozent. Sein Vortrag, im Wesentlichen ein Überblick über die Ergebnisse seiner Dissertation mit Akzentuierung der philosophischen Perspektive, erfüllte die hohen Erwartungen und noch am selben Tag erfolgte die **Habilitation**, damit Büchner seinen Kurs im bereits laufenden Semester beginnen konnte. Seine dreimal wöchentlich abgehaltenen *Zootomischen Demonstrationen*, die er auf seinem Zimmer in der heutigen Spiegelgasse 12 hielt, wurden – wohl auch aufgrund der späten und unzureichenden Ankündigung – lediglich von fünf Teilnehmern (darunter nur drei aus fachlichem Interesse und nicht aus Freundschaft zur Sicherung des Kollegs) belegt. Nicht selten war der Zoologiestudent Johann Jakob Tschudi der einzige Zuhörer. Trotz dieses frustrierend geringen Zuspruchs investierte Büchner sehr viel Zeit und Energie in die Vorbereitung, „da es damals in Zürich beinahe völlig an vergleichend anatomischen Präparaten fehlte, und er dieselben fast alle selbst anfertigen mußte.“ (B 38) Auch im nächsten Semester wollte er an diesem Thema festhalten und kündigte einen Kurs zur ‚Vergleichenden Anatomie der Wirbeltiere‘ an.

Wann und wo immer es diese beruflichen Anforderungen zuließen, widmete er sich seinen literarischen Projekten. Seine Phantasie sei bei aller Monotonie des Arbeitsalltags tätig „und die mechanische Beschäftigung des Präparierens läßt ihr Raum“ (P 464), berichtet er noch am 13. Januar 1837 seiner Verlobten. *Leonce und Lena*, das er wie seine übrigen unfertigen Arbeiten in die Schweiz mitgenommen hatte, „vollendete“ Büchner nach Zeugnis seines Freunds Schulz „zu Zürich“ (GW 9, f.2r), nachdem er möglicherweise bereits in Straßburg mit Überarbeitungen begonnen hatte. Wie umfangreich diese **Umgestaltungen** waren, muss dahingestellt bleiben. Anzunehmen ist, dass sie aus einem ursprünglich ausschreibungskonform zweiaktigen Lustspiel ein dreiaktiges machten, womöglich mit szenischen Ergänzungen im zweiten und dritten Akt und einer umfangreicheren Überarbeitung der Auftrittsszene, u. a. zur Profilierung Valerios. Die Überlieferungsvarianzen zu dieser ersten Szene des ersten Akts lassen vermuten, dass auch zuletzt keine durchgehende Reinschrift des Stücks vorlag. Doch wie Ludwig Büchner berichtet, schrieb sein Bruder Minna Jaeglé „[k]urz vor Beginn der tödtlichen Krankheit“, dass er „in längstens acht Tagen Leonce und Lena mit noch zwei anderen Dramen erscheinen lassen“ (B 39) werde. In einer Woche sollten also nach dieser wohl auch ohne Erkrankung zu optimistischen Prognose drei Druckvorlagen für einen (nicht bekannten) Verlag erstellt sein, *Leonce und Lena*, *Woyzeck* und sein möglicherweise in den vorangegangenen Monaten verfasstes Stück um Pietro Aretino.

Darmstädter Verhältnisse

So wirklichkeitsenthoben *Leonce und Lena* (nicht erst) auf den heutigen Rezipienten in seiner stilisierten Künstlichkeit auch wirken muss, sind bei näherer Betrachtung die deutlichen Spuren eines **realpolitischen Szenarios** nicht zu übersehen. Doch wird der konkrete spätabsolutistische Fall ins Allgemeintypische, Systemspezifische transzendiert, um die Kritik und damit auch das komische Potential über das Lokalsatirische hinaus auszuweiten. Die Idee zu einer Komödie mag Büchner bereits angesichts des Spektakels um die **Hochzeit des hessischen Erbgroßherzogs Ludwig** mit der bayerischen Prinzessin Mathilde gekommen sein. Schon seit Beginn des Jahres 1833 wurde eine Eheschließung zwischen dem Darmstädter Thronfolger und der zweitgeborenen Wittelsbacherin in Erwägung gezogen. Nach einem ersten Kennenlernen Ende Februar kam es im April zur offiziellen Verlobung; eine Mätresse Ludwigs (man vergleiche die Rosetta-Szene) musste allerdings zuvor wenig elegant mit Abfindungen entsorgt werden. In den Folgemonaten sorgten die unterschiedliche Konfessionalität der Brautleute und der Streit zwischen hessischer Regierung und Landtag um die Sonderausgaben für den Schlossumbau und die bevorstehenden Feierlichkeiten zunächst für eine Verzögerung des Verhandlungsabschlusses. Im November aber konnte die Verlobung hochzeremoniell *in effigie*, also durch die Überreichung eines Bilds des Bräutigams an die Braut durch einen Sondergesandten, bestätigt werden. Das für den Fortbestand eines Herrscherhauses so zentrale Ereignis der Hochzeit fand schließlich am 26. Dezember 1833, dem Geburtstag des Großherzogs Ludwigs II., in München statt, 12 Tage später reiste das Paar nach Hessen-Darmstadt ab, wo ihm ein akribisch arrangierter, triumphaler Empfang bereitet wurde, unter Einbindung der zur Akklamation angehaltenen Bevölkerung. Noch vor der Ankunft in der Residenzstadt wurde in Offenbach am 10. Januar 1834 eine öffentliche Tafel gehalten, bei der das Volk den Genuss hatte, der höchsten Herrschaften ansichtig zu werden, wie Weidig wenig später in seinem *Leuchter und Beleuchter* spöttisch anmerkt. Das aufwändigste Festprogramm aber wurde in Darmstadt inszeniert, wo die Spaliersteher und Empfangsgruppen je nach Bedarf von Ort zu Ort verschoben wurden, um den Eindruck eines möglichst zahlreich jubelnden Volks zu erwecken. Noch Wochen sollten die Festlichkeiten nach dem strengen Reglement der höfischen Festkultur im gesamten Großherzogtum andauern.

Das spätabsolutistische Zeremoniell war ein **Repräsentationsritual**, in dem die politisch-gesellschaftliche Ordnung als Äquivalent kosmischer Gesetzmäßigkeiten zum Ausdruck gebracht werden sollte. Dieses Macht legitimierende und stabilisierende Zeichensystem regelte nicht nur die öffentlichen Handlungen des Hofs, sondern durchformte auch das Privatleben der Herrschenden bis in die Bereiche des Intimen, wie etwa das Beispiel des zeremoniellen Ankleidens zeigt. Der nüchterne Betrachter konnte dem hohlen Pathos der Hofgesellschaftsformen nur zu leicht komische Seiten abgewinnen. Ludwig Wilhelm Luck, Schulfreund Büchners, berichtet von dessen Spott über den „residenzlichen Kulturboden“, der ihm und seinen Freunden „ergötzlichen Stoff zu allerlei kritischem und humoristischen Wetteifer in Beurteilung der Zustände bot“ (MA 373). So wird der zeitgenössische Bewohner Hessen-Darmstadts in der Komödie nicht wenige Parallelen zu den aktuellen Zuständen im kleinen Duodezfürstentum, auf dessen Namen schon das Königreich Popo fäkalkomisch anspielt, gefunden haben. Es sind unter anderem bestimmte Elemente des hochzeitlichen **Festzeremoniells**, das Büchner aus eigener Anschauung, aus Berichten und Chroniken kannte, so etwa die Ankündigung der Hochzeit und der Ankunft der (im Stück auch dem Prinzen noch unbekannten) Verlobten vor dem Staatsrat, die Vorbereitungen für die festliche ‚Einholung‘ der Braut und das Warten der Personalstaffage, schließlich die scheinbare Stellvertreter-Eheschließung (tatsächlich wurden in Darmstadt zeitgleich zur Münchner Hochzeit mit Stiftungsgeldern drei Trauungen unbemittelter Paare durchgeführt).

Auch die Ausprägungen des **höfischen Alltagszeremoniells** werden einer zum Lachen reizenden Kritik unterzogen, das Lever des Königs, der Unterordnungsautomatismus des ‚beratenden‘ Staatsrats, die gespreizte Höflingssprache mit Anredeformeln, überkommener Phraseologie und sinnverschüttender Hyperbolik, der Symmetriezwang oder auch die Kleiderordnungen, wie sie im Uniformkult des Darmstädter Hofs den Zeitgenossen besonders augenfällig waren. Wie hier zielt die satirische Spitze in *Leonce und Lena* nicht selten auf konkrete Darmstädter Verhältnisse, doch verdeckt die dezente Personalsatire nie die grundsätzliche Problematik des spätabsolutistischen Systems. So etwa, wenn bereits in der ersten Szene von Valerio mit „ach bester Herr Leibmedicus Cantharide, ich bin um einen Erbprinzen verlegen“ (LL 101) das Hauptproblem absolutistischer Herrschaft angesprochen wird, nämlich das Aussterben der Dynastie aufgrund von Kinderlosigkeit. Auch die Ehe des Erbgroßherzogspaars war 1836 noch kinderlos (und sollte es auch bleiben) und boshaft empfiehlt der Mediziner Büchner hier implizit mit der ‚spanischen Fliege‘ das stärkste bekannte Aphrodisiakum, um in die politische Pflichtverbindung etwas sexuelle Leidenschaft zu bringen. Unübersehbar trägt König Peter in Büchners Lustspiel Züge des **Großherzogs Ludwig II.**, dessen Unzugänglichkeit und Unsicherheit bei öffentlichen Auftritten wohl nicht zu Unrecht als völliges Desinteresse an den Regierungsgeschäften interpretiert wurde. Für die wenigen, durch das Zeremoniell unabdingbaren Auftritte des Großherzogs vor dem Hessischen Landtag schrieben Regierungsmitglieder die Reden, wenn er sich nicht überhaupt durch seinen Staatsminister vertreten ließ.

Abb. 21: Ludwig II. von Hessen-Darmstadt (Lithographie, um 1830)

Es war nicht zuletzt die **sinnentleerte Theatralik**, die Büchner das politische Modell der konstitutionellen Monarchie nur noch als „Komödie“ (Brief an die Familie Anfang Dezember 1832, P 365) sehen ließ. Der Machterhalt und die Bewahrung der traditionellen Rechte der politischen Vertretungen verhinderten grundlegendere Reformen, kleine Zugeständnisse waren nur Scheinmanöver, „um dem ewigen Maulaffen Volk seine zu eng geschnürte Wickelschnur vergessen zu machen“ (P 366). Und trotzdem schleppt das Volk „geduldig den Karren, worauf die Fürsten und Liberalen ihre Affenkomödie spielen“ (P 377), befand Büchner im Dezember 1833, kurz bevor er sich zur Agitation entschloss. Auch im *Hessischen Landboten* wird das Thema der opulent inszenierten Fürstenhochzeit bereits aufgegriffen, um den Ausbeutungscharakter spätabsolutistischer Herrschaft ins Bild zu rücken. Zwei Jahre später arbeitet Büchner die lächerlichen Seiten der im Zeremoniellen erstarrten Hofpolitik in seinem Lustspiel heraus, das seine – auch von seinen Freunden in Alltagssituationen vielfach bezeugte – **Begabung für das Komische**, zumal das Satirische sichtbar werden lässt. Wie er selbst sein Lachen verstand, erläutert er seinen Eltern im Februar 1834 aus Gießen. Offenbar war diesen zugetragen worden, dass ihr Sohn seinen Bekannten verächtlich, hochmütig und spöttisch begegne und sich nicht an ihren Vergnügungen oder Beschäftigungen beteilige. Büchner aber beteuert, dass er niemanden verachte, denn dies setze das ungerechtfertigte Gefühl der Überlegenheit voraus, wo doch „durch gleiche Umstände wohl Alle gleich würden“ (P 378). Und hochmütig erscheine er nur denen, deren Nichtigkeiten er sich nicht aussetzen will. Zum Vorwurf, ein Spötter zu sein, aber meint er:

> Es ist wahr, ich lache oft, aber ich lache nicht darüber, *wie* Jemand ein Mensch, sondern nur darüber, *daß* er ein Mensch ist, wofür er ohnehin nichts kann, und lache dabei über mich selbst, der ich sein Schicksal teile. Die Leute nennen das Spott, sie vertragen es nicht, daß man *sich* als Narr produciert und sie dutzt; sie sind Verächter, Spötter und Hochmütige, weil sie die Narrheit nur *außer sich* suchen. Ich habe freilich noch eine Art von Spott, es ist aber nicht der der Verachtung, sondern der des Hasses. Der Haß ist so gut erlaubt als die Liebe, und ich hege ihn im vollsten Maße gegen die, *welche verachten.* Es ist deren eine große Zahl, die im Besitze einer lächerlichen Äußerlichkeit, die man Bildung, oder eines toten Krams, den man Gelehrsamkeit heißt, die große Masse ihrer Brüder ihrem verachtenden Egoismus opfern. Der Aristocratismus ist die schändlichste Verachtung des heiligen Geistes im Menschen; gegen ihn kehre ich seine eigenen Waffen; Hochmut gegen Hochmut, Spott gegen Spott. (P 379)

Das **humoristische Lachen** über das menschliche Dasein an sich dominiert Büchners Lustspiel. Es zeigt das Menschliche und das Allzumenschliche der Figuren, ohne sie für ihre Narrheit zu sehr an den Pranger zu stellen, da sie eben sind, wie es die Umstände erlauben. Über sie zu lachen bedeutet immer auch, über sich selbst als Mensch und das Menschsein an sich zu lachen. Der **kämpferische Spott** als Ausdruck eines Hasses gegen den (vor allem geistigen) Aristokratismus klingt in *Leonce und Lena* nur an, wo das spätabsolutistische Politsystem mit seinen Ausbeutungsmechanismen dem Verlachen preisgegeben werden soll.

4.2 Überlieferung

In welcher Gestalt Büchner sein Werk für den Druck vorgesehen hatte, ist auch im Fall von *Leonce und Lena* nicht mehr mit Gewissheit zu erschließen. Erhalten sind lediglich **zwei nicht autorisierte Drucke** auf Basis von Abschriften büchnerscher Autographen sowie **drei handschriftliche Fragmente** einer früheren Entwurfsstufe: ein Manuskriptbruchstück aus zwei Quartbögen (**H1**, enthält neben der Vorrede und dem Motto zum ersten Akt eine umfangreiche frühe Version der Eingangsszene mit einer in die Endfassung übernommenen Alternativvariante auf f.3v und dem später eliminierten Polizeydiener-Auftritt), ein Quartblatt (**H2**, enthält Entwürfe zur Schlusspartie des ersten Akts und zum Beginn des zweiten sowie zur Anfangsszene des Schlussakts) sowie fünf gestrichene Zeilen (**H3**) einer Reinschrift, die sich zu Beginn eines Doppelbogens des *Cartesius*-Manuskripts erhalten haben. Verloren sind die Dichterreinschriften (ein Straßburger Mundum für den Wettbewerb und eine überarbeitete Züricher Fassung) ebenso wie die Abschriften Wilhelmine Jaeglés und Luise Büchners, die von den beiden Herausgebern Gutzkow und Ludwig Büchner für den Druck redigiert wurden. Gutzkow hatte sich von Büchners Lustspiel offensichtlich anderes erwartet und dessen Anspielungs- und Aussparungscharakter nur unzureichend erkannt. Denn schon in seinem Dankbrief an Jaeglé für die Übersendung der Abschriften zeigt er sich leicht enttäuscht und verweist auf Stellen, „die im Druck entweder gemildert oder besser ganz übergangen werden" (LL 273) sollten. Tatsächlich gibt er in seiner Erstedition im Mai 1838, einer **fünfteiligen Journalfassung** im *Telegraph für Deutschland*, den ersten Akt nur auszugsweise im Wortlaut wieder und überbrückt die Auslassungen mit berichtenden Passagen. Die heftigen Angriffe gegen die Unmoral der jungdeutschen Schriften und die resultierenden privaten und beruflichen Schwierigkeiten hatten bei Gutzkow sichtlich Wirkung gezeigt und so kürzte er nicht nur, wo seines Erachtens das „lyrische Übergewicht der Worte" die Handlung beeinträchtigte, sondern offenbar auch, wo sich der Autor „derb in seinen Anspielungen" (LL 35) zeigte. Bedenken, im vorauseilenden Gehorsam Anstößiges zu eliminieren, zeigte er umso weniger, als er der Überzeugung war, dass Büchner das Lustspiel „ein wenig zu schnell hingeworfen hat u als Ganzes es selbst seine Freunde nicht würde befriedigt haben" (LL 281).

Vollständig, wenn auch gleichfalls (zumal bei politischen und sexuellen Anspielungen) von editorischen Eingriffen gezeichnet ist **Ludwig Büchners Druck** in den *Nachgelassenen Schriften*, der durch den ungekürzten ersten Akt um etwa ein Viertel mehr Text bietet als der Erstdruck. Ob die zugrundeliegende Abschrift Luise Büchners auf dasselbe Mundum wie Jaeglés Übertragung oder auf eine andere autographe Reinschrift zurückgeht, ist nach wie vor nicht geklärt. Probleme bereitet vor allem der Vergleich der Überlieferungsreste bei der Eingangsszene, in der die drei maßgeblichen Quellen, die beiden Drucke sowie das Autographenbruchstück H1, soweit voneinander abweichen, dass von Autorvarianten ausgegangen werden muss, die in sich eine textgenetische Entwicklung zeigen. Ab der zweiten Szene lassen sich die Abweichungen auch mit Eingriffen der beiden Herausgeber erklären. Sollten Jaeglé und Luise Büchner für I,1 verschiedene Quellentexte verwendet haben, wird dies wohl auch für den Rest gelten. Die Herausgeber der Marburger Ausgabe gehen allerdings davon aus, dass beide dieselbe Vorlage (die Reinschrift der Züricher Fassung) übertrugen, die allerdings zu Beginn durch Schrifteigenheiten, Streichungen, Varianten oder Ergänzungen verschiedene Fassungen möglich machte. Rechnet man zu diesen Unsicherheiten der Transkription noch mögliche bewusste Änderungen der Abschreiberinnen, redaktionelle Bearbeitungen durch die Herausgeber und Regulierungen durch die Setzer hinzu, wird man in der heute vorliegenden Fassung nur mit Vorbehalt eine autorgewollte sehen können. Schon Ludwig Büchner verwies auf Zensur und Zeitverhältnisse, die die editorische Arbeit Gutzkows erschwerten. Einiges konnte zwölf Jahre später im originalen Wortlaut wiedergegeben werden, anderes dagegen wurde im Vergleich zur Erstausgabe abgeschwächt, geändert oder unterschlagen. Nicht rekonstruierbar aus dem Vergleich der Drucke sind die zweifellos stärker ausgeprägten politischen, moralischen und konventionsbedingten Anstößigkeiten, die sowohl hier wie dort getilgt worden waren und mit den Manuskripten (die wohl 1851 in Büchners Elternhaus verbrannten) endgültig verloren gingen. Sie hätten wohl das trügerische Bild romantisch-heiterer Unverfänglichkeit, das seit Beginn die Rezeption der Komödie bestimmte, nachhaltig irritiert.

4.3 Quellen und Einflüsse

Schon Gutzkow wies in seiner Einleitung zum Erstabdruck der Komödie auf deren Nähe zu Clemens Brentanos *Ponce de Leon* (1801) hin und verbarg nicht seine Enttäuschung über die Orientierung an der (von den Jungdeutschen abgelehnten) romantischen Schule. Mit Alfred de Mussets Komödie *Fantasio* (1834) wurde bald eine weitere Primärquelle festgestellt; die Nähe zu Shakespeares *As You Like It* verrät bereits das vorangestellte Motto. So wichtig diese Werke für Handlungsstruktur, Sprachbehandlung, Charaktere und Thematik aber auch sind, stehen sie – wie die quellenkritische Forschung mit Detailfreude zeigte – keineswegs alleine da. *Leonce und Lena* ist gespickt mit literarischen Anspielungen, mehr noch: konstituiert sich über das Zitat, das auf den **Traditionszusammenhang des romantischen Lustspiels** verweist. Mit mehr oder weniger überzeugenden Argumenten reklamiert wurden Übernahmen und Anregungen aus Mussets *On ne badine pas avec l'amour*, *Les caprices de Marianne*, *Lorenzaccio*, *La Nuit vénitienne* und *Les Marrons du feu*, Shakespeares *Romeo und Julia*, *Hamlet*, *Heinrich IV.*, *Verlorene Liebesmüh* u. a., aus Tiecks *Der gestiefelte Kater*, *Fortunat* und *Prinz Zerbino*, Friedrich Schlegels *Lucinde*, aus Goethes *Werther*, Laurence Sternes *Tristram Shandy*, August Klingemanns *Die Nachtwachen des Bonaventura* und vielen weiteren Texten von Adalbert von Chamisso, J.M.R. Lenz, E.T.A. Hoffmann, August von Platen, Jean Paul, Théophile Gautier und anderen. Darin einen Mangel an Originalität zu sehen, heißt Büchners Strategie verkennen. Schon das Offensichtliche der Literaturabhängigkeit und die Quellenvielfalt schließen die simple Nachahmung aus. Man weist nicht derart unverfroren auf die Vorlagen hin, will man bloß Fremdes als Eigenes verkaufen. Immerhin hatte der Wettbewerbsbeitrag im Preisrichterkuratorium ausgewiesene Kenner zeitgenössischer Literatur zu erwarten, die sich mehr als abgenutzte Grundmuster und strapazierte Spielelemente versprachen. Klar erkennbar wendet Büchner auch hier sein innovatives ästhetisches Verfahren der **Dekonstruktion eines vielstimmigen Quellenmaterials** an, das die Entfaltung unterschiedlicher Diskurse und Deutungsperspektiven ermöglicht. So konnte er seine differenzierte Kritik in ästhetischen, sozialen und politischen Belangen lancieren, ohne von Vornherein die Gunst der Jury zu verlieren. Denn bei alldem bleibt *Leonce und Lena* in der selbstreflexiven Negation ihrer Bedingungen eine reizvolle ‚romantische' Komödie.

Mit ***Ponce de Leon***, einer idealtypischen romantischen Literaturkomödie, verbindet Büchners Lustspiel mehr als nur Figurennamen (Valerio, in anagrammatischer Abwandlung des Titels auch Leonce), Wortspiele, Rollenanregungen und thematische Bezüge. Es war von dem damals gleichfalls 22-jährigen Brentano ebenso erfolglos für eine ‚Dramatische Preisaufgabe' verfasst worden, die Schiller und Goethe in den ‚Propyläen' Ende 1800 ausgeschrieben hatten. Die Initiatoren hatten ihre mehr poetologischen als theaterpraktischen Anforderungen in keiner der 13 Zusendungen erfüllt gesehen und keine Auszeichnung vergeben. Neben den vielen Anregungen zur Dialogführung und zur lyrischen Bildlichkeit finden sich allerdings nur Reste der verwickelten Handlung in der Läuterung des Titelhelden vom ziellosen Melancholiker zum verantwortungsbewussten Ehemann. Wichtiger für den Handlungsaufbau und die Figurenkonstellation ist das Vorbild des ***Fantasio***. Auch in diesem Stück steht eine Fürstenhochzeit im Mittelpunkt, bei der eine bayerische Prinzessin (man vgl. die historische Mathilde) den ihr persönlich unbekannten, denkbar negativ dargestellten Fürsten von Mantua heiraten soll. Musset löst den Konflikt zwischen individuellem und politischem Lebenskonzept durch eine Intrige des Titelhelden, der die Verbindung verhindert. Das monarchische Herrschaftsmodell bleibt jedoch im Gegensatz zu Büchners Intention weitgehend unangetastet. Von Mussets Komödie angeregt dürfte auch die problematische Selbstverortung der Schlüsselfiguren Leonce, Valerio und Lena sein, über die sich die Kritik an der gesellschaftlichen Wirklichkeit artikuliert. Und wie Fantasio laboriert auch Leonce am epochentypischen melancholischen Sinnverlust, der in der Langeweile zum Ausdruck kommt.

Die Verwendung **historischer Quellen** als direkte Textvorlagen ist in Büchners Lustspiel nicht nachweisbar. Gleichwohl ist davon auszugehen, dass der Autor neben mündlichen und informellen Berichten auch gedruckte Zeugnisse der politischen und gesellschaftlichen Ereignisse kannte, auf die in *Leonce und Lena* angespielt wird. Hinzuweisen ist in diesem Zusammenhang vor allem auf die *Chronik der Feierlichkeiten* (1834) zur Vermählung des hessisch-darmstädtischen Erbherzogspaars, mit deren Herausgebern Heinrich Küntzel und Friederich Metz Büchner bekannt war.

4.4 Aspekte der Forschung

Wie bei keinem anderen Werk Büchners führte die Ambivalenz des Texts zu einer kontroversen Deutungsgeschichte. Über lange Zeit ließen sich grundsätzlich **zwei Interpretationsansätze** ausmachen (vgl. Hermand 1983, Schwann 1997, Beise/Funk 2005), je nach dem, ob man das Stück als wirklichkeitsfernes melancholisch-sprachspielerisches Kunsttheater oder als Satire auf konkrete gesellschaftliche Zustände im vormärzlichen Deutschland verstand.

Zur ersten Gruppe gehören Studien a) zur Verortung in der Komödientradition (unter dem Aspekt der formellen, strukturellen und thematischen Nachfolge oder der Überwindung des romantischen Lustspiels), b) zur stilistischen Verankerung im Romantischen, Ästhetizistischen, Tragikomischen, Grotesken oder Absurden und c) zur ahistorisch-weltanschaulichen Ausrichtung im Religiösen, Existenziellen oder Nihilistischen. Von dieser dominant **ideengeschichtlichen Sichtweise** der älteren Forschung verlagerte sich der Schwerpunkt allmählich, deutlich aber ab den späten Siebzigerjahren des 20. Jahrhunderts hin zu einer **sozialgeschichtlich-materialistischen Deutung**. Der Akzent lag dabei auf der Herausarbeitung der politischen, sozialen und ökonomischen Anteile, über die sich die Gesellschaftskritik in *Leonce und Lena* entfaltet: das parasitäre Hofleben des monarchischen Obrigkeitsstaats auf Kosten der plebejischen Masse, die Melancholie als Symptom einer obsoleten Privilegiertenkaste, das sinnentleerte Zeremoniell als herrschaftsstabilisierender Automatismus oder die deutsche Kleinstaaterei im Spätabsolutismus. (Berns 1987, Voss 1987, Hiebel 1988, 1991, Pinkert 1990, Dedner 1990)

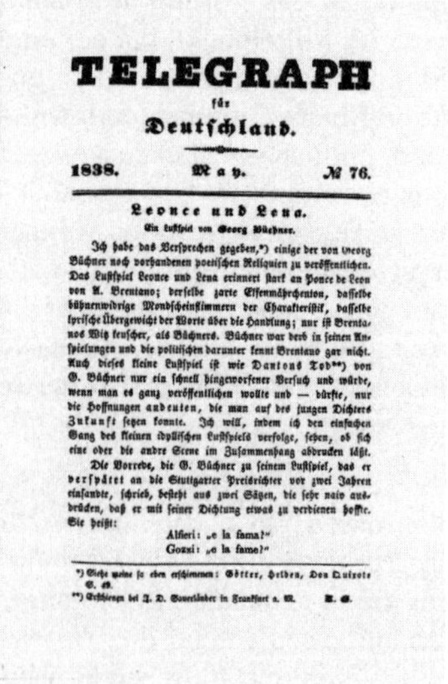

TELEGRAPH
für
Deutschland.

1838. May. № 76.

Leonce und Lena.
Ein Lustspiel von Georg Büchner.

Ich habe das Versprechen gegeben,*) einige der von Georg Büchner noch vorhandenen poetischen Reliquien zu veröffentlichen. Das Lustspiel Leonce und Lena erinnert stark an Ponce de Leon von C. Brentano; derselbe zarte Elfenmährchenton, dasselbe bühnenwidrige Mondscheinflimmern der Charakteristik, dasselbe lyrische Übergewicht der Worte über die Handlung; nur ist Brentanos Witz keuscher, als Büchners. Büchner war derb in seinen Anspielungen und die politischen darunter kennt Brentano gar nicht. Auch dieses kleine Lustspiel ist wie Dantons Tod**) von G. Büchner nur ein schnell hingeworfener Versuch und würde, wenn man es ganz veröffentlichen wollte und — dürfte, nur die Hoffnungen andeuten, die man auf des jungen Dichters Zukunft setzen konnte. Ich will, indem ich den einfachen Gang des kleinen idyllischen Lustspiels verfolge, sehen, ob sich eine oder die andre Scene im Zusammenhang abdrucken läßt.

Die Vorrede, die G. Büchner zu seinem Lustspiel, das er verspätet an die Stuttgarter Preisrichter vor zwei Jahren einsandte, schrieb, besteht aus zwei Sätzen, die sehr naiv ausdrücken, daß er mit seiner Dichtung etwas zu verdienen hoffte. Sie heißt:

Alfieri: „e la fama?“
Gozzi: „e la fame?“

*) Siehe meine so eben erschienenen: Götter, Helden, Don Quixote S. [illegible]
**) Erschienen bei J. D. Sauerländer in Frankfurt a. M. K. G.

Abb. 22: Einleitung von Gutzkows Teildruck der Komödie (1838)

Die Forschungsarbeiten der letzten Jahre tendieren dazu, diese Polarität von dominanter Literarizität bzw. kritischer Intentionalität zugunsten integrativer Leseweisen aufzuheben und beide Aspekte als ineinander verwobene Teile der Autorstrategie zu verstehen. (Kafitz 2000, Beise 2002, Dörr 2003) Hilfreich waren dabei die zahlreichen quellenkritischen Forschungen, die den literarischen und historischen Anspielungshorizont des Stücks offenlegten. Kein Konsens allerdings wurde bislang bei der Bewertung des spielbestimmenden **Langeweile-Motivs** und – damit verbunden – der Beurteilung des Prinzen als Ziel oder Träger der Kritik gefunden. Offensichtlich wird dies zumal bei den Deutungen der **Schlussutopie** mit den jeweiligen Folgerungen zum Identifikationsangebot, zur Sympathielenkung und zur Aussagestruktur der Komödie. Ein wesentlicher Grund für die unterschiedlichen Sichtweisen ist Büchners **‚duale' Personengestaltung**, die die Figur sowohl in einen öffentlich-repräsentativen als auch in einen privaten, allgemein menschlichen Bewertungszusammenhang stellt.

Dementsprechend verweist das Langeweile-Motiv auf zwei Bedeutungsbereiche, die sich auch in anderen literarischen und brieflichen Äußerungen Büchners finden. Im sozialkritischen Diskurs war die **Langeweile das Stigma der Reichen**, die aus der Arbeitslast der Armen ihren Vorteil zogen. In einem ähnlichen Sinn ist auch die „entsetzlichste Langeweile" zu verstehen, die der Autor in einem zur Entstehungszeit des Lustspiels verfassten Schreiben an Gutzkow der „abgelebte[n] moderne[n] Gesellschaft" (P 440) diagnostiziert. Eine solche untragbare Gesellschaftsform wird uns zweifellos am Beispiel des Königreichs Popo vorgeführt, wo nur noch das rigide Festhalten am Etablierten den Fortbestand garantiert. Leonce aber wird uns schon mit seinen ersten Äußerungen als ein an der Langeweile Laborierender präsentiert. Ist diese Langeweile verachtenswerter Ausdruck der zwanghaften Stagnation oder mitleiderregendes Symptom für ein sinnloses Aufbegehren dagegen? Für einige Interpreten fungiert Leonce im Rahmen der bitteren Hof- und Gesellschaftssatire vorrangig als typischer Repräsentant einer ausbeuterischen Oberschicht mit ihrer menschenfeindlichen Blasiertheit und übersättigten Dekadenz. (Wawrzyn 1974, Poschmann 1981, Hiebel 1991, H) Belegt wird die Negativität des Prinzen mit seiner abwertenden Behandlung des Hofstaats, der Prügeldrohung für Valerio, dem morbid-sadistischen Spiel mit Rosetta, seinem Hedonismus, dem Hohn für bürgerliche Lebenskonzepte oder auch mit dem Bekenntnis zur Promiskuität. Irritierend bei dieser Sichtweise aber bleibt, dass die Langeweile den Drang nach Veränderung birgt und damit bewusst das System in Gefahr bringt, mithin auch als **Form des Widerstands** gewertet werden kann. (Dedner 1990, Fues 1992, D) Diesem Aspekt der Langeweile tragen jene Interpretationen Rechnung, die Leonce als Identifikationsfigur und Sympathieträger des Stücks sehen, weil er die Determiniertheit des Lebens durchschaut und mit einer Mischung aus verzweifeltem Zynismus, lethargischer Melancholie und inszeniertem Narrentum auf die Zwänge seines Status reagiert. Zur argumentativen Untermauerung werden biographische Zeugnisse angeführt, die Büchner als Kind der Weltschmerzgeneration ausweisen, die auf Entfremdungserfahrungen mit Lebensüberdruss und Ennui reagierte. Wie Danton manövriert sich Leonce mit seiner Verweigerungshaltung zunächst in die Handlungsunfähigkeit. Erst Valerio rettet ihn aus dieser Situation mit seinem opportunistischen Konzept des selbstgewählten Müßiggangs, dessen hedonistische Amoralität Strategie gegen die Arbeitszwänge des gesellschaftlichen Lebens ist.

Leonce' **Langeweile aus Entfremdung** kann möglicherweise aber auch pathologisch verstanden werden. Das deutet sich zumindest im ersten Monolog des Prinzen an, denn dieser ist die Variation einer Klage, die Büchner auch seinem Lenz in den Mund legt:

> Es krassirt ein entsetzlicher Müßiggang. – Müßiggang ist aller Laster Anfang. – Was die Leute nicht Alles aus Langeweile treiben! Sie studiren aus Langeweile, sie beten aus Langeweile, sie verlieben, verheirathen und vermehren sich aus Langeweile und sterben endlich aus Langeweile, und – das ist der Humor davon – Alles mit den wichtigsten Gesichtern, ohne zu merken, warum, und meinen Gott weiß was dazu. Alle diese Helden, diese Genies, diese Dummköpfe, diese Heiligen, diese Sünder, diese Familienväter sind im Grunde nichts als raffinirte Müßiggänger. (P 100)

Dass Leonce hier traditionelle Sinngebungen wie Religion, Bildung oder Liebe als lasterhafte Kompensationen der Langeweile diffamiert, diente in zahlreichen früheren Studien als Bestätigung einer recht vage umrissenen ‚Seinstragik', die sich im Stück entfalte. Die Übernahme dieser Sequenz aus einer – nach Dedners These (1995) – früheren Entwurfsstufe des *Lenz* ins Komödiantische könnte allerdings auch als Hinweis dafür verstanden werden, dass ökonomische Voraussetzungen und soziale Hierarchien darüber entscheiden, ob der gesellschaftliche Konventionsdruck als ernsthaft krankmachend oder komisch unverbindlich empfunden und beurteilt wird.

Uneins ist man sich auch weiterhin in der Beurteilung der **Schlussutopie**, die Leonce und sein zukünftiger Staatsminister Valerio gleichsam nach Ende des eigentlichen Spiels entwerfen. Das Problem sind in diesem Zusammenhang nicht die absurden Prämissen der Gegenwelt, die man nicht als Vorwegnahme einer anzustrebenden Zukunft verstehen sollte, schaffen doch utopische Entwürfe schon *per definitionem* eine Welt, die es nicht geben kann. Umstritten ist vielmehr, ob die durchaus unterschiedlichen Gegenweltentwürfe der beiden Mächtigsten des Landes als **‚positive' Utopie** die bestehenden Abhängigkeits- und Machtverhältnisse aufheben oder als **‚negative' Utopie** doch festschreiben. Vorwiegend sozialkritische Deutungen sehen in den Schlussrepliken im Wesentlichen eine Verabsolutierung der Negativität feudalabsolutistischer Herrschaftsstrukturen. (Poschmann 1983, Wohlfahrt 1988, Hiebel 1991, Buck 2000, K) Auch in diesem ‚Paradies', das – wie schon im gesamten Lustspiel vorexerziert – nur durch die Ausblendung der Lebensbedingungen des Volks ermöglicht wird, würde der Riss zwischen den Klassen, zwischen Herrschern und Beherrschten, Reich und Arm weiterbestehen. Andere Stimmen sehen dagegen in den Visionen einer arkadischen Welt ohne Arbeit – trotz aller ironischen Brechungen – das Erlösungsversprechen der Komödie formuliert, ein sensualistisches Wunsch- und Gegenbild zur unerträglichen Realität mit der phantastischen Aufhebung ökonomischer und sozialer Widersprüche. (Dedner 1987, 1990, Voss 1987, D) So irreal das närrische Ideal eines unentfremdeten Lebens des Müßiggangs in einem Schlaraffenland auch ist, stelle es doch einen menschlichen Akt des Widerstands gegen die Unmenschlichkeit des zuvor satirisch aufgearbeiteten Systems dar.

4.5 Analyse

In *Leonce und Lena* wird unter dem Deckmantel einer konventionellen Literaturkomödie mit den gesellschaftlichen Missständen der deutschen Restaurationsepoche abgerechnet. Die eigentlichen Betroffenen der Misere, die Ausgebeuteten des dritten Stands, kommen dabei lediglich kurz und im Handlungszusammenhang scheinbar nur zu Dekorationszwecken ins Bild. Im Blickfeld ist beinah ausschließlich der gesellschaftliche Überbau, das höfische Leben mit seinen Vertretern. Die traditionelle Gattungspoetik hatte der Komödie bis ins späte 18. Jahrhundert nur *dramatis personae* aus den sozial niederen Klassen zugeordnet. Der Aristokratie vorbehalten war laut Ständeklausel die edlere Gefühlslandschaft der Tragödie. Diese hierarchische Zuordnung wurde, nach ersten Auflösungserscheinungen in Aufklärung und Sturm und Drang, mit der **romantischen Komödie** endgültig aufgeweicht. Denn deren autonome Kunstwelt entzog sich programmatisch den Unbilden der Wirklichkeit. Mit einer komischen (wenn auch wenig bühnenpraktischen) **Selbstbezüglichkeit der Sprache und des komödiantischen Spiels**, das Hohen wie Niederen offenstand, ersetzte sie die satirische, dionysische oder auch didaktische Komik der Spektakel- und Verlachstücke. Drängende Konflikte der Gegenwart lachend aufzuarbeiten war nicht Aufgabe der romantischen Komödie. Sie blendete Problemfelder vielmehr bewusst aus, was sie in den Augen der Autoren ‚engagierter', realistischer Literatur wie Gutzkow verdächtig machen musste. Büchner dagegen schätzte die Romantiker und hatte an ihren Werken gelernt. Dass er seinem Lustspiel so nachdrücklich typische Merkmale der romantischen Komödie einverleibte, brachte dem Stück den Vorwurf der Epigonalität und dem Autor den des zeitweiligen Konformismus ein. Doch ist *Leonce und Lena* weitaus mehr als ein verspäteter Abkömmling tieckscher oder brentanoscher Bühnenwerke. Es ist Büchners Versuch, der Komödie gerade über die betonte und dadurch problematisch gewordene Selbstreferenzialität ihre Subversivität zurückzugeben. Denn in der vordergründigen Abgehobenheit der theatralischen Gegenwelt konkretisiert sich die Negativität der Wirklichkeit.

Früh schon hatte Büchner die politischen Zustände seiner Zeit als schlechte Komödie verstanden, als Schmierentheater, in dem mitzuspielen die Unfreiheit den Menschen zwang, weil es ihm nicht gelingen wollte, sich von den überkommenen sozialen Verhältnissen zu befreien. Umso mehr wünschte Büchner diese ‚abgelebte moderne Gesellschaft' zum Teufel: „Sie mag aussterben, das ist das einzig Neue, was sie noch erleben kann." (P 440) In diesem **Stadium der Überlebtheit** zeigt das Lustspiel die monarchische Regierungsform, der bereits die bloße Selbsterhaltung zum Problem geworden ist. Bei einer Ästhetisierung zur märchenhaften Weltenthobenheit belässt es Büchner freilich nicht. Indem er die Künstlichkeit des literarischen Weltentwurfs herausarbeitet, verweist er zugleich auf den praxisfernen Konstruktcharakter eines politischen Systems, das aus Sicht der sozialen Basis jeglichen Bezug zur gesellschaftlichen Realität und deren Anforderungen verloren hat. Über die **Dekonstruktion des Gattungsmodells**, das in dieser Form immerhin noch das Versprechen auf eine harmonische Weltordnung beinhaltet, soll die politische Farce der Gegenwart offengelegt und der Zuschauer zu einem kritischen Realitäts- und Fiktionsverständnis erzogen werde. Karl Poppers erkenntnistheoretischem Ansatz zufolge liegt in der Falsifikation von vorgefertigten Wirklichkeitsbildern der einzige Weg zu tatsächlicher Wirklichkeitserfahrung. Literatur, die zu einem adäquaten Weltverständnis beitragen will, kann dies durch die Demontage von konventionalisierten Wirklichkeitsbildern, die im Rezipienten Erwartungshaltungen hervorrufen.

Die Problematisierung des vermittelten Weltbilds erfolgt in Büchners Lustspiel über die **Stilisierung der Gattungsmerkmale**, ohne dabei grundsätzlich vom tradierten Schema abzuweichen. In der Komödie entsteht das gattungsspezifische Spannungsverhältnis zwischen Bühnenwirklichkeit und außertheatraler Realität aus dem Zusammenwirken dreier spielinterner Charakteristika: **Spielcharakter, Belachbarkeit der Spielhandlung und pointierte Finalität**. (Trautwein 1983) Diese komödienkonstitutiven Kriterien werden in *Leonce und Lena* in einer Weise forciert, dass im Gelingen des Stücks zugleich seine Gemachtheit offensichtlich wird. So wird Einblick gewährt in den Bauplan der Komödie, die sich eine autonome Wirklichkeit erschafft. Wenn der Rezipient deren Schematik durchschaut, schärft sich sein Blick auch für überkommene Strukturen der Lebenswirklichkeit. Denn für Büchner sind die Aporien der Gesellschaft auch in der fiktionalen Welt der Komödie nicht mehr zu versöhnen. Wirklichkeitsflucht, Abgehobenheit von der Gegenwart und der Hang zur Idyllik galten ihren Gegnern als Merkmale der romantischen Komödie. Umso mehr musste es irritieren, wenn ein gesellschaftskritischer Autor wie Büchner sich dieser Gattungsausformung bedient. Immerhin wendet er sich in *Danton's Tod* durch Desmoulins selbst gegen ein Theater, das über eine problematische Wirklichkeit hinwegtröstet, anstatt im Publikum ein kritisches Bewusstsein gegen idealistische Überzeichnung zu erzeugen. Ein solches Theater lenkt zwar von der problematischen Gegenwart ab, begünstigt aber die Entfremdung vom Leben und arbeitet einer Veränderung entgegen. Für Büchner bedeutet Theater freilich etwas gänzlich anderes, als den Zuschauer mit einem beschönigenden Abbild der Gesellschaft abzuspeisen. Doch setzt er in *Leonce und Lena* nicht, wie zuvor in *Danton's Tod*, auf Realismus. Es ist gerade die auffällige **Künstlichkeit des Spiels**, die das prinzipielle Problem des literarischen Wirklichkeitsbilds offensichtlich macht, den Bezug zum Leben zu verlieren.

Auf die wesentlichsten Momente des Lustspielhaften reduziert präsentieren sich die seit der Renaissancepoetik eingeforderten ‚drei Einheiten' des Dramas: Handlung, Zeit und Ort. Besonders die **Einfachheit des Handlungsaufbaus** ist augenfällig: Auf der Flucht vor einer aufgezwungenen Hochzeit aus Staatsraison verlieben sich Prinz Leonce und Prinzessin Lena ineinander, doch erst nach der in Verkleidungen durchgeführten Heirat enthüllt sich ihnen und dem Hofstaat die wahre Identität des vorbestimmten Partners. Gegenläufige Handlungsmomente, Verwicklungen, zu überwindende Herausforderungen oder Prüfungen, wie sie in den intrigenreichen romantischen Komödien beliebt waren, fehlen gänzlich. Sogar das zentrale Täuschungsmanöver stellt sich schlussendlich als für die Heirat unnötig heraus. Reibungs- und konfliktlos steuert das Geschehen schnurstracks auf das programmierte Happy End zu, ohne freilich jemals viel Dynamik zu entwickeln. Alle wichtigen Figuren treten bereits im **ersten Akt** auf, alle Absichten werden dort bereits dargelegt. Die Eingangsszene stellt uns Leonce vor, der sich in seiner privilegierten Rolle als Thronfolger entsetzlich langweilt und deshalb Interesse findet am sinnenfrohen Nichtsnutz Valerio, der sich den gesellschaftlichen Rollenbildern verweigert. Der fehlende Anreiz, in Kürze seinem Vater nachzufolgen, wird durch die folgende Ankleideszene verständlich, in der König Peter als vertrottelter Repräsentant des absolutistischen Systems vorgestellt wird. Im Rahmen dieser Ordnung meint Leonce seine Bestimmung nicht finden zu können und so läuft er, nachdem er sich mit seiner Geliebten Rosetta symbolhaft seines alten Lebens entledigt hat, mit Valerio vor seinen Pflichten der Dynastieerhaltung davon in die ‚weite' Welt. Auch seine Braut Lena, die mit ihrer Gouvernante zu Fuß anreist, hadert mit ihrem Schicksal der mangelnden Selbstbestimmung und sieht sich als Opferlamm dynastischer Politik. Die Aufforderung ihrer Begleiterin zur Flucht ist das (wenig) erregende Moment zum Aktende. Der **zweite Akt** führt die beiden füreinander Bestimmten außerhalb des gesellschaftlichen Rahmens zusammen und erwartungsgemäß finden sie sich selbst in der Liebe zueinander, die scheinbar nicht sein darf. Leonce' intuitiver Entschluss, diesen faustischen Augenblick gut wertherisch zu seinem letzten zu machen, stößt auf Valerios Widerstand. Im **Schlussakt** bietet er sich um den Preis der Beförderung zum Staatsminister an, die Heirat zu bewerkstelligen. Als Automaten verkleidet, werden Leonce und Lena nach Willen des Königs – da sonst die auf Kosten der Bevölkerung inszenierten Feierlichkeiten umsonst gewesen wären – als vermeintlicher Ersatz für das Prinzenpaar getraut. Die anschließende ‚Entlarvung' aber zeigt, dass es für die Beteiligten kein Entrinnen aus dem System gibt, nur ein Arrangieren mit dessen Bedingungen. So mündet die Handlung mit Leonce' Aufforderung „morgen fangen wir in aller Ruhe und Gemüthlichkeit den Spaß noch einmal von vorn an" (LL 123) sinnigerweise in einen Kreislauf des Immergleichen.

Die **Zeitstruktur** des Lustspiels trägt zu dieser auffälligen dramaturgischen Konzentration ihrerseits bei. Kaum 24 Stunden umfasst das Geschehen vom ersten Akt, in dem wir von der bevorstehenden Ankunft der Braut für die geplante Hochzeit am folgenden Tag erfahren, bis zur abschließenden Szene, in der sie schließlich stattfindet. Zeitsprünge von einem halben Tag (die Fluchtzeit für beide Titelfiguren bis zum Abend) bzw. einer Nacht sind in die Aktpausen verlegt. Dazwischen drängen sich in rascher Folge mit Identitätssuche, Freundschaftspathos, Fernweh, Reise, Liebe auf den ersten Blick, Todessehnsucht und Maskenspiel etliche der gängigsten Topoi romantischer Literatur. In der subjektiven Wahrnehmung der Titelfiguren allerdings dehnt sich die derart verknappte Spielzeit zu unerträglicher Länge, die in Leonce' Langeweile und in Lenas melancholischem Leiden am ‚so langen' Weg des Lebens zum Ausdruck kommt. In der Schlussutopie schließlich wird das gegenläufige Zeitkonzept des Spiels in Leonce' Ankündigung, „alle Uhren zerschlagen, alle Kalender verbieten“ (LL 124) zu lassen, gänzlich aufgehoben. In zweierlei Weise lässt sich diese **Entzeitlichung** deuten: Zum einen als opportunistische Festschreibung des Bestehenden, dessen Mechanik man – wie der Prinz kurz zuvor erkennen musste – sich ohnedies nicht entziehen kann. Zum anderen aber kann es als Versuch verstanden werden, den Moment individuellen Glücks in der Liebe absolut zu setzen. Dann aber wird der utopische Aspekt umso deutlicher, ist doch (zumindest nach Kants Transzendentalphilosophie) Zeit die Bedingung jeglicher sinnlich erfahrbaren Existenz.

Zur Karikatur geschrumpft ist der **Spielraum**. Der Schauplatz des ersten und dritten Akts ist das Königreich Popo, ein Westentaschenstaat, der vom Festsaal des Schlosses aus bequem überschaubar ist und in wenigen Schritten durchmessen. Auch die umliegenden Länder – so stellt Valerios Stoßseufzer zu Beginn des zweiten Akts klar – sind groteske Miniaturen der kleinabsolutistischen Duodezfürstentümer des Deutschen Reichs, wie sie die politische Landkarte der Zeit prägten: „Wir sind schon durch ein Dutzend Fürstenthümer, durch ein halbes Dutzend Großherzogthümer und durch ein Paar Königreiche gelaufen und das in der größten Uebereilung in einem halben Tage und warum?“ (LL 111) Entwickelt sich in konventionellen Sujets narrative Dynamik über das Überschreiten einer Grenze durch den Helden, bleibt hier der Übertritt wirkungslos. Denn wie bei einer Zwiebel, so sinniert Valerio wenig später weiter, umfassen die Grenzen keinen Inhalt, sondern führen nur zu weiteren Grenzlinien. Schon hier erweist sich im symbolischen Vorausgriff die Flucht des Prinzen zu den arkadischen Sehnsuchtsorten als letztlich unmöglich. Denn trotz der **Miniaturisierung** des Handlungsraums gibt es für Leonce albtraumhaft kein Vorwärtskommen in dem klaustrophobischen Szenario. Kaum wagt er „die Hände auszustrecken, wie in einem engen Spiegelzimmer, aus Furcht überall anzustoßen, daß die schönen Figuren in Scherben auf dem Boden lägen und ich vor der kahlen, nackten Wand stünde.“ (LL 111) Diese komprimierte, doch unentrinnbare Räumlichkeit korrespondiert mit dem mechanischen Ablauf des Puppenspiels, als das die Bühnenwirklichkeit in Leonce’ Schlussbemerkungen dekuvriert wird.

Der Eindruck der **mechanischen Routine, des Rollenzwangs und Identitätsverlusts** im Spiel stellt sich freilich schon viel früher ein. So stöhnt der Prinz, der bis zu einem gewissen Grad seine Rollenexistenz durchschaut, schon zu Beginn auf:

> O ich kenne mich, ich weiß was ich in einer Viertelstunde, was ich in acht Tagen, was ich in einem Jahr denken und träumen werde. Gott, was habe ich denn verbrochen, daß du mich, wie einen Schulbuben, meine Lection so oft hersagen läßt? (LL 106)

Ist das Pose oder doch existenzielle Krisis? Zum ewigen Spielen verurteilt, scheint Leonce an seinem Dasein zu leiden, um sich jedoch im nächsten Augenblick zu seiner schauspielerischen Leistung zu gratulieren: „Bravo, Leonce! Bravo! (Er klatscht.) Es thut mir ganz wohl, wenn ich mir so rufe. He! Leonce! Leonce!“ (LL 106) Ganz ähnlich lobt er sich noch nach dem ersten Treffen mit Lena für seinen gelungenen melancholischen Auftritt. Als Spielfigur in den Händen einer willkürlich agierenden höheren Instanz sieht sich auch der vermeintliche Spielleiter Valerio, als eine der Spielkarten, „mit denen Gott und der Teufel aus Langeweile eine Parthie machen", oder als Automat, den man „nur so reden läßt". (LL 114, 121) Die Menschen sind nicht mehr Handelnde, sondern werden zu ‚Gehandelten' – ein Gedanke, der im Werk Büchners von zentraler Bedeutung ist. In der spätabsolutistischen Gesellschaft ist der Mensch zu automatenhafter Leblosigkeit erstarrt, festgelegt auf seine Pflicht, formale Regeln des Geschmacks und der Etikette zu beherrschen. Wo eingefahrene Herrschaftsmechanismen und soziale Automatismen das Leben bestimmen, ist kein Platz für Werte wie Natürlichkeit, Emotionalität und Innovation. Gesellschaftlich wertvoll ist, wer sich den Konventionen unterwirft, selbst wenn es sich bloß um Automaten handelt.

Sinnfällig wird dies durch die ironische Brechung der ‚Spiel im Spiel'-Situation in der **Automatenszene** (die wohl inspiriert wurde vom Fastnachtsballauftritt einer Dampfautomatentruppe am Darmstädter Hoftheater 1835). Die von Valerio arrangierte Verkleidung scheint für Leonce und Lena der einzige Weg, zu einer sanktionierten Heirat zu kommen. Doch die Demaskierung zeigt, dass erlistete Liebes- und oktroyierte Pflichtheirat eins sind. So schwankt denn auch die Reaktion auf die Anagnorisis zwischen Überraschung und Betroffenheit. Beide Eheleute fühlen sich in ihrer Entscheidung für eine alternative Existenz betrogen. Unnötig aber war das Rollenspiel nicht. Denn kurzfristig konnte gerade über das inszenierte Automatendasein ein eigenes Lebenskonzept realisiert werden. Das Wissen um die eigene Verdinglichung verleiht dem Spiel der Liebenden ein Moment der Freiheit. Das Ablegen der Masken allerdings stellt sie als Automaten eines Systems bloß, in dessen institutionalisierte Rollenmechanik sie wieder gezwungen werden. Hinter der selbst gewählten Maske wird eine gesellschaftsbedingte sichtbar, die die freie Entscheidung hinfällig macht und die gewonnene Identität wieder aufhebt.

Aber nicht erst in der Automatenszene wird die allgemeine Fremdbestimmtheit im gesellschaftlichen Leben sichtbar. Sämtliche Figuren, ohnedies zumeist undifferenziert gestaltet und traditionellen Personenschemata zuordenbar, stellen im Laufe des Spiels ihre Unfreiheit unter Beweis. Ins Bild gesetzt wird dies über den Motivkomplex der **Puppe**, der in mehrfacher Hinsicht Bedeutung trägt. Als **ästhetische Metapher** ist die Spielpuppe Antithese realistischer Kunst, deren Anspruch auf Lebensnähe sie konterkariert. Auch Autoren wie Lenz oder Goethe verwenden bereits die Marionette als Symbol, um gegen den Hang zum Gekünstelten in der Literatur zu polemisieren. Doch Büchner macht die Metapher zum grundlegenden Gestaltungsprinzip aller sozialen Beziehungen in seinem Stück, um das Zwanghafte des Spiels zu betonen – und dadurch die Zwänge der Gesellschaft an sich. In dieser Generalisierung zum allgemeinen Merkmal der Bühnenwirklichkeit wird das Puppenmotiv zur **politischen Metapher**. Büchner verwendet dabei zwei Bildfelder des Motivs, die sich in der Ursache der Abhängigkeit unterscheiden. Das Bild der **Marionette** verweist auf die dirigierende Kraft einer übergeordneten Instanz und wird verwendet, wenn direkte Abhängigkeitsverhältnisse demonstriert werden sollen. So findet sich Leonce am Ende des Stücks als designierter König mit Taschen „voll Puppen und Spielzeug" (LL 124), über deren Schicksal er beliebig verfügen kann. Bei der Verwendung des **Automatenmotivs** werden dagegen vor allem verinnerlichte Zwänge angesprochen, die zu einem mechanischen Abspielen der vorbestimmten Rolle zwingen. Es fehlt zwar auf den ersten Blick eine Macht, die das Handeln des Individuums bestimmt, doch verdammt das mechanisierte Dasein, das Unregelmäßigkeiten im Ablauf nicht verkraftet, zu einer ähnlichen Unfreiheit wie die Fixierung an Fäden. Wie sich bei König Peter zeigt, führt jede Abweichung vom Protokoll unweigerlich in die „größte Verwirrung" (LL 102) und muss durch ein krampfhaftes Beachten des Zeremoniells – selbst bei Gefahr der Sinnentleerung – kompensiert werden. Die Übergänge zwischen den Bildfeldern verlaufen fließend, sodass sich die Polarität von Herrschaft und Abhängigkeit verwischt. Denn schließlich ist – so heißt es im *Hessischen Landboten* – auch der König in diesem unmenschlichen System nur eine fremdgesteuerte ‚Drahtpuppe'. Weniger ausgeprägt als noch in *Danton's Tod* entfaltet sich die **existenzielle Dimension** der Metapher, die Büchner auch im Fatalismusbrief zur Charakterisierung seiner Entfremdungserfahrungen verwendete: „Ich bin ein Automat; die Seele ist mir genommen." (P 378) Dieser Aspekt klingt in Leonce' Langeweile an, sofern diese als melancholischer Ausdruck eines Wissens um die Sinnlosigkeit des eigenen Seins verstanden wird und nicht bloß als Spezifikum einer privilegierten, der Arbeitsanstrengung enthobenen Klasse.

Das **komische Potential** des Puppenmotivs nützt Büchner, um die Abhängigkeitsverhältnisse in einem absolutistischen Miniaturstaat mit seinen Entscheidungsträgern, aber auch mit den gegängelten Untertanen dem Lachen preiszugeben. Denn wer aufgrund externer und interner Zwänge mangelnde Flexibilität zeigt, macht sich rasch lächerlich. Nicht zufällig beschreibt Henri Bergson in *Le Rire* den Widerspruch zwischen der mechanischen Erstarrung des Menschen und einer erforderlichen spontanen Lebendigkeit als Grundstruktur des Komischen. Der Mensch wird Bergsons Theorie zufolge in dem Maße belachbar, wie er seine Vitalität und Souveränität aufgibt und sich der Versteifung seiner Sprache, des Charakters, sogar des Körpers überlässt. Diese Belachbarkeit durch Fremdbestimmtheit entfaltet sich in *Leonce und Lena* – gemäß Büchners eigener Lach-Theorie – auf zwei Ebenen: Zum einen intendiert das Spiel ein **aggressives Verlachen** ‚des Hasses' dort, wo der Feudalaristokratismus durch seine Stellvertreter und Nutznießer auf die Bühne gebracht wird. Zum anderen aber ist es ein philosophisches **Mitlachen** darüber, dass alle Menschen ohne Ausnahme in ihrer Unzulänglichkeit gefangen sind, unterschieden nur durch die Fähigkeit, es sich bewusst zu machen. So erklärt sich auch die widersprüchliche Beurteilung der zentralen Figuren des Stücks: Einerseits sind sie durch ihre Rolle in einem verhassten System Gegenstand der Satire, andererseits aber als Menschen aus Büchners Poetik des Mitgefühls heraus gestaltet.

Deutlich zeigt sich dies bei der **Darstellung König Peters**, der wohl belachbarsten, doch keinesfalls verabscheuungswürdigen Figur des Stücks. Anlass zum Lachen gibt bereits das königliche Lever, Symbol der absolutistischen Repräsentanz, bei dessen Ankleideritual der beinahe nackte König das Denkpostulat der Aufklärung komödiengerecht pervertiert. Es nimmt sich wie eine Parodie der platonischen Forderung nach einem Philosophen-König aus, wenn das Staatsoberhaupt Teile seiner herrschaftlichen Garderobe philosophischen Termini zuordnet und sich mit diesem absurden ideengeschichtlichen Legitimationsmodell kleidet:

> Peter. (Während er angekleidet wird) Der Mensch muß denken und ich muß für meine Unterthanen denken, denn sie denken nicht, sie denken nicht. – Die Substanz ist das an sich, das bin ich. (Er läuft fast nackt im Zimmer herum.) Begriffen? An sich ist an sich, versteht Ihr? Jetzt kommen meine Attribute, Modificationen, Affectionen und Accidenzien, wo ist mein Hemd, meine Hose? – Halt, pfui! der freie Wille steht davorn ganz offen. Wo ist die Moral, wo sind die Manschetten? Die Kategorien sind in der schändlichsten Verwirrung, es sind zwei Knöpfe zuviel zugeknöpft, die Dose steckt in der rechten Tasche. Mein ganzes System ist ruiniert. (LL 102)

Dieses Denken für das Volk, die bloße Verwendung sinnsuggerierender Begrifflichkeit ohne die nötigen Denkprozesse, ist freilich ebenso Fassade wie die königliche Kleidung. Kants ‚freier Wille' (der im Hosenlatz zu einigen Deutungen anregt) wird mit Begriffen der Philosophie Spinozas und mit Fichtes Identitätsformel zu einem starren Pseudo-System kompiliert, das von der geringsten Abweichung zerstört zu werden droht. Allein in der Mechanik des Zeremoniells, im Symmetriezwang und in den vorausbestimmten Reaktionen seines Umfelds, liegt für König Peter die Sicherheit seiner eigenen Existenz. Nur ein pedantisches Beharren auf der festgelegten Ordnung garantiert Stabilität, jede Störung entnervt den Monarchen. Ist es in dieser Szene noch damit getan, Knöpfe anders zuzuknöpfen und die Dose umzustecken, muss die Abwesenheit des Brautpaars bereits verdrängt werden, da sie der Choreographie des Zeremoniells, die sogar Gefühlsäußerungen umfasst, widerspricht. Und doch ist der durchaus gutmeinende, aber unfähige Peter nicht eigentlicher Angriffspunkt der Satire. Die offensichtliche Dummheit macht ihn nicht hassenswert, denn sie „gehört zu den allgemeinen Eigenschaften der menschlichen Dinge" (P 378). Seine Hilflosigkeit, Überforderung, Inflexibilität und Amtsmüdigkeit sind lächerlich, jedoch in einer rührenden Weise menschlich

Abb. 23: Karl Walser: Illustration zu *Leonce und Lena* (Lithographie, 1910)

und nachvollziehbar. Unmenschlich und gefährlich aber ist das **politische System**, das mit solch schrulligen Versagern die verantwortungsvollsten Positionen des Staats besetzt. Mit Monarchen, die ihr Volk vergessen und deren gegebenes Wort, wie der Präsident in aller Servilität unbeabsichtigt entlarvend meint, „nichts ist" (LL 120). Mit einer unfähigen und devoten Marionetten-Regierung, die keinen Widerspruch gegen den noch so offensichtlichen königlichen Schwachsinn formuliert, keinen eigenen Standpunkt zu beziehen wagt und nur Vorgegebenes reproduziert. Das Funktionieren des Systems aber beruht vor allem auf der Kritiklosigkeit und Lethargie des Volks, das sich auf der untersten Stufe der Hierarchie stehend von dessen Handlangern gängeln lässt.

Insofern ist es auch verkürzt, die berühmte **Bauernszene** im dritten Akt lediglich als Schlaglicht auf die armselige Realität des sonst ausgeblendeten Volks zu sehen, das Mitleid mit den Verlierern des Systems hervorrufen soll. Der Auftritt sollte auch Lachen bewirken, doch nur bedingt über das auf der deutschen Bühne seit Jahrhunderten wohlbekannte rüpelhafte, handgreifliche, verfressene und versoffene Landsvolk. Dieser traditionelle Bauernspott wird zwar noch anzitiert (man vgl. etwa Brentanos Bauerndarstellung in *Ponce de Leon*), erhöht jedoch hier als zurechtgerücktes literarisches Klischee nur die Drastik der Situation. Denn tatsächlich konnte die erschütternde **soziale Misere** der entrechteten Bauern nicht viel wirkungsvoller ins Bild gerückt werden als in den anbefohlenen Ehrbezeugungen unter der Regie des kaum besser gestellten zynischen Schulmeisters. In der zermürbenden Hitze über Stunden zum Spalier gezwungen, zerlumpt, hungrig und mit billigem Schnaps sediert, sollten sie laut Programm „von freien Stücken reinlich gekleidet, wohlgenährt, und mit zufriedenen Gesichtern" ihre erbärmliche Situation überspielen und ihre Unterdrücker hochleben lassen, ja auch noch unter Androhung „rührende[r] Mittel" (LL 118) sich dankbar zeigen, so gestellt worden zu sein, dass sie einmal in ihrem Leben auch einen Braten aus der Schlossküche zu riechen bekämen. Doch trotz all dieser mitleiderregenden Umstände reizt die Situation durchaus zum Lachen, ein Lachen, das freilich im Hals stecken bleiben mag angesichts der bedrückenden Wirklichkeit. Verlacht wird nicht der triebhafte Materialismus, den man den Bauern traditionell unterstellt, sondern gerade die völlige **Selbstaufgabe und Verdinglichung**, die zum Erhalt des Systems Voraussetzung ist. Lächerlich ist die unwürdige Rolle, die die Bauern in ihrer Willfährigkeit spielen und sie zu völlig entmündigten Statisten verkommen lässt, zu willenlosen Befehlsempfängern, die nicht versuchen, ihre Lebensumstände zu ändern. Die subtilen Hinweise auf das revolutionäre Potential, die in diesem Zusammenhang angeführt werden (vgl. LL 520-523), sind wohl eher dem Bemühen der Forschung geschuldet, den Sozialrevolutionär Büchner auch in seinem Lustspiel deutlicher zu Wort kommen zu lassen. Ein Aufbegehren gegen die Unterdrückung ist bei den dressierten Bauern nirgends zu spüren.

Die **Unfähigkeit zu authentischer Kommunikation** als zentrales Thema der büchnerschen Sprachkritik ist verantwortlich für die Komik der Repliken in zwei gegensätzlichen Ausformungen, der lächerlichen Sprachverkümmerung und dem witzigen souveränen Spiel mit Worten. Die Degradierung der Rede zur Phrase war Büchner nach Zeugnis seines Mitschülers Luck schon früh ein Ärgernis: „Aufs tiefste verachtete er, die sich und andere mit wesenlosen Formeln abspeisten.“ (MA 374) Wesenlos wird das Wort, wo seine eigentliche Bedeutung in der gedankenlosen Anwendung verloren geht, wie in den eingedrillten Vivat-Rufen der Bauern oder in den philosophischen Formeln des Königs. Zumal in dieser Figur kommt Büchners Konzeption des Verhältnisses von Sprache und Bewusstsein am deutlichsten zum Ausdruck. Sprache ist unerlässlich als Konstitutionselement von Denkprozessen, die sich wesentlich aus Erinnerungsinhalten zusammensetzen. Doch das Denken wie das Erinnern sind dem Monarchen zum Problem geworden. Sein ‚running gag‘ „der Mensch muß denken“ ist ein nutzloser Imperativ an sich selbst, sein hilfloses Ringen um Worte lässt ihn den Sinn seines Redens vergessen. Mehr noch: Die **Fremdheit in der Sprache** destabilisiert auch das eigene Ich-Verhältnis: „Wenn ich so laut rede, so weiß ich nicht wer es eigentlich ist, ich oder ein anderer, das ängstigt mich.“ (LL 103) Am Sprachvermögen seiner Figuren thematisiert Büchner die Wichtigkeit einer authentischen Sprache, die es dem Menschen erst ermöglicht, seine eigene Lage kritisch zu reflektieren. Sie allein befähigt das Individuum, Wirklichkeit handelnd zu beeinflussen und zu verändern. In Descartes' mechanistischem Weltbild – so notierte sich Büchner in seinen Vorlesungsvorbereitungen – sind Tiere „nichts als seelenlose Maschinen, Automaten“ (P 225), da sie sprachlos seien. Ähnliches muss für den gesamten Hofstaat in Büchners Lustspiel gelten, in dessen Sprachdefiziten sich der Verlust des eigenen Willens spiegelt. Nicht zufällig verballhornt deshalb Valerio Leonce' Aufforderung, dem Staatsrat das „Geleite“ zu geben, zu einem „Geläute“ (LL 108), das er den stupid-willigen politischen Herdentieren umzuhängen gedenkt.

Wesenlos werden aber kann das Wort nicht nur im geistlosen Umgang, sondern auch im geistreichen **Spiel mit der Sprache**, in dem sich Leonce und Valerio als Meister erweisen. Beide zeichnet ein ausgeprägtes Formulierungstalent aus, sie nützen die Vieldeutigkeit der Sprache und variieren in schlagfertigen Wortwechseln die Stichwörter, die sie einander geben. Ihre Dialoge, zumeist ohne zielorientierten Sinn, lösen sich auf in bloßen Scheingesprächen monologischen Charakters. Entscheidungen wirken zufällig, denn sie ergeben sich aus der Lust am närrischen Spiel mit den Worten. Nicht bewusste Handlungen bestimmen die Gespräche, sondern Sprache selbst scheint das Geschehen zu beherrschen. Ist es das Vergnügen an der rhetorischen Arabeske, die das Gespräch bestimmt, so kann die Freude über eine gelungene Pointe den weiteren Verlauf der Handlung entscheidend beeinflussen. Das erklärt auch die seltsam anmutende Diskrepanz zwischen dem Ernst einer Situation und der spielerischen Auseinandersetzung mit ihr. So führt der Dialog zwischen Leonce und Rosetta scheinbar aus dem Nichts, aus einer plötzlichen Wende des Gesprächs, zum Ende der Beziehung. Die Flucht in das Sprachspiel, das Büchner seinem ungleichen Gespann in der Tradition der shakespeareschen Narren treiben lässt, gründet in einer Verweigerungshaltung zu den offiziellen Sprachregelungen. Besonders Valerio ist mit seinem Hang zur

Paronomasie, zum Kalauer und ausschweifenden Sprachspiel geradezu ein manischer Wortverdreher. Im Mittelpunkt seiner Äußerungen steht nicht mehr ein bestimmter Sachverhalt, der es lohnt, besprochen zu werden, sondern die Rede selbst, die durch ständiges Assoziieren beliebig fortgeführt werden kann:

> Valerio. [...] Kommen Sie jetzt meine Herren. Es ist eine traurige Sache um das Wort kommen, will man ein Einkommen, so muß man stehlen, an ein Aufkommen ist nicht zu denken, als wenn man sich hängen läßt, ein Unterkommen findet man erst, wenn man begraben wird, und ein Auskommen hat man jeden Augenblick mit seinem Witz, wenn man nichts mehr zu sagen weiß, wie ich zum Beispiel eben, und Sie, ehe Sie noch etwas gesagt haben. Ihr Abkommen haben Sie gefunden und Ihr Fortkommen werden Sie jetzt zu suchen ersucht. (LL 108)

Der Sprachwitz springt dort ein, wo „man nichts mehr zu sagen weiß", bleibt aber bei aller subversiven Kraft gegen das Normative letztendlich nur Ersatz für eine authentische Kommunikation, die imstande ist Wirklichkeit darzustellen.

Nur an einem Punkt des Stücks scheint zwischenmenschliche Verständigung tatsächlich ungebrochen möglich zu sein und herauszuführen aus der Unverbindlichkeit des Wortspiels oder dem Automatismus der Phrase. Der **Liebesdialog** zwischen Leonce und Lena in der letzten Szene des zweiten Akts wurde oftmals als authentischer Gefühlsausdruck gedeutet, als Moment des existenziellen Ernsts für den alles in Frage stellenden Prinzen, der zu seinem (zumindest kurzfristigen) Wandel hin zu einem mitfühlenden, liebenden Menschen führt. Tatsächlich scheint in Leonce' Feststellung am folgenden Morgen, „daß selbst der Geringste unter den Menschen so groß ist, daß das Leben noch viel zu kurz ist, um ihn lieben zu können" (LL 117), eine veränderte Einstellung anzuklingen. Doch schon im folgenden Hinweis auf die Konventionen schwächt sich dieser Eindruck ab, um sich in den letzten Sätzen des Spiels weitgehend zu verlieren. Letztendlich fügt sich auch dieses kurze Zwischenspiel ein in eine differenzierte, teils parodistische, teils korrespondierende **Aufarbeitung romantischer Vorstellungswelten**, die Büchner über Zitatmontage und literarische Anleihen in Erinnerung ruft, um ihr utopisches Potential zur Diskussion zu stellen. Explizit negativ markiert ist das Romantische dort, wo es ein kollektives Ehr- und Wertesystem berührt. Als „Lieutenantsromantik" tituliert Valerio Leonce' Versuch, sich aus Liebe umzubringen; der Prinz seinerseits verwirft Valerios ironischen Vorschlag, im Heldentum den Lebenssinn zu suchen, als „Alexanders- und Napoleonsromantik" (LL 116f., 109). Dem Lachen preisgegeben wird auch der unreflektierte Konsum romantischer Idealwelten am Beispiel der sentimentalen Gouvernante, die in grenzenloser Naivität das arkadische Fiktionsidyll mit Eremiten, Schäfern und ‚irrenden' Königssöhnen der enttäuschenden Lebenswirklichkeit vorzieht. Es ist dies eine unmissverständliche Warnung an den Rezipienten, sich nicht selbst mit dem klischeehaften Ablauf der Ereignisse in diesem romantischen Komödienkonzentrat zufrieden zu geben. Denn beinah aufs Stichwort tritt der ‚irrende Königssohn' auf, entdeckt in der lauen Mondnacht seine Wesensverwandtschaft zur unglücklichen Prinzessin und führt sie unangefochten zum Happy End. Dass die romantischen Topoi nur schöner Schein sind, der von den tatsächlichen Bedürfnissen der Wirklichkeit ablenkt, wird an den Bruchlinien des Wirklichkeitsentwurfs sichtbar, an den Stilisierungen, den selbstreflexiven Passagen, am Fiktionsbruch und an der offensichtlichen Literarizität ihrer Bestandteile. Die romantische Komödie entlarvt sich gleichsam selbst in ihrer Parodie als herrschaftsbewahrendes Sedativum der Phantasie.

Das bedeutet jedoch nicht, dass alle **romantischen Mythologeme** komisch gebrochen werden. Schon beim ersten Auftritt Lenas legt ihr Büchner Zeilen aus seinem Lieblingsvolkslied *So viel Stern' am Himmel stehen* in den Mund, Hinweis auf die Echtheit des hier entfalteten Leidens. Wo romantische Gefühlsintensität im Bereich des Privaten, des Zwischenmenschlichen Verwendung findet, wird sie nicht nachhaltig entwertet. Trotz der vielfachen poetischen Bezüge zu Shakespeare, Goethe oder Brentano ist die melancholische Todesästhetik in Leonce' und Lenas nächtlichem Gespräch legitimer Ausdruck ihrer Liebe. Wie im Motto des Akts vorweggenommen, hat Leonce eine Stimme vernommen, die ihn im tiefsten Inneren rührt und für einen Moment seine soziale Stellung und Situation vergessen lässt. Spätestens mit dem Schritt zurück ins Königreich Popo allerdings und der Legitimierung durch die Heirat wird diese Liebe wieder zur Staatssache und die Romantik in ihren Dienst gestellt. Das ‚glückliche' Ende bedient zwar die Erwartungshaltung, revidiert aber sämtliche vorangegangenen Versuche der beiden Titelfiguren, aus der vorbestimmten Rolle auszubrechen. Und nichts wird sich ändern, solange man darin die bessere Wirklichkeit sieht.

Die Strukturgesetze der traditionellen Komödie verlangen, dass die finale Spannung in eine harmonisch-heitere Lösung mündet, an der sich die Positivität des Erreichten bestätigt. Diese **Prädisposition der positiven Finalität** unterbindet (wie die Betonung des Spielcharakters) eine ausgeprägte emotionale Anteilnahme und schafft die nötige Distanz für eine komische Betrachtungsweise. Die Problematik dieses positiven Schlusses freilich ist nicht zu übersehen. Zum einen droht das Happy End als dramaturgische Notwendigkeit zum klischeehaften Formelement zu verkümmern und damit seine Glaubwürdigkeit und kritische Funktion der Gegenbildlichkeit zu verlieren. Zum anderen aber suggeriert der positive Schluss Lösbarkeit, wo die Realität sich unversöhnlich zeigt. Die Harmonie des Komödienausgangs kaschiert den gesellschaftlichen Missstand und verharmlost aktuelle Konflikte. Büchners Intention aber war es, die banale Schönfärberei zu unterminieren und den Blick auf die systembedingte Negativität der bestehenden Verhältnisse zu lenken. Auch im Finale seiner Komödie lässt sich deshalb seine Strategie der dekonstruktiven Aufarbeitung vorgegebener Strukturen verfolgen. Dem Schema des konventionellen romantischen Lustspiels folgend, strebt die Handlung zwar dem glücklichen Ende entgegen, doch hat die heitere Lösung einen schalen Geschmack. Nur für zwei scheint das **Happy End** tatsächlich ungetrübt zu sein: für König Peter, der sich nun ins Privatleben zurückziehen kann, und für den Opportunisten Valerio, der sich nach seiner Beförderung zum Minister blitzschnell die standesgemäße Arroganz aneignet: „Der arme Teufel Valerio empfiehlt sich Sr.

Exzellenz dem Staatsminister Valerio von Valerienthal. – ‚Was will der Kerl? Ich kenne ihn nicht. Fort, Schlingel!'" (LL 118). Leonce dagegen sieht sich eben den Rollenbildern, denen er entfliehen wollte, nämlich Ehemann und Herrscher, ausgeliefert; ebenso betrogen fühlt sich Lena, die damit endgültig verstummt. Eine nicht näher charakterisierte Vorsehung unterdrückt jedes individuelle Ausscheren, auch bei den Eliten. Der Ausgangspunkt ist wieder erreicht, die Komödie kann von vorne beginnen. So gewinnt die Antrittsrede des designierten Regenten, die die Tradition der Zuschauerwerbung am Ende der Vorstellung aufgreift, einen weiteren desillusionierenden Sinn:

> Leonce. (Zu den Anwesenden) Meine Herren, meine Gemahlin und ich bedauern unendlich, daß Sie uns heute so lange zu Diensten gestanden sind. Ihre Stellung ist so traurig, daß wir um keinen Preis ihre Standhaftigkeit länger auf die Probe stellen möchten. Gehn Sie jetzt nach Hause, aber vergessen Sie Ihre Reden, Predigten und Verse nicht, denn morgen fangen wir in aller Ruhe und Gemüthlichkeit den Spaß noch einmal von vorn an. Auf Wiedersehn! (LL 123)

Das Ende entpuppt sich als **Scheinschluss**, der das Spiel in die Wiederholung führt und derart die Ausweglosigkeit der Situation thematisiert. In der Reproduzierbarkeit der Handlung offenbart sich noch einmal die Erstarrung des gesellschaftlichen Lebens. Die Stellung des Menschen darin ist in der Tat traurig und kann durch das erschwindelte Happy End nicht übertüncht werden. Denn ein Ausbrechen scheint es am allerwenigsten für jene zu geben, die keinen Nutzen aus der Bestätigung des Bestehenden ziehen. Über die Kritik am Feudalabsolutismus hinaus aber richtet sich diese Offenlegung der gesellschaftlichen Mechanismen gegen die Determiniertheit des Menschen im Allgemeinen. Sie erklärt die alles bestimmende Langeweile, die sich durch die Monotonie des Immergleichen einstellt, und führt motivisch zurück zum Anfang der Komödie. Man fühlt sich rückblickend veranlasst, dem deklamierenden Leonce seine Verzweiflung abzukaufen, denn im deformierenden Zwang zur Wiederholung sind alle Mitglieder der menschlichen Gesellschaft gleich. Allerdings fällt Leonce noch die denkbar angenehmste Aufgabe des Spielleiters zu, der über seine Untertanen verfügen kann.

In dieser Pose entwirft er im abschließenden Dialog mit Lena und Valerio noch einmal ironische Machtszenarien, die ihm die absolutistische Herrschaft ermöglichen würde. Die Verdinglichung von Individualität zur gesellschaftlichen Rolle ist ihre Signatur: Schnurrbart und Säbel machen aus dem Untertan einen Soldaten für den potentiellen Kriegsherrn, ein Frack schafft einen Staatsmann für eine lächerlich kleinliche Duodezpolitik. Auch das Theater als Teil der höfischen Repräsentationskultur könnte der Souverän zu seiner Aufgabe machen. Doch nach diesem ironischen Überblick über seinen Handlungsspielraum als König gibt Leonce einen **utopischen Entwurf**, der es erlauben würde, aus den Zwängen von Zeit und Raum auszutreten und Heimat zu finden im künstlichen Sommer einer arkadischen Gegenwelt:

> Leonce. [...] wir lassen alle Uhren zerschlagen, alle Kalender verbieten und zählen Stunden und Monden nur nach der Blumenuhr, nur nach Blüthe und Frucht. Und dann umstellen wir das Ländchen mit Brennspiegeln, daß es keinen Winter mehr giebt und die uns im Sommer bis Ischia und Capri hinaufdestilliren, und wir das ganze Jahr zwischen Rosen und Veilchen, zwischen Orangen und Lorbeern stecken. (LL 124)

Mit diesem Sehnsuchtsbild verabschiedet sich Leonce. Das Schlusswort aber hat der Emporkömmling Valerio, der seine **parasitäre Lebensstrategie** des sinnenfrohen Müßiggangs mit den restriktiven Mitteln staatlicher Gesetzgebung zur Maxime erheben möchte:

> Valerio. Und ich werde Staatsminister und es wird ein Dekret erlassen, daß wer sich Schwielen in die Hände schafft unter Kuratel gestellt wird, daß wer sich krank arbeitet kriminalistisch strafbar ist, daß Jeder der sich rühmt sein Brod im Schweiße seines Angesichts zu essen, für verrückt und der menschlichen Gesellschaft gefährlich erklärt wird und dann legen wir uns in den Schatten und bitten Gott um Makkaroni, Melonen und Feigen, um musikalische Kehlen, klassische Leiber und eine kommode Religion. (LL 124)

Freilich ist es paradox, wenn die Untertanen durch repressive Maßnahmen zu einem arbeitszwangfreien Dasein gezwungen werden sollen. Denn ein Gesetz, das die Schmarotzerexistenz zur allein gültigen Lebensform erhebt, entzieht dieser die Nährbasis. Auch wenn dieses verordnete Paradies das Ideal einer Befreiung des Menschen aus den Alltagszwängen vermittelt, kann es nur eine positive Utopie für den sein, der sich aus den Verbindlichkeiten gesellschaftlichen Zusammenlebens stiehlt. Ob Leonce als neuer König diesen Weg begehen wird, bleibt offen.

4.6 Wirkungsgeschichte und künstlerische Rezeption

Danton's Tod und *Lenz* hatten in Gutzkow ihren ersten begeisterten Befürworter gefunden. Für Büchners Lustspiel allerdings hielt sich das Interesse des Publizisten, der eben selbst als Lustspielautor auf den Spuren Molières zu reüssieren versuchte, sichtlich in Grenzen. Als „schnell hingeworfener Versuch" würde *Leonce und Lena* das Potential des Autors nur „andeuten", meint der Herausgeber in seiner Einleitung, zu sehr erinnere es an die romantische Komödientradition, mit der es den „zarte[n] Elfenmährchenton", das „bühnenwidrige Mondscheinflimmern der Charakteristik" und das „lyrische Übergewicht der Worte über die Handlung" (LL 35) teile. Mit dem Urteil romantischer Weltentrücktheit war auch die erste Interpretationslinie vorgegeben. Die zweite wichtige Besprechung weist dreizehn Jahre später den Weg für eine andere Deutungsweise, wenn Wilhelm Schulz das Königreich Popo als „specifisch deutsche[n] Musterstaat" versteht und die zeitkritisch-satirische Tendenz des Stücks herausarbeitet: In den Romantizismen dekuvriere sich die selbsterhaltende Realitätsferne spätabsolutistischer Herrschaft auf Kosten der Untertanen. Beide Positionen verbindet Franzos, der *Leonce und Lena* als „harmlose, anmuthige Spielerei in Tieckscher Manier“ sieht, die nebenbei „den Monarchismus lustig und unbarmherzig geißelt“ (Beise/Funk 120).

Dieser scheinbaren Harmlosigkeit war es auch zu verdanken, dass das Lustspiel als erstes Büchnerstück inszeniert wurde. Denn da sich eine *Danton*-Aufführung für die sozialdemokratische ‚Freie Volksbühne‘ in Berlin als politisch zu gefährlich erwiesen hatte, markierte eine **Liebhaberaufführung** am 31. Mai 1895 durch den Münchner Verein ‚Intimes Theater‘ den schlichten Beginn der Bühnenrezeption von Büchners Werken. Ausführende Laiendarsteller der halbprivaten Freiluftveranstaltung unter der Regie Ernst von Wolzogens waren Schriftsteller wie Max Halbe, Franz Herzfeld, Otto Erich Hartleben oder Oskar Panizza, die zum Teil auch den Berliner Volksbühnen angehörten. Professionell wurde das Stück erstmals durch Ludwig Wolff im kleinen Wiener Residenztheater am 30. Dezember 1911 mit großem Erfolg in Szene gesetzt. Vier Wochen später kam es im Düsseldorfer Schauspielhaus in einer Fassung Gustav Lindemanns auf die Bühne, Ende 1913 schließlich auch in Berlin unter der Regie Victor Barnowskys, der das Lustspiel und *Woyzeck* an einem Abend brachte. Wurde in diesen Inszenierungen die sozialkritische Tendenz des Stücks weitgehend eliminiert, sorgte ihre gezielte Akzentuierung 1918 durch Richard Weichert in Mannheim für einen vieldiskutierten Theaterskandal. Seitdem hat sich *Leonce und Lena* als Repertoirestück auf deutschen Theatern gehalten und wird seit den 1920er Jahren immer häufiger auch international gespielt, mit unterschiedlicher heiter-romantischer, sozialkritischer oder existenzieller Schwerpunktsetzung. Bei den **Verfilmungen** allerdings fällt *Leonce und Lena* sowohl hinter die anderen Bühnenwerke als auch die Erzählung Büchners zurück. Neben den TV-Mitschnitten berühmter Inszenierungen, u. a. Fritz Kortners an den Münchner Kammerspielen (1964), Johannes Schaafs bei den Salzburger Festspielen (1975) und Robert Wilsons am Berliner Ensemble (2003), finden sich nur zwei Spielfilmproduktionen, Guy Lessertisseurs französische TV-Produktion *Léonce et Léna* (1969) und Erik Gruns *Leonce und Lena* (1995/2001).

Abb. 24: Szenenfoto zur Uraufführung (1895)

Auch die **literarische Rezeption** von *Leonce und Lena* steht weit hinter jener der anderen Büchner-Stücke zurück. Immerhin aber deutet sie sich bereits 1843 an, zum einen in einem Entwurf Georg Herweghs für sein nicht ausgeführtes Lustspiel *Der Kreuzkönig*, zum anderen in einer Übertragung des Lieds der Rosetta ins Englische durch Louise von Plönnies. Eine intensivere Auseinandersetzung mit dem Stück zeigt sich in Richard Voss’ Roman *Bergasyl* (1881) und in Oskar Panizzas Komödie *Der heilige Staatsanwalt* (1894). Von der zentralen Idee der

Maskenhaftigkeit sozialer Rollen holte sich Hugo von Hofmannsthal Anregungen für seine Komödie *Silvia im ‚Stern'*. Beispiele für eine kritisch-kreative Lektüre des Stücks finden sich vielfach in den Büchner-Preisreden, besonders bemerkenswert ist hier Christa Wolfs Rede *Von Büchner sprechen* (1980), in der sie aus Rosettas Bekenntnis „Meine Füße gingen lieber aus der Zeit" (LL 60) ein feministisches Geschichtsverständnis entwickelt, das leitmotivisch in ihrer Erzählung *Kassandra* (1983) wiederkehrt. Für Christof Nels Berliner *Leonce und Lena*-Inszenierung 1989 verfasste Thomas Brasch je zwei Gedichte und kurze Prosatexte, darunter die *Leoncegeschichte*, eine reizvolle Übertragung des Liebes- und Heiratsthemas ins Künstler- und Emigrantenmilieu heutiger Zeit. Lyrische Reflexe auf die *Leonce und Lena*-Lektüre stammen u. a. von Christian Ide Hintze (1987), erzählerische von Reinhard Gröper (*Leonce*, 1994). Darüber hinaus lässt sich so manche radikale Theateradaption der vergangenen Jahre wie Anna Maria Krassniggs *Chez Pipo – ein Leonce und Lena-Spiel* (2002) eher als eigenständige literarische denn als inszenatorische Arbeit verstehen.

Kein anderes Werk Büchners wurde so oft vertont wie seine Komödie, die sich allein schon strukturell, natürlich aber auch thematisch für eine Veroperung anbot. Der unkomplizierte, handlungsarme Aufbau, das Gewicht der dialogischen Sequenzen, das kompakte Bühnenpersonal, die überschaubare Szenengestaltung, die bereits im Text angelegten Liedsituationen luden ein zu einer **musikalischen Umsetzung**. Noch vor Bergs *Wozzeck* kam 1925 die im Jahr zuvor entstandene neoromantische Oper *Leonce und Lena* des Freiburger Komponisten Julius Weismann in seiner Heimatstadt erstmals auf die Bühne. 1931 vertont Hans Simon das Textbuch *Valerio* Theodor Ginsters [i.e. Hermann Kaiser], eine sehr freie Versbearbeitung mit dem Fokus auf der märchenhaften Karriere des ehemaligen Vagabunden. Im April 1938 war im Schönbrunner Schlosstheater die Uraufführung einer *Leonce und Lena*-Oper Erich Zeisls nach einem Libretto Hugo F. Königsgartens geplant, die durch die Machtergreifung der Nationalsozialisten unterbunden wurde (bis heute blieb das Werk des bedeutenden jüdischen Komponisten aus Wien unaufgeführt). Gleichfalls noch nicht aufgeführt wurden Will Eisenmanns *Leonce und Lena*, eine zwischen 1943 und 1945 im Schweizer Exil entstandene Opernadaption, und Fritz Behrends *Romantische Komödie* (1953). Nahe an der Vorlage bleiben die gleichnamige Kammeroper des DDR-Nationalpreisträgers Kurt Schwaen (1961) und die Fernsehoper Werner Haentjes (1963) nach eigenen Libretti, während die ‚Masque' *Blind Man's Buff* (1972) von Peter Maxwell Davies lediglich die dritte Szene des letzten Akts verwertet. Die wohl bekannteste **Opernadaption** des Stücks stammt von Paul Dessau nach dem Libretto Thomas Körners, der – mit Ausnahme des Endes – die Szenen in umgekehrter Folge reiht und damit das zirkuläre Fortschreiben der Machtverhältnisse, wie es der Schluss nahelegt, um den Aspekt des Rückschritts und der ‚verkehrten Welt' erweitert. Die posthum 1979 uraufgeführte, letzte musikdramatische Arbeit Dessaus überträgt vor allem in der Einleitungsmusik Büchners Zitattechnik ins Musikalische, wenn mit Carl Maria von Webers *Oberon* Klangstrukturen der deutschen Romantik aufgegriffen und mit den kompositorischen Mitteln der Wiener Schule weiterverarbeitet werden. Weniger Aufmerksamkeit erhielten bislang die Opern Franz Blaimscheins (1979), Thomas Hertels (1981) und Raimund Schwedelers. Durchaus erfolgreiche Premieren erzielten 1999 *Leonce és Lena* des ungarischen Komponisten János Vajda, 2000 Christian FP Krams *Leonce und Lena*, ein Auftragswerk der Leipziger Hochschule für Musik und Theater, sowie 2004 Christian Henkings im Auftrag des Berner Stadttheaterorchesters geschaffene gleichnamige Oper. Rolf Riehms erste Orchesterkomposition *Leonce und und ...* zur zweiten Szene des II. Akts, Paraphrase einer Bach-Fuge und uraufgeführt bei der EXPO 2000, ist als Teil einer letztendlich nicht ausgeführten Oper bereits 1966 entstanden. Ähnliches gilt auch für das *Lied der Rosetta* (1982/96) aus einem Opernprojekt Alexander Wagendristels. Noch beeindruckender wird das Ausmaß der musikdramatischen Bearbeitungen von *Leonce und Lena*, wenn man auch die Bühnenmusik hinzurechnet, von den frühen Kompositionen Hans Schindlers (Düsseldorf, vor 1918), Carl Orffs (Mannheim 1918), Hans Jelmolis (Jena 1921) oder Robert Müller-Hartmanns (Köln 1923) bis zu Herbert Grönemeyers Liedern zu eigenen Texten für Robert Wilsons Musical-Adaption (2003) oder dem Soundtrack von ‚Mouse Machine‘ zu Sascha Bunges Berliner Inszenierung für Jugendliche (2007). Mit Musik u. a. von Johann Strauß choreographierte Christian Spuck seine Ballett-Adaption des Stücks für das Essener Aalto-Theater 2008. Auch losgelöst von der szenischen Umsetzung inspiriert die Komödie, dies belegen Hanns Eislers *Tanzlied der Rosetta* (1919), Schwaens *Figurinen aus ‚Leonce und Lena‘* (1964), Beat Furrers a-capella-Vokalwerk *Stimme – allein* (1997) oder auch Michael Lentz' und Axel Kühns ‚Sprechakt‘ *Vielleicht* (2001).

Mit den vierfarbigen ganzseitigen Lithographien Karl Walsers, die 1910 in einer aufwändigen Ausgabe bei Cassirer in Berlin erschienen, wurde *Leonce und Lena* auch **als erstes Werk Büchners illustriert**. Lange Zeit dominierte die biedermeierliche Heiterkeit dieser Arbeiten, die die bittere satirische Grundierung des Lustspiels negiert, auch die Rezeption des Stücks. Bis zum Ende des Zweiten Weltkriegs scheint, abgesehen von Bühnenbildentwürfen und Theaterskizzen, keine weitere bildnerische Auseinandersetzung mit dem Stück erfolgt zu sein. Wie die übrigen Werke Büchners wird rasch nach Kriegsende auch das Lustspiel in hoher Stückzahl neu aufgelegt, versehen mit romantisierenden Zeichnungen von Claus Hansmann (1947). Zwei Jahre später erscheint eine schwedische Ausgabe mit Holzschnitten von Endre Nemes. 1968 veröffentlicht der ‚Ars librorum‘-Verlag eine bibliophile Ausgabe des Lustspiels mit Zeichnungen Imre Reiners, deren zarte, skizzierende Strichführung eine reizvolle Einheit mit dem lockeren Schriftsatz bildet. Eine Neuherausgabe des Stücks mit den Walser-Illustrationen in hoher Auflagenzahl 1982 (und 2002) durch den Insel-Verlag könnte mitverantwortlich sein, dass sich vergleichsweise wenige Künstler seither mit Büchners Komödie beschäftigt haben. Auf Ausnahmen wie Waldman, Leonhard und Eichner wurde bereits an anderer Stelle hingewiesen. Kindergerechte Illustrationen steuerte Katja Bandlow 2004 für eine Nachdichtung Beate Kirchhofs bei.

Zusammenfassung

Büchners Komödie *Leonce und Lena* entstand als Teil eines geplanten Dramenbands im Juni 1836. Für einen Lustspielwettbewerb des Cotta-Verlags traf es zu spät ein und wurde nicht berücksichtigt. Nach Überarbeitungen in Zürich rechnete der Autor kurz vor seinem Tod mit einer baldigen Veröffentlichung des Werks. Unsere Textkenntnis basiert auf den unautorisierten Drucken Karl Gutzkows und Ludwig Büchners sowie drei handschriftlichen Fragmenten. Die im Nachlass gefundenen autographischen Reinschriften sind ebenso verschollen wie die Abschriften Wilhemine Jaeglés und Luise Büchners.

Seine Nähe zur romantischen Komödie hatte dem Lustspiel den Vorwurf der Epigonalität eingebracht und lange eine kritische Auseinandersetzung verhindert. Tatsächlich bediente sich Büchner ausgiebig bei Texten Brentanos (vor allem *Ponce de Leon*), Mussets (*Fantasio*), Shakespeares, Tiecks und anderer Ideengeber aus dem romantischen Umfeld, um unter dem Tarnmantel eines konventionellen Unterhaltungsstücks mit den gesellschaftlichen Missständen der Restaurationsepoche abzurechnen. Über die Dekonstruktion des Modells durch eine Stilisierung der Gattungsmerkmale sollte dem Rezipienten die politische Farce einer spätabsolutistischen Monarchie vor Augen geführt werden. Anspielungen an die hessen-darmstädtische Herrschaft sind dabei unübersehbar, doch wird der konkrete Fall zur allgemeinen Systemkritik geweitet.

Auf der Flucht vor ihrer Hochzeit aus Staatsraison verlieben sich Prinz Leonce von Popo und Prinzessin Lena von Pipi, ohne die Identität des anderen zu kennen, ineinander. Damit sie vermählt werden können, arrangiert der opportunistische Lebenskünstler Valerio ein Maskenspiel für den schwachköpfigen König Peter. Die ‚Entlarvung' nach der gelungenen Täuschung zeigt jedoch, dass aufgezwungene und erwünschte Heirat eins sind. So muss sich Leonce in seine Rolle als neuer Herrscher des Landes fügen. Ob er als Opfer oder doch als Nutznießer des Systems zu sehen ist, entzweit nach wie vor die Interpreten. Beide Deutungen haben ihre Berechtigung, denn sie sind Ergebnis einer Personengestaltung Büchners, die die Figuren sowohl in einen öffentlichen als auch einen privaten Bewertungszusammenhang stellt.

Auf den deutschen, immer mehr aber auch auf den internationalen Bühnen konnte sich das Lustspiel durch seine Artifizialität, sein virtuoses Sprachspiel und seine tiefsinnige Leichtigkeit etablieren. Seine rigorosen Stilisierungen gaben dem absurden Theater Anregungen, als erstes Werk Büchners wurde es inszeniert (1895), illustriert (1910) und kein anderes wurde so oft vertont.

Weiterführende Literatur: Poschmann 1981, 1983; Berns 1987; Dedner 1987, 1990; Voss 1987; Wohlfahrt 1988; Drux 1990; Hiebel 1990, 1991; Fues 1992; Werner 1992; Hauschild 1993; Kafitz 2000; Beise 2002; D; Dörr 2003; Beise/Funk 2005.

5. Woyzeck

5.1 Entstehungskontext und historischer Hintergrund

Büchners in seiner Korrespondenz zum Monatswechsel Mai/Juni 1836 angedeuteter Plan, einen Band mit zumindest zwei brisanten ‚Ferkeldramen' vorzubereiten, bestätigt sich in den Entwürfen des *Woyzeck*-Projekts, das sich wie ein düsteres kompositorisches Gegenstück zu *Leonce und Lena* ausnimmt. Wird im Lustspiel der soziale und politische Überbau der ‚abgelebten modernen Gesellschaft' gezeigt, kommen in der Tragödie ihre **Ausbeutungsstrukturen und Opfer** aus der Unterschicht ins Bild. Die zerstörerische Arbeitsüberlastung ersetzt den zermürbenden Müßiggang der Privilegierten, die existenzielle Not den lähmenden Luxus, die psychische Deformation das gesuchte Narrentum, das Leiden an der Liebe das Spiel mit ihr, die (Selbst-)Zerstörung den Konformismus – doch das übergeordnete Thema vom **Ausgeliefertsein menschlichen Lebens** bleibt. Der unter Wahnvorstellungen leidende Franz Woyzeck, mittelloser Soldat und von Arbeit zu Arbeit hetzendes Faktotum, von seinen Vorgesetzten gedemütigt und von einem gefühlskalten Wissenschaftler als Versuchsobjekt missbraucht, verliert mit der Loyalität seiner Partnerin Marie die einzige Sinnperspektive seines armseligen Daseins. Unfähig sich zu artikulieren und getrieben von seinen Zwangsvorstellungen, sucht er in der Gewalttat an der Geliebten einen Ausweg – eine Aggression freilich, die letztlich wieder ihn selbst trifft. Kein moralisches Urteil wollte Büchner damit sprechen, sondern Einblick geben in die fatalen sozialdeterminierenden Umstände, die den seiner Freiheit beraubten Einzelnen zum Verbrecher werden lassen. Denn gerade an den Verlierern der Gesellschaft, an den Geächteten und Ausgegrenzten lässt sich das eigentlich Menschliche begreifen und darstellen, erläutert Lenz im Kunstgespräch von Büchners Erzählung und gibt damit unmissverständlich den poetischen Ansatz des Autors wieder:

> Man versuche es einmal und senke sich in das Leben des Geringsten und gebe es wieder, in den Zuckungen, den Andeutungen, dem ganzen feinen, kaum bemerkten Mienenspiel [...]. (L 37)

So ‚geringe' Personen wie Woyzeck und Marie, besitz- und bildungslose Angehörige der untersten Gesellschaftsschicht, wurden in der deutschen Literatur nie zuvor zu Hauptfiguren einer Tragödie. Denn seit ihren Anfängen war die Tragik den höheren Ständen vorbehalten, im Sturm und Drang zumindest noch den gebildeten bürgerlichen Schichten. Nun aber sind es die Parias der restaurationszeitlichen Gesellschaft, deren Verstrickung im Verhängnis ‚Jammer und Schaudern' erregen. Im mitfühlenden Abgleich mit ihrem Schicksal soll der Zuschauer zur Katharsis gelangen.

Ob Büchner direkt im Anschluss an die Fertigstellung der Wettbewerbsfassung seines Lustspiels mit dem *Woyzeck*-Projekt begann, ist nicht belegt. Der seinem Freund Boeckel mitgeteilte Zeitrahmen für die poetischen Arbeiten von sechs bis acht Wochen, also bis etwa Ende Juli 1836, könnte dies immerhin vermuten lassen. Viel Zeit aber blieb ihm freilich nicht dafür, denn bereits gegen Ende Juli scheint er mit der Arbeit an seinen Vorlesungsskripten begonnen zu haben. Vertraut man Ludwig Büchners oben zitiertem Hinweis, sein Bruder habe bereits vor dem September in Briefen von zwei fertigen Dramen gesprochen und bezieht diese Andeutung auf *Leonce und Lena* und *Woyzeck* (und nicht auf den verschollenen oder fiktiven *Pietro Aretino*), muss eine erste intensive Auseinandersetzung mit dem Stoff jedoch spätestens in den August fallen, zeitgleich mit seinen philosophiegeschichtlichen und naturwissenschaftlichen Vorbereitungen für die angestrebte Züricher Lehrtätigkeit. Tatsächlich wurde durch Tinten- und Papieranalysen (vgl. W 79–104) nachgewiesen, dass die **beiden Foliohandschriften** mit den ersten Szenenentwurfsreihen noch in Straßburg entstanden. Die **Handschriften in Quartformat** dagegen schrieb Büchner in Zürich, höchstwahrscheinlich erst nach seiner Probevorlesung am 5. November, die er in den vorangegangenen drei Wochen ausgearbeitet hatte. Trotz der zeitintensiven Vorarbeiten für seine ‚Zootomischen Demonstrationen' schaffte es Büchner in den folgenden 12 Wochen, die Überarbeitung von *Leonce und Lena* weitgehend abzuschließen, in *Lenz* einige Korrekturen einzufügen und *Woyzeck* in ein Stadium zu bringen, das ihn zuversichtlich machte, ihn in Kürze in den Druck geben zu können. Geht man davon aus, dass es sich bei den erhaltenen Autographen, die Schulz in seinem Nekrolog als beinahe vollendetes Drama wertet, tatsächlich um die letzte Arbeitsstufe handelt, dann wollte Büchner wohl direkt bei der Erstellung der Reinschrift die Textlücken füllen und unumgängliche Überarbeitungen vornehmen. Vermutungen, dass er noch vor seiner Todeskrankheit Abschriften von *Leonce und Lena*, *Woyzeck* und dem ominösen dritten Drama anfertigte oder anfertigen ließ und sie an einen Verlag schickte, wo sie verloren gingen, konnten bislang durch nichts erhärtet werden.

Abb. 25: Detail aus der Foliohandschrift (IV-2) mit Zeichnungen Büchners

Historische Justizfälle und andere Vorbilder

Wie in *Lenz* geht Büchner in seinem letzten Stück vom historischen Schicksal aus, das er in der Fiktionalisierung zu einem exemplarischen Psychogramm menschlichen Leids umgestaltet. Wie dort verknüpft er seine Analyse sozialer Existenzbedingungen und Wirkungszusammenhänge mit der aktuellen psychiatrischen Debatte um die pathologische oder moralische Grundlegung von Verhaltensauffälligkeiten und Normbrüchen. Aus mehreren authentischen, in der juristischen und (gerichts-)psychiatrischen Fachliteratur der folgenden Jahre zum Teil viel diskutierten Kriminalfällen nimmt Büchner seine Anregungen für die Handlung.

Offensichtlich ist dies beim Fall des obdachlosen abgedankten Soldaten und Gelegenheitsarbeiters **Johann Christian Woyzeck**, der am 2. Juni 1821 in Leipzig seine Geliebte, die 46-jährige Johanna Christiane Woost, ersticht und nach zweimaliger gerichtsmedizinischer Begutachtung seiner Zurechnungsfähigkeit durch Johann Christian August Clarus und der Ablehnung der Gnadengesuche am 27. August 1824 auf dem Leipziger Marktplatz **öffentlich hingerichtet** wird. Es war dies die erste Exekution in der sächsischen Messestadt seit 34 Jahren. Der Fall hatte Präzedenzcharakter und war Auslöser einer intensiven Debatte, die sich bis in die 1830er Jahre zog. Denn mit der Verurteilung des von Wahnvorstellungen heimgesuchten Mörders durch eine restaurative Justiz wurde demonstrativ Stellung bezogen gegen Liberalisierungstendenzen in Psychiatrie und Gerichtsbarkeit, wie sie seit der Jahrhundertwende zu beobachten waren. Streitpunkte in dieser über medizinische und richterliche Kompetenzbereiche hinausweisenden Kontroverse waren neben der Berechtigung der Todesstrafe vor allem die Beeinträchtigung der Schuldfähigkeit durch psychische Störungen und deren endogene oder exogene Ursachen. Dies steht im Zusammenhang mit der grundsätzlicheren Frage nach der Möglichkeit uneingeschränkter Willensfreiheit, die in der idealistischen Philosophietradition vorausgesetzt, in der materialistischen problematisiert wurde. Die Mehrheit der psychiatrischen wie auch der juristischen Theorien im frühen 19. Jahrhundert gründeten auf der idealistischen Ansicht einer vernunftgeleiteten **Selbstbestimmung des Menschen**, die ihn vom Tier unterscheide. Affektgeleitetes und dadurch vernunftwidriges Verhalten sei schuldhaft und zu bestrafen. Allerdings wurde mehrheitlich angenommen, dass psychische Krankheiten – auch wenn man deren Ursache nicht selten in sündhaften, moralisch zu verurteilenden Verfehlungen des Betroffenen sah – die Zurechnungsfähigkeit zumindest beeinträchtigen. Umstrittener dagegen war die Frage der Schuldfähigkeit bei psychischen Partialerkrankungen, die nur vorübergehend auftreten oder nur bestimmte Leistungsbereiche negativ beeinflussen. Eine auf dem materialistischen Denkmodell fußende gerichtspsychiatrische Theoriebildung sah den Willen des Menschen nicht durch eine vom Körper unabhängige Vernunft-Seele bestimmt, sondern abhängig von den Lebensumständen. Büchners Überzeugung, dass „es in Niemands Gewalt liegt, kein Dummkopf oder kein Verbrecher zu werden, – weil wir durch gleiche Umstände wohl alle gleich würden, und weil die Umstände außer uns liegen“ (P 378) rückt ihn in die Nähe dieses Ansatzes, der die Berücksichtigung auch partialer psychischer Störungen bei der Beurteilung der Zurechnungsfähigkeit forderte.

Abb. 26: Johann Christian Woyzeck (Lithographie, 1824)

Der **historische Woyzeck** hatte – wie sich im Laufe des Prozesses herausstellte – schon längere Zeit unter seelischen Störungen gelitten. 1780 in Leipzig als Sohn eines Friseurs geboren, verlor er bereits als Achtjähriger die Mutter. Nach dem Tod des Vaters, eines gebürtigen Polen, begann er 1793 eine Perückenmacherlehre. Stieftochter seines zweiten Lehrherrn war die mit einem Chirurgen verheiratete Johanna Christiane Woost, mit der er damals noch keinen näheren Umgang hatte. Ab 1798 zog er sechs Jahre lang als Geselle durch Deutschland und verdingte sich u. a. als Bedienter, bevor er nach Leipzig zurückkehrte. 1806 ließ er sich nach einer Gewalttätigkeit an seiner damaligen Geliebten als Soldat in einem holländischen Regiment (in dem auch Büchners Vater Sanitätsgehilfe war) anwerben und diente in den folgenden 12 Jahren in verschiedenen Armeen. Erste **Anzeichen einer Erkrankung** zeigten sich eigenen Angaben zufolge ab 1810 in Stralsund, wo die ‚Wienbergin‘ ein Kind von ihm zur Welt brachte und er sich um eine Legalisierung der Beziehung bemühte. „Da er nun immer mehr vexirt worden sey, da er auch von den Officiers mancherlei unverdiente Kränkungen habe erfahren müssen, und sich zugleich seiner beabsichtigten Heirath immer mehr Schwierigkeiten in den Weg gestellt hätten“ (C 275), kam es zu somatischen und psychischen ‚Zufällen‘. Von heftigem Zittern, Krämpfen, Herzstechen, depressiven Phasen, Aggressionsschüben, Konzentrationsschwächen, fixen Ideen (u. a. fühlt er sich von den Freimaurern verfolgt) und Halluzinationen wird er später Clarus berichten. In mecklenburgischen Diensten am Russlandfeldzug teilnehmend, erfuhr er, dass seine Geliebte sich „mit andern abgebe“ (C 266) und desertierte zu den Schweden, um zu ihr zurückkehren zu können, verließ sie und sein Kind aber später endgültig. Nach drei Jahren im preußischen Dienst nahm er 1818 seinen Abschied und begann in Leipzig eine Beziehung mit der verwitweten Woost, misshandelte sie aber wiederholt „wegen ihres häufigen Umganges mit Soldaten“ (C 267). In den folgenden Jahren versuchte er sich mit Gelegenheitsarbeiten durchzuschlagen, wechselte häufig seine Schlafstellen und verfiel zunehmend dem Alkohol. Auch psychische Probleme traten nun immer massiver auf. In der Untermiete beim Zeitungsträger Haase hörte er wieder Stimmen, die ihn u. a. zum Selbstmord auffordern; auch vermeinte er Geister zu sehen und zu spüren. Gegen Ende des Jahres 1820 bewarb er sich bei der Stadtgarnison, wurde jedoch, weil er keinen ehrenvollen Abgang beim Militär nachweisen konnte, abgelehnt. Wegen Diebstahls, später wegen einer Tätlichkeit an Woost büßte er einige Tage Arrest ab. Nach Ostern 1821 kaufte er sich eine abgebrochene Degenklinge und hörte dabei eine Stimme „Stich die Frau Woostin todt!“ (C 270), leistete ihr aber noch nicht Folge. Zu weiteren Misshandlungen kam es allerdings, so warf er seine Geliebte die Treppe hinunter, „als er sie mit seinem Nebenbuhler auf dem Tanzboden getroffen“ (C 270) hatte. Ab Ende Mai musste er, da ihm das Schlafgeld fehlte, im Freien übernachten und sich Verpflegung erbetteln. Für den Tag der Tat hatte ihm Woost ein Treffen versprochen, ihn aber wegen eines Soldaten versetzt. Am späten Nachmittag versah Woyzeck seine Klinge mit einem Heft, erstach Woost im Eingang ihres Wohnhauses und wurde wenig später gefasst.

Nur eine Woche später informierte der demokratische Publizist Johann Adam Bergk die Öffentlichkeit von der zeitweiligen psychotischen Beeinträchtigung des Mörders. Auf Antrag der Verteidigung beauftragte deshalb das Gericht den Leipziger Stadtphysikus **Clarus**, den Angeklagten psychologisch zu untersuchen. Nach fünf Unterredungen attestierte er Woyzeck volle Zurechnungsfähigkeit, da kein kranker Seelenzustand auszumachen sei, der die Selbstbestimmung aufhebe. Das daraufhin am 11. Oktober 1821 ausgesprochene Todesurteil, gegen das die Verteidigung Einspruch einlegt, wurde Ende Februar 1822 bestätigt. Ein Sondervotum des Kronprinzen gegen die Vollstreckung wurde vom König ebenso abgelehnt wie ein Begnadigungsgesuch. Doch wenige Tage vor dem Hinrichtungstermin meldete sich der ehemalige Vermieter Haase als Augenzeuge der ‚Verstandesverwirrung‘ Woyzecks und das Verfahren wurde wiedereröffnet. Anstelle eines unabhängigen Gegengutachtens bestellte man bizarrerweise erneut Clarus für die Untersuchung. Dass dieser kein Interesse daran hatte, sein eigenes Urteil in Zweifel zu ziehen, liegt auf der Hand. Er ergriff vielmehr die Gelegenheit, das offenere Konzept von psychischer Krankheit, wie es eine liberale Psychiatrie vertrat, am Fall Woyzeck in einer Weise zu widerlegen, dass sein Gutachten „bei Untersuchung und Bestimmung ähnlicher Fälle als Norm“ (C 296) dienen könne. An Woyzeck sei keine wirkliche Krankheit festzustellen, sondern nur eine entsprechende krankhafte Anlage, so Clarus’ wenig überraschendes Urteil, seine Halluzinationen seien physisch, nicht innerpsychisch bedingt. Darüber hinaus sei es dem Arzt nur möglich, über das Vorhandensein oder den völligen Verlust der freien Willensbestimmung zu entscheiden, nicht aber über deren Minderung. Partiale Störungen wie fixe Ideen seien also nicht zu berücksichtigen. Clarus’ zweites, am 28. Februar 1823 unterfertigtes **Gutachten** attestierte dem Angeklagten deshalb erneut eine uneingeschränkte Schuldfähigkeit und das Urteil wurde bestätigt. Der Antrag der Verteidigung auf ein Gutachten der medizinischen Fakultät Leipzig führte lediglich zu einer Bekräftigung von Clarus’ Expertise. So wurde Woyzeck im August 1824 in einem sorgfältig inszenierten Spektakel vor etwa 5000 Zuschauern enthauptet.

Schon im unmittelbaren Vorfeld der Hinrichtung publizierte Clarus sein Gutachten und hob im Vorwort die Bedeutung einer solchen „Handlung der strafenden Gerechtigkeit“ (C 260) hervor. Mitleid, vor allem aber die Bestätigung der „unverletzliche[n] Heiligkeit des Gesetzes“ soll die Todesstrafe bewirken, die an einem Menschen vollstreckt würde,

> der, durch ein unstätes, wüstes, gedankenloses und unthätiges Leben von einer Stufe der moralischen Verwilderung zur andern herabgesunken, endlich im finstern Aufruhr roher Leidenschaften, ein Menschenleben zerstörte [...]. (C 260)

Ein deutliches Signal an die radikal idealistische Psychiatrie ist es schließlich, wenn er – nicht unbedingt im Einklang mit seinem ‚rationalen‘ Untersuchungsansatz – Woyzecks Tat vorweg als logische Folge moralisch-sündhafter Verfehlungen darstellt, als Ergebnis von „Arbeitsscheu, Spiel, Trunkenheit, ungesetzmäßige[r] Befriedigung der Geschlechtslust, und schlechte[r] Gesellschaft“ (C 262). Der Anteil der sozialen Rahmenbedingungen an diesem gescheiterten Leben, die in der ausführlichen Anamnese so erschütternd konkret werden, wird dagegen nicht herausgearbeitet. Dass Clarus mit seiner Publikation Erfolg hatte, zeigt schon der nur ein Jahr später erfolgte Wiederabdruck des Gutachtens in der renommierten *Zeitschrift für die Staatsarzneikunde*. (Im selben Jahrgang hatte auch Büchners Vater ein psychologisches Gutachten veröffentlicht, das zum Freispruch eines angeklagten Soldaten beitrug.) Carl Moritz Marcs kritische ‚Beleuchtung‘ des Clarus-Gutachtens *War der am 27ten August 1824 zu Leipzig hingerichtete Mörder Johann Christian Woyzeck zurechnungsfähig?* löste 1825 eine **öffentliche Diskussion** aus, in der die konservative Position zunächst mehrheitlich Zustimmung fand und prominente Mediziner wie der Leipziger Professor Heinroth Clarus publizistisch den Rücken stärkten. Einige Jahre später allerdings, zur Zeit von Büchners Studium, häuften sich jene Beiträge, die in der Beurteilung eine Beihilfe zu einem – wie es der streitbare liberale Gerichtsmediziner Johann Baptist Friedreich 1835 drastisch formuliert – „schauderhaften Justizmord“ (W 432) sahen.

Schon bald wurde in diesem Streit als Beispiel ein weiterer gut dokumentierter Mordfall herangezogen, der ein ähnliches Profil aufwies und schon vor dem Woyzeck-Prozess zu Kontroversen um die psychiatrische und juristische Bewertung von Wahnsinnstaten geführt hatte: der Berliner **Fall Daniel Schmolling**. Auch Büchner scheint sich in den Akten so manche Anregung für seine Mordhandlung geholt zu haben. Der 38-jährige Tabakspinnergeselle hatte am 25. September 1817 der von ihm schwangeren Henriette Lehne eine so schwere Stichwunde zugefügt, dass sie am folgenden Tag verstarb. Der vom Opfer noch identifizierte Täter, der an den Tatort zurückgekehrt war und sich freiwillig gestellt hatte, gab bei den Vernehmungen an, „daß ihm der Gedanke, das Mädchen zu ermorden, gekommen sey, er wisse selbst nicht wie, und daß ihm dieser Gedanke keine Ruhe gelassen, bis er die That ausgeführt“ (W 301). Das psychiatrische Gutachten, das aufgrund des fehlenden Tatmotivs in Auftrag gegeben wurde, bescheinigte Schmolling zwar, die Tat infolge eines ‚verborgenen Wahnsinns‘, der womöglich auf eine somatische Erkrankung zurückzuführen sei, durchgeführt zu haben. Doch das Stadtgericht Berlin folgte dieser Argumentation nicht und verurteilte ihn wegen vorsätzlichen Mords zum Tod. Das Kammergericht mit dem gutachtenden Richter E.T.A. Hoffmann bestätigte dieses Urteil im Januar 1819, da Schmolling keinerlei Symptome des Wahnsinns gezeigt habe. Ein weiteres Gutachten, das auf die Möglichkeit weiterer Manifestationen dieses ‚verborgenen Wahnsinns' hinwies, erschütterte den Glauben an die Zurechnungsfähigkeit des Angeklagten immerhin soweit, dass Schmolling zu lebenslanger Zuchthausstrafe begnadigt wurde. Dass er 1825 einen Mithäftling im Streit tötete (und dafür 1828 hingerichtet wurde), heizte die gerichtspsychiatrische Kontroverse nicht unwesentlich an. Büchner könnte auf den Fall Schmolling nicht zuletzt über eine Publikation des Juristen Philipp Bopp zum **Fall des Mörders Johann Dieß** aufmerksam geworden sein. Der Leinenweber Dieß hatte im August 1830 in Darmstadt – seinem Verteidiger zufolge im „Zustande einer momentanen Verrücktheit" (W 433) – seine Geliebte erstochen, war zu 18 Jahren Zuchthaus verurteilt worden und 1834 in der Haft verstorben. Sein Leichnam wurde der Gießener Anatomieabteilung überstellt, wo Büchner ein Privatissimum über Vergleichende Anatomie besuchte und so vielleicht mit dem Fall auf dem Seziertisch bekannt wurde.

Wesentlich deutlichere Spuren in Büchners Drama hinterließ jedoch eine weitere von Bopp wieder publik gemachte Darmstädter Gewalttat, auf die die Forschung erst bei den Recherchearbeiten für die Marburger Edition aufmerksam wurde. Der **Fall Philipp Schneider** liefert als **zweite Strukturquelle** die Vorlage für etliche Gestaltungselemente, die sich auf die Fälle Woyzeck und Schmolling nicht zurückführen ließen und den Interpreten lange Zeit einiges Kopfzerbrechen bereitet hatten. Am Abend des Ostermontags 1816 hatte der 30-jährige Garnisonssoldat und gelernte Schuhmacher Schneider den jüdischen Buchdruckergesellen Bernhard Lebrecht unweit von Darmstadt mit seinem Schustermesser erstochen und war dafür am 8. Mai 1816 hingerichtet worden. Der aus Bischofsheim bei Mainz stammende Bauernsohn hatte nach seiner Darmstädter Lehrzeit seit 1803 in Frankfurt als Schustergeselle gearbeitet und war Vater eines unehelichen Kinds. 1813 wurde er, nachdem er mehreren Musterungsterminen ferngeblieben war, zwangsrekrutiert, nahm an einem Frankreichfeldzug teil, wo er sich wenig auszeichnete, und war ab 1814 im Garnisonsdienst, teils – wie auch in den drei Monaten vor der Tat – mit Freistellung, um in seinem Beruf zu arbeiten. Von Lebrecht hatte er sich insgesamt 135 Gulden zu einem empfindlich hohen Zinssatz entliehen und, als dieser die Gesamtsumme zurückforderte, den Mordplan gefasst. Unter dem Vorwand, Geld in seinem Heimatdorf zu besorgen, ging Schneider in der Osternacht mit Lebrecht nach Bischofsheim. Auf dem Rückweg am 15. April wartete er bis zum Einbruch der Nacht, versuchte seinen Gläubiger mit einem Stein zu betäuben, versetzte ihm über zwei Dutzend Messerstiche und ließ ihn sterbend am Waldrand zurück. Blutverschmiert wollte er in ein Wirtshaus einkehren, wo getanzt wurde, erhielt aber bereits auf der Treppe bei einem Tumult einen Schlag auf die Nase. So ging er zum Tatort zurück, entkleidete die Leiche, um die

Identifizierung zu erschweren, und versteckte sie. Später reinigte er auf der Wache Hände und Gesicht und gab das Blut als sein eigenes aus. Seine Kleider wusch er in einem Stadtteich und quartierte sich durchnässt in einem Wirtshaus ein. Die Leiche Lebrechts wurde am nächsten Tag von einem Barbier entdeckt. Da sich auch die Identität des Opfers bald klärte, wurde der Zusammenhang erkannt und Schneider in einer Gaststätte festgenommen.

Die Prozessakten, Berichte und gerichtsmedizinischen Abhandlungen zu diesen Fällen – zumal das zweite Clarus-Gutachten – schildern nicht nur die Mordtat und die Umstände einer möglichen psychischen Erkrankung, sondern geben auch einen aufschlussreichen Einblick in die ansonsten kaum dokumentierten **Lebensbedingungen der unteren Bevölkerungsschichten** in Deutschland, das im frühen 19. Jahrhundert vom Phänomen der Massenarmut gezeichnet war. Dass breite Bevölkerungsschichten sich kaum noch oder nicht mehr das Notwendigste zur Existenz erarbeiten konnten, spiegelt die desaströsen wirtschaftlichen und gesellschaftlichen Zustände in dieser Frühzeit der Industrialisierung. Nationalökonomische Theorien der Aufklärungszeit hatten in der schleichenden Verarmung eine Folgewirkung der überkommenen sozialen Strukturen des Spätfeudalismus mit ihren erschwerten Produktions- und Vertriebsbedingungen gesehen und angenommen, dass eine Reform des feudalen Systems nach marktwirtschaftlichen Kriterien diese Armut längerfristig verschwinden ließe. Doch die Auswirkungen der Napoleonischen Kriege, die nationale Zersplitterung, die steigende Bevölkerungszahl, die politische Rechtlosigkeit der bürgerlichen Klasse und der fehlende Kapitalfluss für eine gezielte Technologisierung ließen die deutschen Staaten in den ersten Jahrzehnten des 19. Jahrhunderts noch tiefer in die Rückständigkeit rutschen. Die **Massenarbeitslosigkeit** ermöglichte Lohndumping und ausbeuterische Arbeitsverhältnisse, sodass der Lebensstandard der unterprivilegierten Schichten zu Büchners Zeiten dramatisch sank und der Riss zwischen Arm und Reich immer tiefer klaffte. Wo schon der Verdienst einer Arbeit, die nur die nötigsten Ruhephasen erlaubte, kaum noch für eine entsprechende Versorgung und Behausung reichte, musste jede Destabilisierung der Verhältnisse zur Katastrophe führen. Nicht zufällig häufen sich in dieser Zeit auf Mangelernährung und untragbare hygienische Verhältnisse hinweisende **Krankheitsepidemien**, schnellt die **Selbstmordrate** nach oben, grassieren **Elendsalkoholismus, Bettelei und Kleinkriminalität**. Auch ein Großteil der vormärzlichen Publizistik beurteilte die Massenarmut als Übergangsphänomen, das sich längerfristig gesehen erledigen würde. Sozialrevolutionäre und frühkommunistische Bewegungen, wie sie Büchner in Straßburg kennen lernte, sahen diese Pauperisierung dagegen als konstitutives Merkmal der Industrialisierung selbst. Veränderungen der sozialen Misere waren nach Büchners Überzeugung denn auch nur über das revolutionäre Potential der materiellen Not möglich, durch die sich die „große Klasse“ von der „gebildete[n] und wohlhabende[n] Minorität“ (P 440) unterschied. Doch dazu musste diese Klasse selbst sich erst der Abhängigkeiten, die zur Verelendung führen, bewusst werden.

Abb. 27: Johann Christian August Clarus (Ölgemälde, um 1830)

Die sozialen Faktoren hatte Clarus in seinem **zweiten Gutachten** zwar präzise herausgearbeitet, die Verbindung zwischen ihnen und der psychischen Störung jedoch nicht gezogen, ja geradezu negiert. Schönfärberisch zeichnet der konservative Arzt in seinem Vorwort das Idyll einer harmonischen Gesellschaft voll „der Wohltaten einer gemeinschaftlichen Religion, einer seegensvollen und milden Regierung, und so mancher lokalen Vorzüge und Annehmlichkeiten des hiesigen Aufenthalts" (C 260), einer Gemeinschaft, aus der Woyzeck aufgrund seiner unmoralischen, normwidrigen Lebensweise durch eigenes Verschulden ausgestoßen wurde. Die Arbeitslosigkeit wird zur Arbeitsscheu umgedeutet, die aus finanziellen und rechtlichen Gründen nicht legalisierten Partnerschaften werden zur ungesetzmäßigen Triebbefriedigung und der soziale Abstieg zum frei gewählten Umgang in ‚schlechter Gesellschaft'. Aber auch die liberale Psychiatrie streifte den Kausalzusammenhang von **Armut, christlicher Moraldoktrin und Krankheit** in der Beurteilung des Falls allenfalls am Rande.

Büchner dagegen, der nach Aussage August Beckers die Ansicht vertrat, „es sei keine Kunst ein ehrlicher Mann zu sein, wenn man täglich Suppe und Fleisch zu essen habe" (HL 109), (re-)konstruiert diesen Zusammenhang und akzentuiert ihn im Fortlauf der Arbeiten ganz gezielt. Es schien ihm dabei instruktiver zu sein, Woyzeck nicht als den Vagabunden der Tatzeit darzustellen, sondern als Soldaten, der trotz **Arbeitsüberlastung und Selbstausbeutung** nicht aus der Armutsfalle findet. Offenbar ließen sich die gesamtgesellschaftlichen Ausbeutungs- und Unterdrückungsmechanismen, die den Einzelnen in die Entfremdung treiben, ihn entmündigen und psychisch deformieren, am Militärregiment exemplarisch darstellen. Denn der gemeine Soldat war – wie Büchner den Schausteller in der dritten Szene sagen lässt – „unterst Stuf von menschliche Geschlecht" (W 14), erkennbar an Uniform und Waffe, dressiert, Kommandos zu befolgen. Sein Tagesverdienst deckte kaum den eigenen Grundbedarf; an die Versorgung einer Familie allein mit diesem kargen Sold war nicht zu denken. Zuverdienstmöglichkeiten während der Freizeit im Rahmen und auch außerhalb des Diensts waren zwar möglich, doch dienten sie zynischerweise dem Kriegsministerium wieder als Argument gegen eine Solderhöhung. Zulagen innerhalb seines Dienstverhältnisses erhielt der fiktive Woyzeck offenbar für seine Barbierdienste für den Hauptmann, wohl auch für das Stöckeschneiden.

Sein Zuverdienst im außermilitärischen Bereich verschärft noch den Aspekt der **Ausbeutung durch die ‚gebildete und wohlhabende Minorität'**. Als Famulus des Professors kümmert sich Woyzeck um ein tierisches Versuchsobjekt, an dem gnadenlos spezifisches Verhalten demonstriert wird. Und für zwei Groschen täglich liefert er sich selbst zu Ernährungsexperimenten einem Arzt aus, für den der einzelne Mensch nur insofern von Interesse ist, als er dem Erkenntnisgewinn und der Bestätigung seiner Theorien dient. Mitgefühl ist der experimentellen Wissenschaft, die er personifiziert, fremd. Dass Büchner sich während des Studiums von der Humanmedizin abgewandt hatte, wird wohl in diesem Zusammenhang zu sehen sein. Wie die Forschung zeigte, gestaltet Büchner das **satirische Wissenschaftsbild** in seinem Drama über die Synthese eines vielfältigen Materials, das veraltete naturkundliche Klassifikationsbemühungen und eine darauf aufbauende spekulative Naturphilosophie ebenso umfasst wie modernere Ansätze, etwa die ernährungsphysiologische Experimentalwissenschaft und die somatische Psychiatrie. (Dedner 2000, 177-188) Die **Figur des Doktors** selbst zeigt Züge des Zoologen und Anatomen Johann Bernhard Wilbrand, der seit 1809 in Gießen lehrte. Wie Büchners Kommilitone Carl Vogt berichtet, gaben die überkommenen Lehrmethoden und Ansichten, das Systematisierungsfaible und die Schrullen des klapperdürren quirligen Professors den Studiosi genügend Anlass zur Unterhaltung. Dass er seinen Sohn zum Ohrenwackeln nötigte, um das Naheverhältnis von Mensch und Tier zu demonstrieren, greift Büchner in seiner Figurengestaltung ebenso auf wie seine zoologischen Sammelinteressen, seine idealistische Vorstellung von der Vorherrschaft der Vernunft über den Körper oder auch seine charakteristischen Wortwendungen. Zur grotesken Überbewertung der eigenen Forschungsergebnisse, die die Lächerlichkeit des Doktors unterstreicht, mag Büchner das seltsame, 1835 [1836] erschienene Buch *Chardons nancéiens* des Botanikers Louis Cincinnatus Séverin Léon Hussenot angeregt haben, der im Wahnsinn endete. Ein Zitatfragment in der Straßburger Handschrift belegt, dass er dieses Konglomerat aus fachwissenschaftlichen Beschreibungen der lothringischen Flora, räsonierenden Glossen zum Wissenschaftsbetrieb, bissigen Anekdoten und nicht selten bizarren gesellschaftskritischen Überlegungen zur Entstehungszeit des Dramas gelesen hatte.

Die **Ernährungsexperimente** dagegen, mit denen der Doktor eine Erkrankung seines Probanden offenbar gezielt hervorruft, gehören zum empirischen Instrumentarium einer modernen physiologischen Forschungsrichtung, die im Gießener Professor Justus Liebig einen ihrer prominentesten Vertreter finden sollte. Entgegen früheren Annahmen allerdings werden die Versuchsreihen des Pioniers der Agrikulturchemie wohl nicht direktes Vorbild für Büchners Figurengestaltung gewesen sein, beschäftigte sich dieser doch während Büchners Studienzeit noch überwiegend mit elementaranalytischen Untersuchungen. Immerhin aber könnten seine vieldiskutierten Forschungen Büchners Interesse auf ernährungsphysiologische Tier- und Menschenversuche gelenkt haben, wie sie in deutscher und französischer Fachliteratur vorgestellt wurden, so etwa Versuchsanordnungen zur Harnstoffkonzentration bei einseitig pflanzlicher bzw. animalischer Nahrung oder Experimente zur Nährwertanalyse, um kostengünstige Alternativnahrungsmittel zu entwickeln (vgl. Roth 2000). Das eigentliche Interesse des Doktors dürfte aber nicht bei den physischen Auswirkungen der Mangelernährung oder bei den nationalökonomischen Perspektiven liegen, sondern bei den seelischen Reaktionen, wie seine Begeisterung über Woyzecks psychischen Verfall nahelegt. Damit rückt auch jener psychiatrische Ansatz ins Blickfeld, der **seelische Störungen als Folgeerscheinung körperlicher Probleme** sah. Über die gezielt gesundheitsschädigende Beeinflussung des Verdauungsapparats durch Diäten sollten Wahnvorstellungen hervorgerufen werden, deren Ursachen somatisch nachweisbar sind. So menschenverachtend dieses Humanexperiment auch fraglos ist, thematisiert es innerliterarisch die Bedeutung sozialer Faktoren bei der Beurteilung von Schuldfähigkeit.

5.2 Überlieferung

Ein abgeschlossenes *Woyzeck*-Drama ist uns nicht überliefert. Sämtliche den Anschein von Ganzheit erweckenden Lese- und Bühnenfassungen gehen auf ein Autographenkonvolut zurück, das sich in Büchners Sterbezimmer fand und zunächst in den Besitz Wilhelmine Jaeglés überging. Es besteht aus drei Handschriften auf dünnem Maschinenpapier zu vier einander ergänzenden, sich teils überschneidenden bzw. einander ersetzenden Entwürfen. Eine bereits **in Straßburg entstandene Handschrift im Folioformat**, die die ersten Szenenabfolgen enthält, umfasst auf 5 Doppelblättern die beiden Teile **H1** (Doppelblatt I, II sowie vier Zeilen auf III) und **H2** (III–V). Im **Quartformat sind die beiden Züricher Handschriften H3** (ein Einzelblatt mit den beiden womöglich zuletzt entstandenen Szenen) und **H4** (6 Doppelblätter, angeordnet in 3 Lagen zu je zwei Doppelblättern). Deren Anfang (1. Lage) weist annähernd den Charakter einer Reinschrift auf, vor allem bei den beiden ersten Szenen. Auch die zweite Lage ist noch weitgehend sorgfältiger geschrieben als H1 und H2, die dritte Lage dagegen zeigt überwiegend eine ähnliche Konzepthaftigkeit wie die Foliohandschriften.

Insgesamt **49 Szenenentwürfe oder zumindest -skizzen** überliefert uns das Autographenkonvolut. Nach Abzug der in Zürich vorgenommenen Streichungen von Autorhand bleibt immerhin noch ein Textkorpus von 36 Szenen, die bei den Editionsbemühungen in verschiedenen Lese- und Bühnenfassungen zum Teil recht unterschiedlich angeordnet, miteinander verschmolzen bzw. vereinzelt auch verworfen wurden. Es folgt eine tabellarische Synopse des überlieferten Materials: Fett gedruckt sind die ungestrichenen Szenen, kursiv jene, deren Positionierung in H4,1–17 bzw. H1,14–21 nicht gesichert ist; die Stellung von H3,1 ist ein Vorschlag des Verfassers (vgl. S. 169).

H1	H2	H3	H4
	1 Freies Feld		**1 Freies Feld**
	2 Die Stadt		**2 Marie (mit ihrem Kind am Fenster) Margreth**
1 Buden. Volk	**3 Oeffentlicher Platz. Buden. Lichter**		**3 Buden. Lichter. Volk**
	4 Handwerksbursche		
2 Das Innere der Bude	**5 Unterofficier. Tambourmajor**		
3 Margreth, (allein)			
			4 Marie, sitzt, ihr Kind …
			5 Der Hauptmann. Woyzeck
			6 Marie. Tambour-Major
			7 Marie. Woyzeck
	6 Woyzeck. Doctor		**8 Woyzeck. Der Doctor**
	7 Straße. Hauptmann. Doctor		**9 Hauptmann. Doctor**
4 Der Casernenhof	8 Woyzeck. Louisel		**10 Die Wachtstube**
5 Wirthshaus			**11 Wirthshaus. Die Fenster offen, Tanz**
6 Freies Feld			**12 Freies Feld**
7 Ein Zimmer. Louis und Andres			**13 Nacht. Andres und Woyzeck in einem Bett**
8 Kasernenhof			
		1 Der Hof des Professors	
9 Der Officier, Louis			
10 Ein Wirthshaus. Barbier. Unterofficier			**14 Wirthshaus. Tambour-Major. Woyzeck**
11 Das Wirthshaus. Louis			
			15 Woyzeck. Der Jude
12 Freies Feld			
	9 Louisel, allein. Gebet		**16 Marie (allein, blättert in der Bibel.)**
13 Nacht. Mondschein. Andres und Louis			**17 Kaserne. Andres. Woyzeck**
14 Margreth mit Mädchen			
15 Margreth und Louis			
16 Es kommen Leute			
17 Das Wirthshaus			
18 Kinder			
19 Louis, allein			
20 Louis an einem Teich			
		2 D. Idiot. D. Kind. Woyzeck	
21 Gerichtsdiener. Barbier. Arzt. Richter.			

H1 gibt vermutlich den ersten übergreifenden Entwurf für das Stück wieder, der bereits die wesentlichen Momente des Handlungsverlaufs vorstellt. In (nach Lehmanns bis heute gebräuchlicher Zählung) **21 Szenen** von unterschiedlichem Ausarbeitungsgrad wird die **Eifersuchtsmordgeschichte** um einen simplen, offensichtlich verwirrten Soldaten und seine Geliebte, hier noch Louis und Margreth, relativ kompakt erzählt. Sie beginnt mit der grotesken ‚Spiel im Spiel'-Situation einer Schaubudenvorstellung, bei der Margreth das Interesse eines Unteroffiziers weckt, und führt über Bilder des ersten Verdachts, der Bestätigung und Louis' psychotischer Reaktion darauf sowie einer in dieser Form etwas aus dem Handlungsrahmen fallenden Rasurszene zum (nur hier geschilderten) Tathergang: Louis führt Margreth vor die Stadt, ersticht sie, macht sich im Wirtshaus verdächtig, kehrt zur Leiche zurück, die inzwischen – offenbar durch Ohrenzeugen der Tat – entdeckt wurde, flieht vor den sich nähernden Leuten und versucht daraufhin in einem Teich die Mordwaffe zu entsorgen und das verdächtige Blut abzuwaschen. Die Handschrift endet mit der nur angedeuteten Strafverfolgung. Manche Textsequenzen wie die Wirtshausszene nach dem Mord sind bereits vollwertig ausgestaltet, andere weisen Lücken zur weiteren Ausarbeitung auf oder beschränken sich auf eine Kernaussage, die für einen noch nicht formulierten Rede- und Geschehenszusammenhang steht. In der elften Szene, in der sich Louis mit seinem Kollegen Andres vor einem Wirtshaus unterhält, reiht Büchner mehrere Alternativvarianten als verfügbares Textmaterial direkt untereinander. An H1 anschließend erweitert Büchner in der neun Szenen umfassenden Entwurfshandschrift **H2** den ersten Teil seiner Handlung mit einer **Profilierung des sozialen Umfelds**, an dem die Abhängigkeitsverhältnisse deutlicher sichtbar werden. Doktor, Hauptmann, Nachbarin, Kind stocken den Personalstand des Stücks erheblich auf, Franz Woyzeck erhält seinen Namen, seine Geliebte heißt nun Louise und wird zur begehrenswerten Schönheit. Ein Großteil der Szenen weist bereits ausgearbeitete Dialoge auf, so die wichtigen Auftritte, die uns über die Experimente des Doktors informieren oder die Woyzeck als Spielball der Launen des Hauptmanns bzw. im Streitgespräch mit Louise zeigen. Die letzte Szene des Entwurfs, ein Gebet Louises, bricht nach dem ersten Satz ab (und wird erst in H4 ausgearbeitet). Aufschlussreich ist, dass in diesem Konzeptstadium nun deutlicher als zuvor der Eifersuchtsmord – im Gegensatz zu Clarus' Position – nicht auf ein „Uebergewicht der Leidenschaft über die Vernunft" (C 294) zurückgeführt wird. Schon von Beginn an wird in zwei Szenen vielmehr klargestellt, dass der Protagonist an einer **psychischen Erkrankung** leidet, konkreter und in heutiger medizinischer Terminologie: Symptome einer paranoiden Schizophrenie zeigt.

Diesen Dramenauftakt übernimmt Büchner in Handschrift **H4**, die nach einer zumindest mehrwöchigen Schaffenspause offenbar als **Versuch der Finalisierung** begonnen wurde, aber nicht über **17 Szenen** hinauskam. Nach den Szenen auf dem freien Feld und beim bzw. nach dem Zapfenstreich lässt Büchner eineinhalb Seiten Raum für die Budenszene, die er wohl später auf Basis des Materials in H1 (1, 2) und H2 (3, 5) erstellen wollte. Neu sind die Szenen 4 (Woyzeck überrascht seine Geliebte, die nun Marie heißt, mit den geschenkten Ohrringen), 5 (Rasur des Hauptmanns) und 6 (Maries Stelldichein mit dem Tambourmajor), dann greift Büchner mit der Auseinandersetzung zwischen Woyzeck und Marie, der Doktorszene sowie der Straßenszene, deren Ende er zur Überarbeitung offen lässt, wieder auf H2 zurück. Ab H4,10 orientiert er sich wieder an H1, unterzieht die ausgewählten Szenenentwürfe jedoch einer gründlichen Überarbeitung. Die Kasernenhofszene wird ins Innere verlegt, die erste Wirtshausszene (u. a. mit Ideen aus H2,4) massiv erweitert, die Darstellung der Halluzinationen auf freiem Feld verdichtet und in der Nachtszene mit Andres werden die Krankheitssymptome verstärkt. In der neu entworfenen Szene H4,14 verwendet Büchner für den Streit zwischen Woyzeck und dem Tambourmajor authentische Formulierungen aus dem Clarus-Gutachten. Auch die Beschaffung des Messers und Woyzecks rührende Sichtung seiner Habseligkeiten, nach der die Handschrift abbricht, fügt Büchner neu hinzu. Für die dazwischen liegende Szene mit Marie als Büßerin knüpft er an eine Idee in H2,9 an. Wohl während der Arbeit an H4 kennzeichnet er die Szenen 4–7 und 9–10 von H1 sowie 1, 2, 4, 6, 8 und 9 von H2 mit einem Strich als eingearbeitet und somit hinfällig. Das editionsphilologisch vieldiskutierte **Quartblatt H3** bietet mit ‚Der Hof des Professors' und ‚Der Idiot. Das Kind. Woyzeck' zwei nicht zusammenhängende szenische Einfälle, die als spät verfasste Ergänzungen zum bereits vorhandenen Material wohl in der Druckvorlage Berücksichtigung gefunden hätten. Allerdings hätte Büchner bei der Integration der ersten dieser Szenen die durchkomponierte Handlungsfolge von H4 an nicht klar zu bestimmender Stelle aufbrechen müssen.

Von Gutzkow um alles, „was Sie von Büchner haben" (W 137), gebeten, schickt Jaeglé zwar Abschriften von *Leonce und Lena*, *Lenz* und etlichen Briefen, nicht aber das *Woyzeck*-Fragment. Die Gründe dafür sind nicht bekannt. Vielleicht scheiterte Büchners Verlobte bei einer möglichen Transkription daran, aus dem vorhandenen Material eine druckfähige Fassung zusammenzustellen, vielleicht zögerte sie auch mit einer weiteren Sendung, da Gutzkow sich bereits mit der Publikation der anderen Arbeiten einigermaßen Zeit ließ. Bei den Vorbereitungen zur Werkausgabe 1850 befinden sich die Autographen schließlich im Besitz der Familie Büchner, ohne dass eine Übergabe dokumentiert wäre. Ludwig und Alexander Büchner machten sich an die **Transkription** dieses „bürgerlichen Trauerspiels ohne Titel", zu einer Veröffentlichung in den *Nachgelassenen Schriften* kam es allerdings noch nicht. In seiner Einleitung konstatiert Ludwig, dass die Handschriften „zum größten Theile mit blasser Tinte geschrieben und durchaus unleserlich" seien und weist auch auf ein strukturelles Problem hin: „die einzelnen Scenen, die entziffert werden konnten, sind durch das Ausfallende so wenig unter einander in Zusammenhang zu bringen, daß nichts davon in der Sammlung mitgetheilt werden konnte" (B 40). Womöglich haben ihn aber auch inhaltliche und ästhetische Gründe von einer Aufnahme in die Werkausgabe abgehalten; dies scheint er zumindest Karl Emil Franzos gegenüber angedeutet zu haben. Dieser nahm die Entzifferung des Werks 1875 in Angriff, nachdem er sämtliche Unterlagen, darunter wohl auch die Transkriptionen von H4 und H3,1, von Ludwig Büchner zugesandt bekommen hatte. Teile seiner Arbeit präsentierte er noch im selben Jahr als Vorabdruck in der Wiener ‚Neuen Freien Presse' und beschrieb die Transkriptionsschwierigkeiten aufgrund der unleserlichen Handschrift des Autors und der Tintenblässe, der er mit einer Schwefel-Ammoniak-Lösung abzuhelfen versuchte. 1878 veröffentlicht er den gesamten Text als **Journaldruck** in der Wochenschrift für Literatur und Kunst *Mehr Licht!*, 1880 in seiner **Gesamtausgabe** der Werke Büchners. Der dabei verwendete Titel *Wozzeck* beruht auf einer Fehllesung und sollte sich – wie viele andere falsche Transkriptionen und auch eigenmächtige Umgestaltungen und Zusätze – vier Jahrzehnte lang halten (noch Alban Berg wird ihn wider besseres Wissen für seine Oper verwenden), denn erst 1920 (Georg Witkowski) und 1922 (Fritz Bergemann) revidierten nach philologischen Kriterien erstellte Ausgaben die Ergebnisse der als ‚kritisch' deklarierten Edition Franzos'. Seine problematische Szenenanordnung mit dem vorangestellten Gespräch von Hauptmann und Woyzeck beim Rasieren konnte sich sogar in einzelnen Editionen bis in heutige Zeit halten und ist noch in Werner Herzogs berühmter Verfilmung zu finden. Auch die unzulässigen Um- und Hinzudichtungen des österreichischen Schriftstellers am Dramenende, dem er mit einem ertrinkenden Woyzeck eine völlig andere Richtung gab, bestimmen bis heute die Vorstellungen zum Handlungsverlauf und werden durch etliche neuere ‚Lektürehilfen' weiter prolongiert.

5.3 Quellen und Einflüsse

Zur Entstehungszeit des Dramas konnte Büchner damit rechnen, dass der Fall Woyzeck zumindest in Fachkreisen noch gut bekannt war. In der Bevölkerung wird die spektakuläre Hinrichtung zwar den Leipzigern in Erinnerung geblieben sein, über Sachsen hinaus aber hätte der Name des Titelhelden, zumal bei den Jüngeren, wohl selten Assoziationen geweckt. So war er offenbar 1850 auch Büchners Brüdern kein Begriff mehr, denn in ihrer Teiltranskription geben sie den Namen mit ‚Wozzuk' bzw. ‚Wotzuk' wieder. Erst 1914 wurde die Forschung auf den historischen Prozess und Übereinstimmungen mit **Clarus' zweiten Gutachten** *Die Zurechnungsfähigkeit des Mörders Johann Christian Woyzeck* aufmerksam. Inzwischen konnte dieses maßgebliche Gutachten als (zumindest ab dem zweiten Konzeptionsstadium) **wichtigste inhaltliche und strukturelle Quelle** festgemacht werden. Sie prägt die verschiedenen Entwurfsstufen – und hier vor allem die Themenbereiche Eifersucht, psychische Erkrankung und Mord – in unterschiedlicher Weise und begleitet den Entstehungsprozess durchgehend. In H1 verarbeitet Büchner vor allem Informationen zu den letzten Monaten vor der Tat, im folgenden Entwurf H2 greift er dagegen Aspekte aus dem Leben des 30-jährigen Woyzeck in Stralsund und Ereignisse aus seinem Soldatendasein auf, in H4 fließen Angaben aus beiden Lebensabschnitten in die Gestaltung ein und in H3 verwendet

Büchner Krankheitssymptome, die Clarus nicht zuletzt bei seinen Besuchen am Inhaftierten konstatiert.

Um die Tat als simplen Leidenschaftsmord erklären zu können, war es Clarus an der Herausarbeitung des **Eifersuchtsmotivs** besonders gelegen. Auch jene Angaben Woyzecks, die sein Gutachter unter der Teilüberschrift ‚Vorfälle beim Zeitungsträger Haase' (C 278ff.) resümiert, werden vor allem unter diesem Gesichtspunkt gedeutet. Büchner baut aus diesem Abschnitt wesentliche Stützen des Handlungsgerüsts seines **Erstentwurfs**, allerdings mit spezifischem Interesse für die Wahnvorstellungen, die motivisch auf die Gewalttat vorausdeuten. Auffällig ist, dass er die **psychische Destabilisierung** zunächst noch als alleinige Folge der emotionalen und sexuellen Kränkung durch Margreth vorstellt und dafür sogar den zeitlichen Ablauf einer Referenzstelle abändert. Woyzeck habe – so referiert Clarus die Aussagen – zur Zeit der Kirmes in einer Nachbargemeinde sich vorgestellt, dass seine Geliebte

> dort mit einem anderen zu Tanze seyn könne. Da sey es ihm ganz eigen gewesen, als ob er die Tanzmusik, Violinen und Bässe durcheinander höre, und dazu im Takte die Worte: Immer drauf, immer drauf! […] Am andern Tage habe er gehört, daß die Woostin wirklich mit einem andern in Gohlis gewesen sey, und sich lustig gemacht habe! (C 280)

Louis dagegen sucht, gequält von seinem Verdacht, das Wirtshaus auf, beobachtet seine Geliebte mit dem Nebenbuhler (wird jedoch nicht handgreiflich wie sein historisches Pendant wenige Wochen vor der Tat) und wird daran anschließend von Mordvisionen heimgesucht (H1,4–8). Eingang in die Dramatisierung finden darüber hinaus so markante Details wie die schizophrene Aufforderung zum Totstechen, die Halluzinationen und Unruhezustände, die mit einem Soldaten geteilte Schlafstätte oder der Plan, sich der späteren Mordwaffe zu entledigen. In **H2** arbeitet Büchner **biographisches Material** aus Woyzecks Militärzeit ein, das seine psychischen Probleme als Symptome einer bereits länger andauernden Krankheit zeigt, ohne dass Clarus es als aussagekräftig genug gewertet hätte; so vor allem seine paranoiden Freimaurerphantasmen. Zugleich komprimiert Büchner für seine Figurengestaltung Woyzecks historische Lebensumstände eines Jahrzehnts: Die erfahrenen Kränkungen durch die Offiziere kommen ins Spiel, ein uneheliches Kind, die Gelegenheitsarbeiten, die in der Komprimierung zum unmittelbaren Nebeneinander eine Atmosphäre der Gehetztheit schaffen. In der ersten Szene von **H3** – und das macht sie trotz aller Schwierigkeiten der Positionierung so wichtig im Handlungszusammenhang – wird der Fokus auf die **körperlichen Anzeichen der Krankheit** gelegt: Tremor, Pulsunregelmäßigkeiten, Schwindelanfall. Clarus stellte diese Symptome noch als vernachlässigbare Zeichen der Aufregung und Angst vor der Befragung dar und – da lediglich einer Anlage zur ‚Vollblütigkeit' bzw. ‚venösen Constitution' geschuldet – als nicht relevant für den psychischen Zustand des Angeklagten (C 286). Büchner dagegen zeigt sie unmissverständlich als Kennzeichen einer somatischen Krankheit, die gezielt „seit einem Vierteljahr" (W 20) durch Mangelernährung herbeigeführt wurde. Auch bei der Niederschrift von H4 lässt sich der Autor für neu hinzugefügte Teile weiterhin durch das Gutachten inspirieren, so vermutlich bei der Darstellung des Messerkaufs oder der Ordnung seiner dürftigen Habseligkeiten. Für die Wirtshausszene H4,14 nimmt Büchner sogar wörtliche Anleihen bei Ereignissen aus dem Jahr 1820, als sich Woyzeck in einem Streit mit einem Hausbesitzer, den er beleidigt hatte, demütigen ließ und in der Folge seine Unterkunft verlor.

Ob Büchner auch Clarus' erstes Gutachten vom 16. September 1821 kannte, das dieser 1826 in überarbeiteter Form ebenfalls in der *Zeitschrift für Staatsarzneikunde* abdrucken ließ, lässt sich nicht mit Sicherheit sagen, auch wenn einige Hinweise darauf hinzudeuten scheinen. Unklar ist auch, welche Texte er aus der **gerichtspsychiatrischen Debatte** um den Fall Woyzeck und dem weiterführenden fachwissenschaftlichen Diskurs tatsächlich eingesehen hat, denn konkrete Übernahmen lassen sich im Drama nicht festmachen. Etwaige Parallelen sind stets auf das Clarus-Gutachten zurückzuführen. Durchaus vorstellbar ist, dass er Marcs Kritik am Clarus-Gutachten ebenso kannte wie Heinroths Entgegnung und Marcs zugleich an Heinroth und Clarus gerichtete Streitschrift *Die Zurechnungsfähigkeit des Mörders J.C. Woyzeck betreffend.* Auch die eine oder andere Schrift der bedeutenden Gegner einer konservativ-idealistischen Psychiatrie wie Johann Christian August Grohmann, Friedrich Nasse oder Johann Baptist Friedreich, wie sie die Marburger Ausgabe in Ausschnitten vorstellt, könnte Büchner gelesen haben. Noch unsicherer ist die Bestimmung von Büchners Lektürehorizont im **Fall Schmolling**, den Büchner nach gängiger Forschungsmeinung wohl erst über den Fall Dieß durch Philipp Bopps Aufsatz *Zurechenbarkeit oder nicht?* (1836) kennengelernt hat. Präzisere Informationen könnte er dann Ernst Horns *Gutachten über den Gemüthszustand des Tobackspinnergesellen Daniel Schmolling* (1820) entnommen haben, vielleicht auch Julius Eduard Hitzigs fünf Jahre später veröffentlichter Dokumentation des Prozesses. Allerdings sind nicht wenige der früher diesem Fall zugeschlagenen Anregungen für das Drama nach der Entdeckung der zweiten bedeutenden Strukturquelle, Bopps kommentierter Neuauflage eines Berichts über den Darmstädter **Mordfall Schneider**, neu zu überdenken. Büchner verwertete die Ereignisse, die als unmissverständlich vorsätzliche Tat keine Beachtung in den wissenschaftlichen Debatten gefunden hatten und im Band *Meuchelmord* der kurzlebigen Zeitschrift *Bibliothek gewählter Strafrechtsfälle* 1834 wiederabgedruckt wurden, vor allem in der nur in H1 überlieferten Tötungssequenz. Deutlich ließ er sich von Lokalität, Zeit und Tathergang inspirieren, von den Wirtshausbesuchen nach dem Mord, den Ausflüchten des blutbefleckten 30-jährigen Schneider, der Rückkehr zum Opfer, den Versuchen, die Spuren in einem Teich zu beseitigen sowie von den Umständen der Entdeckung der Leiche. Nur über diese Quelle erklärt sich auch die Figur des Barbiers in H1, die für nicht wenig Verwirrung bei den Interpreten gesorgt hatte, da sie in einer späteren Entwurfsstufe mit dem Titelhelden teilweise verschmolz. Es ist anzunehmen, dass Büchner in einer abschließenden Fassung auch beim Dramenschluss für Eindeutigkeit gesorgt hätte.

Die **literarischen Quellen** zum *Woyzeck*, die hinter die historischen zurücktreten, unterscheiden sich nicht gravierend von denen seiner beiden anderen Theaterstücke. Auch hier sind es vor allem dramatische Arbeiten Shakespeares, Goethes und Lenz', wohl auch Klingers, Schillers und Grabbes, Prosawerke E.T.A. Hoffmanns, Tiecks, Jean Pauls, Heines und Justinus Kerners sowie Lyrik, u. a. von Konrad Pfeffel und Achim von Arnim, die Anregungen geliefert haben. Ludwig Büchners literarische Kategorisierung des Fragments als bürgerliches Trauerspiel ist allenfalls im Sinne einer Dekonstruktion zutreffend. Der erotisch problematisierte Standesunterschied zwischen einer jungen Frau und ihrem Verführer als Charakteristikum dieser Gattung wird ins plebejische Umfeld verlegt, das Augenmerk liegt auf dem psychisch kranken Betrogenen und der ethische Anspruch einer sich vom Adel distanzierenden Bürgerlichkeit weicht dem nackten Überlebenskampf der ‚working poor'. Wesentlich mehr Parallelen als zu Werken wie Lessings *Emilia Galotti* oder Schillers *Kabale und Liebe* finden sich deshalb zu Goethes *Faust* und Lenz' *Soldaten*, die selbst bereits die traditionellen Handlungsschemata aufweichen. Mit den *Soldaten* teilt *Woyzeck* nicht nur die Dynamisierung des Handlungsablaufs durch Kurzszenen und die Semiotisierung des Körpers, sondern u. a. die Verführung Maries durch Soldatengeschenke und die zunehmende Ohnmacht und Sprachlosigkeit der Erniedrigten, die in selbstzerstörerische Aggression umschlägt. Anregungen für die Gestaltung Maries (die in H1 noch Margreth heißt) erhält Büchner offenbar auch von Goethes Gretchen, wie die naive Freude am Verführungsschmuck und die Schuldgefühle wegen der Versündigung bei beiden Figuren nahelegen. Gelernt haben Goethe und Lenz unverkennbar bei Shakespeare und dieser ist in vielfältiger Weise auch im *Woyzeck* präsent. Die von Ohrenzeugen belauschte Ermordung der Geliebten lässt natürlich an *Othello* denken, der auch Vorbild sein könnte für die intrigante Denunziation von Maries Fehltritt und für Woyzecks Eifersuchtsgrübeleien. An *Macbeth* erinnert das imaginierte Messer, das ebenso wie der verräterische Blutgeruch ein schauerliterarisches Mittel der Vorausdeutung auf die Gewalttat ist, oder auch Woyzecks Waschzwang, der die Wahnvorstellungen der Lady Macbeth paraphrasiert. Auch auf verschiedene Anlehnungen an *Hamlet*, *King Lear* und *Julius Caesar* hat die Forschung hingewiesen.

Größere Bedeutung als in allen anderen Werken Büchners hat in *Woyzeck* die **Volkskultur**, das kulturelle Repertoire der unteren Bevölkerungsschichten: die von Büchner geliebten ‚unverfälschten' Volkslieder aus mündlicher Überlieferung, Bibelgeschichten und -zitate, Kirchenlieder, Kinderreime, Märchen. Motive aus verschiedenen Märchen, wie sie von den Brüdern Grimm nacherzählt wurden (*Die drei Raben*, *Die Sterntaler*, *Von dem Teufel mit den drei goldenen Haaren*, *Das singende, springende Löweneckerchen* u. a.) finden sich in der Geschichte der Großmutter und in den Anmerkungen des Narren.

5.4 Aspekte der Forschung

Kein anderer dramatischer Text der deutschen Literatur hat zu so unterschiedlichen editionsphilologischen – und damit verbunden interpretatorischen – Ergebnissen geführt wie Büchners *Woyzeck*, kein Stück ist in so unterschiedlichen Fassungen verbreitet. Seit Franzos' Bemühungen um eine Präsentation des fragmentarischen Textbestands als les- und aufführbares Ganzes ist jeder Herausgeber mit denselben Schwierigkeiten konfrontiert, die strukturelle Belange ebenso umfassen wie sprachliche und inhaltliche.

Vorrangiges Problem ist dabei nach wie vor das **Arrangement des Textmaterials**, das in den Entwurfsstufen überliefert ist. In den frühesten Ausgaben dominierte der von verschiedenen Interessen geleitete Gestaltungs- und Deutungswille der Herausgeber. Sie erstellten in Ermangelung einer autorisierten Fassung eine eigene, mit weitreichenden Konsequenzen für die Rezeptions- und Wirkungsgeschichte. Auch Bergemann, der (zwei Jahre nach Witkowski) 1922 zunächst eine wissenschaftliche Neuedition mit einer handschriftbasierten Szenenanordnung vorlegte, versuchte vier Jahre später in seiner über Jahrzehnte maßgeblichen Ausgabe den Text mit fragwürdigen Umstellungen möglichst effektvoll in Szene zu setzen. Seit Lehmanns Edition dominiert dagegen die Ansicht, dass jegliche Textkonstitution von H4 als jener zusammenhängenden Entwurfsstufe auszugehen hat, an der Büchners beabsichtigte Gesamtkonzeption in ihrer letzten (verfügbaren) Ausformung sichtbar wird. Schließlich gibt es keine Hinweise darauf, dass die chronologische Anordnung der hier überlieferten 17 Szenen bei der Erstellung einer Druckvorlage noch substantiell umgestaltet worden wäre. Lediglich ein Einschub (H3,1), der die soziale Determiniertheit akzentuiert, scheint geplant gewesen zu sein. Die radikalen Umstellungen früherer Editionen (Franzos, Landau, Bergemann), die die zeitliche und handlungslogische Komposition zerrissen, setzten sich dagegen über die an H4 ablesbare Autorintention hinweg. Nur so konnte *Woyzeck* zum Modellfall für das ‚offene Drama' (Klotz) werden. Als unerlaubt müssen desgleichen auch Verschmelzungen des Textmaterials von H4 mit dem der übrigen Überlieferungsträger gelten, wenn an den betreffenden Stellen in H4 kein Platz für eine weitere Ausgestaltung freigelassen wurde bzw. die alternativen früheren Entwürfe mit einem Strich als überholt gekennzeichnet sind.

Umstritten sind bei der **Erstellung einer Lese- und Bühnenfassung** weiterhin vor allem drei strukturelle Bereiche:

1) der Umfang der ergänzenden Eingriffe dort, wo Büchner (wie bei den Szenen 3 und 9) mit einer Arbeitslücke in H4 anzeigte, dass das vorhandene, nicht gestrichene Material in H1 und H2 zumindest noch überarbeitet gehört;
2) die Integration von Textteilen aus H1 und H2, die von Büchner nicht gestrichen, aber auch nicht in H4 aufgenommen wurden, und die Szenenanordnung von H1 als Weiterführung von H4;
3) die Bewertung und Positionierung der auf dem Quartblatt überlieferten Szenen H3,1 und H3,2.

ad 1: Den durch den Tod des Dichters unterbrochenen **Arbeitsprozess ‚fortzusetzen'** und die Leerstellen mit unterschiedlichen Kontaminationen zu füllen, ist editorischer Usus und eine Notwendigkeit, versteht man den *Woyzeck* nicht bloß als philologisches Betätigungsfeld, sondern als einen Text für Leser und Zuschauer. Gerade aber in H4,3 führt die ‚Auffüllung' je nach Auswahl und Anordnung der verfügbaren Texteinheiten zu recht unterschiedlichen Ergebnissen, von denen sich noch keines als verbindlich etablieren konnte. Weniger Spielraum bleibt bei der Szene H4,9, die üblicherweise nach einer ergänzten Regieanmerkung mit dem Rest von H2,7 abgeschlossen wird.

ad 2: Versuche, weitere nicht oder etwaige versehentlich gestrichene Szenen von H1 in eine **integrative Lese- und Bühnenfassung** einzuarbeiten, sehen die Szenenabfolge in H4 als nicht verbindlich an und unterwandern deren Zeitkontinuum und Handlungsstringenz. Dabei sind auch diese integrativen Textkonstitutionen wieder selektiv und greifen nur einzelne Szenen auf (so nimmt Poschmann in seine ‚kombinierte Werkfassung' die Szenen 3 und 8, nicht aber 11 und 12 aus H1 auf). Ohne zwingenden Grund wird darüber hinaus noch in etlichen Editionen auch die Szenenabfolge von H1,14–21 durch Umstellung der ‚Kinderszene' geändert.

ad 3: Einen Streitfall stellt das **Quartblatt** schon in der **Benennung** dar; denn da zumindest teilweise nach H4 entstanden, gingen einige Forscher dazu über, die seit Bergemann und Lehmann üblichen Siglen der beiden Quarthandschriften zu vertauschen.[2] Verknüpft damit sind Überlegungen zu den Auswirkungen auf das Gesamtkonzept, wenn das Blatt nicht (wie früher zumeist angenommen) später verworfene Alternativentwürfe überliefert, sondern zum Vorhandenen bewusst dazukomponierte Zusätze. Zu weit gehen wohl jene Stimmen, die aus diesen Nachträgen auch eine autorgewollte Revision der Handlungsabläufe in H4 und im Schlussteil von H1 ableiten. Von den beiden ergänzenden Szenen, die das Blatt bietet, sorgt zumal die wichtige Szene ‚Der Hof des Professors' für Diskussionen. Lange Zeit wurde die Figur des Professors, der nur im ersten Teil dieser Szene in Erscheinung tritt, trotz der faktischen Unmöglichkeit aufgrund der räumlichen Distanz von Dachfenster und Hof mit der des Doktors identifiziert und über diese Widersprüchlichkeiten der Entwurfscharakter begründet. (Bergemann) Auch zur **dramaturgischen Verortung der Szene** im konstruierten Stückganzen gibt es noch keine Einigung. Lehmann positioniert sie inhaltlich wenig schlüssig nach der ‚Testamentszene', da er die Szenenabfolge von H4 für verbindlich erachtet, Poschmann stellt sie an das Ende der Arbeitslücke für die Budenszene, Mayer und Dedner verzichten in ihren früheren Ausgaben – noch unter der inzwischen überholten Annahme, die Szene sei vor H4 entstanden – gänzlich auf sie. In der Mar-

2 Im Einklang mit der Marburger Ausgabe (vgl. W 155) wird hier die eingebürgerte Bezeichnung H3 verwendet, auch wenn die Argumente für eine Umbenennung (vgl. Knapp 2000, Poschmann 2008) durchaus Gewicht haben und eine einheitliche Regelung wünschenswert wäre.

burger Ausgabe schließlich wird aus handlungslogischen Gründen und nicht zuletzt aufgrund der Ergebnisse der Tintenanalyse die Empfehlung gegeben, sie zwischen H4,9 und H4,10 einzufügen. Weniger Möglichkeiten der Platzierung bieten sich für die Szene H3,2, die nur nach Woyzecks Kleiderreinigung im Teich eingefügt werden kann, üblicherweise also vor H1,21 positioniert wird, zuweilen auch danach; auch als Ersatz für diese Schlussszene wäre sie denkbar. Freilich: Eine endgültige Einigung auf eine verbindliche les- und spielbare Fassung ist so schnell nicht zu erwarten. So ist es auch bezeichnend, dass mit der Marburger Ausgabe die aktuellste wissenschaftliche Edition auf die Erstellung einer ‚Lese- und Bühnenfassung' verzichtet und sich mit einem ‚Emendierten Text' begnügt; lediglich im Kommentar werden Empfehlungen zur Szenenanordnung gegeben.

Vergleicht man die heutigen Editionen, so weichen sie auch im Wortlaut aufgrund **unsicherer Lesungen** voneinander ab. Büchners kaum leserliche Handschrift, sein Hang zu Abkürzungen und Verschleifungen sowie die Entwurfhaftigkeit der meisten Textteile, in denen so manches nur angedeutet ist, machen jeden Entzifferungsversuch zur Herausforderung. Trotz der großartigen Transkriptionsleistungen und Rechercheerfolge der Büchnerforschung werden auch weiterhin Stellen in H1,11, H2,2–5 und 7 sowie H4,7 und 11 unklar oder zumindest unsicher bleiben. In den Lese- und Bühnenfassungen zeigt sich dies an den verschiedenen Lösungen in der Budenszene, bei der Konfrontation zwischen Woyzeck und Marie, bei der Straßen- und der Wirtshausszene. Aber auch dort, wo Wortlesungen prinzipiell als geklärt akzeptiert wurden, können sich **unterschiedliche Schreibweisen** ergeben, da oftmals nicht klar zwischen den Schriftabkürzungen Büchners und den bewussten individualsprachlichen Redeverkürzungen seiner Figuren zu unterscheiden ist. Der **Entfall von Buchstaben** am Wortende (Apokope) oder im Wortinneren (Synkope) kann demnach als schreibökonomisch oder flüchtigkeitsbedingt angesehen und dementsprechend normalisiert werden. Er kann aber auch als sprachliches Charakteristikum verstanden werden, das wiedergegeben werden muss. Zusätzliche Brisanz erhalten diese Unklarheiten im graphischen Befund durch die im Hessischen ausgeprägte Tendenz zur Apokope. Je mehr die Editoren die handschriftlichen Abbrechungskürzel als graphisch markierten **dialektalen Endsilben- und Endlautschwund** verstehen, desto deutlicher wird in den jeweiligen Ausgaben das mundartliche Gepräge der Figurensprache (man vergleiche etwa die teils stark mundartlichen Fassungen der Münchner und der Frankfurter Ausgabe mit der sehr zurückhaltenden Fassung der Marburger Ausgabe). Zweifellos setzte Büchner dialektale Ausformungen zur sozialen Charakterisierung seiner Figuren ein. Gegen eine allzu umfassende mundartliche Auslegung fehlender Buchstaben spricht allerdings die inkonsequente Durchführung (gerade die als Reinschrift konzipierten ersten Szenen von H4 weisen in Woyzecks Repliken vergleichsweise wenig Abbrechungen auf) ebenso wie die Tatsache, dass sich ähnliche Abbreviationsmuster auch in Büchners philosophischen Vorlesungskonzepten finden lassen. Weniger überzeugend ist dagegen gerade bei *Woyzeck* eine Argumentation, die sich gegen „ästhetisch abstoßende" (Dedner 1999, 199) Dialektformen ausspricht.

5.5 Analyse

Um das Revolutionäre an Büchners *Woyzeck*-Fragment für die Weltliteratur zu erfassen, ist es unerlässlich, sich ein Bild dessen zu machen, was man unter einer Tragödie ,im traditionellen Sinn' zu dieser Zeit zu verstehen hatte. Das zentrale Element der Tragödientheorien seit der aristotelischen Poetik ist das **Leid eines Einzelnen**, das unterschiedliche Voraussetzungen und Auswirkungen hat. Der sozial und/oder moralisch hochstehende Leidende aus Mythos, Geschichte oder (selten) Gegenwart kann schuldhaft oder durch die Umstände in sein notwendiges Verhängnis stürzen, er kann bewusst oder unbewusst bei der Verfolgung eines unterschiedlich lohnenden politischen oder privaten Ziels scheitern. In seinem heroischen Kampf mit dem Schicksal aber entfaltet sich stets die **markante Individualität** des sich selbst treu bleibenden Helden. In seinem Untergang zeigt er eine tragische Größe und gewinnt durch seine standhafte, selbstbewusste Haltung im Unglück den Respekt, wenn nicht das Mitgefühl oder auch die Sympathie des Rezipienten. Nicht selten eröffnet sich in der persönlichen Katastrophe ein höherer Sinn, an dem das Wesen des Seins, oder weniger pathetisch: die Normativität einer Gesellschaft sichtbar wird.

Woyzeck aber ist eine Tragödie ganz anderer Art. Hier gibt es kein selbstbestimmtes Handeln, keine prinzipielle Entscheidungsfreiheit, keine tragische ,Fallhöhe' des Titelhelden, denn er ist bereits am Boden; ja im Grunde ist nicht einmal ein pathetischer Umschwung eines besseren in einen verhängnisvollen Zustand in diesem Stück auszumachen. Woyzeck ist von Beginn an ein Getriebener, der konsequent seiner **Selbstvernichtung** entgegenläuft ohne je eine faire Chance bekommen zu haben, die Dinge zu seinen Gunsten zu ändern. Gefangen in einem vernichtenden Systemzusammenhang identitätsfeindlicher sozialer, wirtschaftlicher und privater Umstände, manifestiert sich im einzigen Akt scheinbar selbstständigen Handelns der völlige Verlust an Selbstbestimmung und Willensfreiheit. Kein Sinn liegt in diesem zwanghaften Mord an dem Einzigen, was er noch „auf der Welt" (W 18) hat, wenn nicht der der totalen Selbstaufgabe, ja Selbstauslöschung. Er kämpft mit seiner Tat nicht gegen sein Schicksal einer lebenslangen Disziplinierung durch Übergeordnete an, sondern besiegelt es. Was folgt, muss nicht mehr ins Bild, denn der ,Held' ist längst am Ende.

Büchners Tragödie ist somit nur zu einem Teil eine dramatische Gegendarstellung zum zweiten Clarus-Gutachten, das dem historischen Woyzeck Zurechnungs- und Schuldfähigkeit für eine aus niederen Motiven geplante Gewalttat attestiert und die Möglichkeit eines partiellen Wahnsinns bei gleichzeitiger Erfüllung der Dienstpflichten ausschließt. Nur zu deutlich wird schon auf der ersten Entwurfsstufe klar, dass der Füsilier Friedrich Johann Franz Woyzeck bei der Tat nicht Herr seiner selbst, sondern inneren Zwängen ausgeliefert ist. Doch wichtiger als diese Erkenntnis ist die ab H2 dramatisch konzis entfaltete Grundlegung seiner **Psychose als Resultat äußerer Zwänge**. Sie verweist weg vom speziellen Fall auf die generellen Bedingungen der ,abgelebten' Gesellschaft. Woyzeck ist nicht der tragische Einzelne, sein Leid nicht von der erschütternden Einzigartigkeit der großen Namen der Tragödiengeschichte. Er ist einer dieser – wie Büchner seinen Lenz poetologisch formulieren lässt – „prosaischsten Menschen unter der Sonne" (L 37), einer von den vielen, ein nach herkömmlichen Kriterien unbedeutendes, zufälliges Beispiel des Massenleids, das durch ein menschenfeindliches System geschaffen wurde. Dessen destruktive Strukturen hatte Büchner schon im *Hessischen Landboten* angeprangert und in *Leonce und Lena* als im Selbsterhaltungsmodus erstarrte obsolete Ordnung satirisch aufgearbeitet. Nun führt er unter Zuhilfenahme von authentischem Material am Schicksal eines Deklassierten vor, wie die herrschaftsstabilisierenden **Ausbeutungs- und Unterdrückungsmechanismen** des Systems die Rechtlosen der Gesellschaft in unerbittlicher Konsequenz zermalmen. Durch Armut in die selbstentfremdende Arbeitshetze gezwungen, von seinen Arbeitgebern und Vorgesetzten ausgebeutet, gegängelt, als Labor- und Demonstrationsobjekt missbraucht und gedemütigt, physisch und psychisch ruiniert, wird Woyzeck nach seiner Tat plötzlich als selbstbestimmtes Wesen mit freier Willensentscheidung zur Rechenschaft gezogen – obwohl ihm dieses Selbstbestimmungsrecht zuvor systematisch verweigert worden war. Das Bewusstsein der tatsächlichen Zusammenhänge, das Wissen um die tieferen Ursachen für sein Leid erlangt Woyzeck in seiner geistigen Erstarrung nicht. Die Distanz der „gemeinen Leut" (W 25) zu den Herren ist ihm selbstverständlich, ein Aufbegehren nicht einmal angedacht. Doch der Zuschauer soll das Vorgefallene im richtigen Kontext sehen und den Verbrecher als Opfer eines viel allgemeineren Verbrechens, den Mord als tragische Folge höherer, aber nicht transzendentaler, sondern gesellschaftlicher Gewalt verstehen lernen.

Wenn wir Woyzeck das erste Mal begegnen, ist seine **psychische Deformation** durch den schon lange andauernden Ausbeutungs- und Repressionsprozess bereits weit fortgeschritten. Mit seinem Kameraden Andres zum Schnittdienst abkommandiert, formt sich ihm die Umgebung der Natur zu einem paranoiden Szenario der vielfältigen Bedrohung. Schon sein Auftrittssatz deutet mit dem Bild des rollenden Kopfs voraus auf ein Ende durch die weltliche Gerichtsbarkeit und zeigt zugleich das Angstpotential einer Erfahrungswelt auf, in der sich die Grenze zwischen Eingebildetem, Metaphysischem und Realem nicht mehr deutlich ziehen lässt. An den authentischen Wahnvorstellungen des historischen Woyzeck orientiert sind die **akustischen und visuellen Halluzinationen**, die mit freimaurerischen Untergrundtätigkeiten und apokalyptischen Himmelserscheinungen das Spektrum der phobischen Störungen um konspirative und biblische Bedrohungsbilder erweitern. Es ist unmissverständlich eine pathologische, keine aus den Vorgängen begründete Angst, die den einfachen Soldaten erfüllt. Damit aber werden Woyzeck schon in der ersten Szene die wesentlichen Merkmale eines traditionellen tragischen Heroen abgesprochen: Möglichkeit und Bewusstheit des eigenen selbstständigen Handelns, Schuldfähigkeit in rationaler und sittlicher Hinsicht (diese wird später noch deutlicher unterminiert, wenn er Moralität nicht als lebensweltliche Kategorie für sich und seinesgleichen sieht), konsequente Zielhaftigkeit seiner

Bemühungen mit einer klaren Positionierung zwischen den verschiedenen Möglichkeiten der Existenzbewältigung sowie (zumeist) eine ideelle Leidkompensation für eine intensivere Zuschaueridentifikation.

Büchners Tragödie ist also nicht allein dadurch revolutionär, dass sie das Leid der sozial Niedrigsten zum zentralen Thema macht, sondern mehr noch durch die signifikante **geistige Zerrüttung und Beschränktheit der Titelfigur**. Sie fordert unser Mitgefühl ein und rückt die sozialen Bedingungen in ein kritisches Licht, die an diesem Zustand Schuld tragen und ihn fördern, um die Konsequenzen schließlich zu verurteilen. *Woyzeck* reagiert auf die veränderten gesellschaftlichen Bedingungen mit der bis dahin radikalsten **Veränderung der tragischen Form**, indem sie die bislang den Hoch- und Höherstehenden vorbehaltene Tragik in den Alltag des besitz-, bildungs- und rechtlosen gemeinen Volks transferiert. Damit verbunden sind wesentliche Forminnovationen bei den dramatischen Strukturelementen Handlung, Zeit, Raum, Personal und Sprache, die lange Zeit irreführend als Belege für die reine ‚offene' Form des auf eine Akteinteilung verzichtenden Dramas gedeutet wurden.

Der **Alltag der untersten Schichten** ist geprägt von umfassender Armut, die auch Woyzecks Selbstbild als „armer Kerl", „armer Teufel", der „kein Geld hat" (W 18, 25), bestimmt. Lediglich ein Unterhemd und ein bisschen Tand nennt der 30-Jährige bei der Durchschau seiner Besitztümer sein eigen. Was er verdient bzw. sich abspart, gibt er an die einkommenslose Partnerin ab, die in einer Kammer ohne künstliche Beleuchtung oder Wiege für das gemeinsame Kind haust. Die offensichtliche Not zwingt Woyzeck in das Hamsterrad überfordernder, entfremdender Arbeitslast. Arbeit ist denn auch in einer bis dahin noch nicht gekannten Weise Thema der Handlung und bestimmt sie über weite Strecken. Es ist freilich nicht das selbstbestimmte Handeln, durch das der tragische Held sich traditionell in sein Verhängnis verstrickt. Es ist gerade im ersten Teil des Dramas ein hektisches fremdbestimmtes Erfüllen verschiedener schlecht bezahlter Dienstverpflichtungen, die Woyzeck annehmen muss, um seine Familie auch nur mit dem Notwendigsten versorgen zu können. Dass Büchner diese **Arbeitshetze** bewusst inszenierte, zeigt sich zumal an der Entwicklung zwischen Entwurfsstufe H1, die sich noch auf die Eifersuchtsgeschichte konzentriert, und H2, die die sozialen Determinanten ins Bild rückt. Woyzeck rennt von Dienst zu Dienst, hilflos der Willkür seiner Dienstgeber ausgeliefert, die ihn herumkommandieren, demütigen, manipulieren, vorführen. So selbstverständlich ist ihm dieser Arbeitsdruck geworden, dass er ihn als allgemeine Lebensbedingung der „gemeinen Leut" sieht und sogar die verschwitzte Stirn seines Kinds dahingehend interpretiert: „Alles Arbeit unter der Sonn, sogar Schweiß im Schlaf." (W 24) Selbst transzendentale Erlösungsvorstellungen verblassen vor diesem existenziellen Zwang zur selbstverausgabenden Knechtschaft:

> Wir arme Leut. Sehn sie, Herr Hauptmann, Geld, Geld. Wer kein Geld hat. Da setz einmal einer seinsgleichen auf die Moral in die Welt. Man hat auch sein

> Fleisch und Blut. Unsereins ist doch einmal unseelig in der und der andern Welt, ich glaub' wenn wir in Himmel kämen, so müßten wir donnern helfen. (W 25)

Gerade auch die Religion stützt die bestehenden Herrschaftsordnungen und erleichtert dadurch nicht nur das Abfinden mit den bestehenden Ausbeutungs- und Unterdrückungsverhältnissen, sondern liefert mit ihrem rigiden **Moralitäts- und Versündigungskonzept** auch die Grundlage für die paranoiden Vorstellungen Woyzecks ebenso wie für Maries Schuldgefühle. Woyzeck scheint seine Verdinglichung zur Arbeitsmaschine als gottgewollt akzeptiert zu haben. Die Folgen der Arbeitsüberlastung sind gleichwohl entscheidend für den weiteren Verlauf des Geschehens. Dem liebevollen Vater und treuen Partner Woyzeck fehlt es an Zeit, seiner Familie die nötige Zuwendung zu geben. Die experimentell verordnete Mangelernährung dürfte zudem auch die Libido des abgemagerten, an Schwindelattacken und Haarausfall leidenden Versuchskaninchens beeinträchtigt haben. Automatenhaft verausgabt er sich in der stumpfsinnigen Pflichterfüllung, die ihm keinen Freiraum für seine Privatsphäre lässt. Marie hingegen ist in ihrem Elend leicht durch Männlichkeit, Selbstbestimmheit, Befehlsgewalt und natürlich auch durch materielle Zuwendungen zu beeindrucken. Dass sie sich dem Tambourmajor hingibt, löst in Woyzeck eine Eifersucht aus, deren manische Ausformung bis hin zum Mord in Büchners Darstellung wieder direkte Folge der durch seine Arbeitsverhältnisse hervorgerufenen Krankheit ist.

Auch hier ist sein Handeln also nicht Ausdruck einer freien Entscheidung, sondern letztendlich tragisches Ergebnis der Behandlung durch seine Umgebung, seine Gewalt gegen die noch Schwächere ohnmächtiger Reflex auf die andauernde Gewalt, die ihm und seinesgleichen von den Stärkeren der Gesellschaft widerfährt. Nicht zuletzt in dieser Offenlegung der **Entmündigung und Entfremdung** des Protagonisten liegt die überraschende Modernität des Werks. Der tragische Held agiert nicht, sondern reagiert nur mehr, determiniert von einer feindlichen, zerstörerischen Umwelt, er handelt nicht mehr selbstbestimmt für ein lohnendes, substantielles Ziel, sondern ‚wird gehandelt' bis zur Selbstzerstörung. Durch dieses Fehlen eines eigenen zielgerichteten Antriebs mag der Eindruck entstehen, dass in den verschiedenen Szenen nur Schlaglichter auf eine bereits vorhandene Katastrophe geworfen werden, dass also die einzelnen Momente nur zufällige Ausschnitte eines bedauernswerten Schicksals sind. Auf keinen Fall aber ist das **Handlungskonzept** des Stücks offen im Sinne einer mehr oder weniger beliebigen Reihung von Geschehensmomenten ohne eine klare Entwicklung, wie dies Volker Klotz in seinem richtungweisenden Standardwerk zum offenen Drama (auf Basis der späteren Edition Bergemanns mit ihrer eigenmächtig komponierten Szenenabfolge) postulierte. *Woyzeck* ist vielmehr bei aller Fragmenthaftigkeit bereits auf das Ende hin sorgfältig durchkomponiert, die Einzelszenen sind durchaus kausal verknüpft. Doch wird dem Zuschauer im Vergleich zum klassischen Drama erheblich mehr Vorstellungsaufwand für die Handlungszwischenräume abverlangt.

Augenfällig wird diese enge Verknüpfung bei der Analyse der **Zeitstruktur**. Wie Dedner zeigte, umfasst der Handlungsverlauf in einer auf der Chronologie von H1 und H4 fußenden Kombinationsfassung wenig mehr als 48 Stunden um den 20. Juli und ist geprägt durch Dynamisierungen und Raffungen hin zur teilweisen Simultanität der Szenen, die durch den häufigen Ortswechsel ermöglicht wird. Die beiden ersten Szenen sind verbunden durch das akustische Signal des abendlichen Zapfenstreichs, auf das hin die Soldaten sich in ihrer Kaserne einzufinden hatten. Woyzeck und Andres hören das Zusammentrommeln vor der Stadt und eilen zurück, Marie beobachtet wie ihre Nachbarin die rituelle Parade mit dem Tambourmajor an der Spitze von ihrer Kammer aus, ehe Woyzeck sie kurz am Fenster über seine Halluzinationen informiert und zum Appell weiterhetzt (H4,1–2). Nach Dienstschluss besuchen sie den Jahrmarkt mit seinen Belustigungen, wo der Tambourmajor Marie Avancen macht (H4,3). Am folgenden Morgen überrascht Woyzeck, der die Nacht in der Kaserne verbringen musste, seine Partnerin mit dem Werbegeschenk seines Nebenbuhlers, dann muss er fort zu seinen vormittäglichen Dienstverpflichtungen (H4,4). Zunächst rasiert er in aller Eile den Hauptmann (H4,5), dann soll er sich wohl beim Doktor einfinden, doch auf dem Weg dorthin erweckt der Tambourmajor, der sich unmittelbar zuvor mit Marie getroffen hat (H4,6) und vielleicht gerade aus dem Haus tritt, seinen Argwohn.[3] Die folgende Eifersuchtsszene (H4,7) bringt Woyzeck offenbar so aus dem Gleichgewicht, dass er – anstatt seinen Urin wie vereinbart abzuliefern – sich noch auf der Straße erleichtert und sich deswegen bei seinem Termin Vorhaltungen machen lassen muss (H4,8). Am Nachmittag scheint sich das Gerücht von der Affäre in Soldatenkreisen bereits verbreitet zu haben, denn der Hauptmann quält Woyzeck mit maliziösen Anspielungen, während der Doktor mit Begeisterung seine psychosomatischen Reaktionen kommentiert (H4,9). Der Verdacht lässt Woyzeck nicht mehr ruhen und so stiehlt er sich vom Wachdienst fort und beobachtet Marie und ihren Liebhaber bei einer Tanzveranstaltung

Abb. 28: Jarmila Mařanová: *Nacht* (Zinkographie, 1968)

3 Manche Editionen verlegen die Szenen H4,6 und H4,7 auf die Straße, um die rasche Öffentlichkeit der Affäre zu begründen (in H2 ist die Eifersuchtsszene noch ‚auf der Gasse' lokalisiert). Büchner scheint sie allerdings in H4 bewusst ins Private zu verlegen. So weisen auch die Anspielungen des Hauptmanns darauf hin, dass es hier nicht bloß um einen Kuss im öffentlichen Raum geht, sondern sich Marie und der Tambourmajor bereits Tisch und Bett teilten.

(H4,10–11). Auf dem Heimweg manifestiert sich die schizophrene Wahnsymptomatik in Form von akustischen Mordhalluzinationen, die ihn auch noch in der Nacht verfolgen (H4,12–13). Nun folgt vermutlich eine halbtägige Pause – in die sich die entwürdigende Szene im Hof des Professors (H3,1) gut einfügen ließe –, um etwa am Mittag mit Woyzecks Niederlage in einer Rauferei mit dem Tambourmajor wieder einzusetzen (H4,14). Daran anschließend ersteht er das Messer (H4,15). Während Marie schuldbewusst in der Bibel Rat sucht, da Woyzeck sie weder ‚gestern' (abends) noch ‚heut' (am Morgen) wie gewöhnlich besucht hat, ordnet und verschenkt dieser seine Habseligkeiten, denn er ist sich bewusst, dass der Entschluss zur Tat auch das Ende seines (bisherigen) Lebens bedeutet (H4,16–17). Dann holt er Marie, die sich um die Kinder der Nachbarschaft kümmert, zu ihrem letzten Gang ab und ersticht sie unweit der Stadt am Weg, während Leute in einiger Entfernung die Todesschreie des Opfers belauschen (H1,14–16) und Nachschau halten wollen. Auf der Flucht kehrt Woyzeck in einem Wirtshaus ein, macht sich durch Blutspuren verdächtig und stürzt wieder davon (H1,17), um offensichtlich zur Leiche zurückzukehren. Auch in der Stadt hat sich die Kunde vom Mord inzwischen verbreitet und alle, selbst Kinder machen sich auf, da sie „noch was sehen" (W 11) wollen (H1,18). Wenig vor den Beamten und Schaulustigen trifft Woyzeck am Tatort ein, sucht das verdächtige Messer und hetzt dann hinunter zu dem nahen Teich, um es zu entsorgen und sich zu säubern (H1,19–20). Noch völlig durchnässt buhlt er, wieder zurück in der Stadt, vergeblich um die Zuwendung seines Kinds Christian, das in der Obhut des geistig zurückgebliebenen Karl verblieben ist (H3,2). Etwa zur selben Zeit ist auch die Polizeidienerszene anzusetzen, die H1 abschließt.

So zielgerichtet, komprimiert und in sich geschlossen, wie sich der einsträngige Handlungsverlauf hier auf der Zeitebene präsentiert, hat er wenig mit der Idealform eines offenen Dramas gemeinsam, das ja laut Klotz eine weitgehende Autonomie der Einzelszenen im Handlungsbogen zeigen soll. Der **Eindruck von ‚Offenheit'** entsteht in *Woyzeck* – sieht man vom fragmentarischen Charakter und den editorischen Eigenmächtigkeiten ab – zum einen durch die inhaltlichen Aussparungen zwischen den wie abgehackt wirkenden Szenen, die kausale Ergänzungen des Zuschauers erzwingen, zum anderen durch den raschen Wechsel der Räumlichkeiten. Gegen die Autonomie der Einzelteile wirkt das dichte **motivisch-metaphorische Netz**, das sich um die zentrale thematische Ambivalenz von Sexualität und Gewalt spannt. Das wiederholte Rot korrespondiert mit dem Blutmotiv, das seinerseits auf das leitmotivische Messer bzw. das Erstechen verweist. Mit dem rhythmisch-sexuellen Wiederholungszwang des ‚immer zu' ist wiederum das Tanzmotiv verbunden, das als Element der Unterhaltungskultur Einblick gibt in die Lebenswelt des einfachen Volks.

Generell ist der **Raum** in Büchners Tragödie keineswegs bedeutungsloser Schauplatz der Handlung, sondern in seiner Variabilität und Atmosphäre spielbestimmender, sinngebender Faktor. Erst durch die tatsächlich ‚szenische' Gestaltung, also der ständigen Veränderung des Orts für die dargebotenen Handlungselemente, entsteht der Eindruck des Gehetztseins, den auch der Hauptmann an Woyzeck konstatiert. Der Titelheld, der in vier Fünftel der Szenen präsent ist, muss in den Handlungsintervallen unaufhörlich zwischen den verschiedenen öffentlichen und privaten Räumen wechseln. Unruhe und Instabilität bestimmen ihn. Dem Arbeitsdruck und den Halluzinationen ausgesetzt und schließlich auch noch mit der quälenden Eifersucht im Herzen, läuft er „wie ein offnes Rasirmesser durch die Welt" und macht den Hauptmann „schwindlich" (W 18f.) mit seiner manischen Hektik. Sein Zwang zur Ortsveränderung ist häufig auch sprachlich markiert, ständig muss er ‚fort', ‚hinaus', der Nebentext lässt ihn mehrmals weggehen, weglaufen. An keinem Platz länger verweilend und Ruhe findend, konkretisiert sich an ihm jene **bedrückende Unbehaustheit**, die das unheimliche Märchen der Großmutter unmittelbar vor dem Mord thematisiert. Woyzeck ist allein in feindlicher Umgebung. Die Natur wird ihm zur Bedrohung, da sie Projektionsfläche seiner Ängste ist, in der Öffentlichkeit wird seine Inferiorität sichtbar und in den privaten Räumen ist keinerlei Geborgenheit zu spüren.

Wie sehr Woyzeck zwischen und neben allem steht, verdeutlicht Büchner – wie schon Lenz' Außenseiterdasein – durch das **Fenstermotiv**. Über dessen ambivalente Metaphorik von Verbindung und Trennung zeigt sich auch hier die Entfremdung des Einzelnen, seine trostlose Ausgeschlossenheit aus der Gemeinschaft. Schon beim ersten Zusammentreffen mit Marie kann Woyzeck nur von außen durch das Fenster mit ihr sprechen. Immerhin aber ist noch genügend Verbindendes da für ein kurzes Gespräch, das allerdings Einblick verleiht in seine fortschreitende Umnachtung. Auch lichtmetaphorisch wird diese in Szene gesetzt: Kein Licht dringt mehr von draußen in die dunkle Kammer und Mutter wie Kind beginnt es in diesem Dunkel zu schauern. In der nächsten Fensterszene mit Woyzeck ist die Distanz zwischen ihm und den Anderen, vor allem Marie, bereits unüberwindbar:

> (Woyzeck stellt sich an's Fenster. Marie und der Tambourmajor tanzen vorbey, ohne ihn zu bemerken)
> Marie, (im Vorbeytanze‹n›: immer, zu, immer zu)
> Woyzeck. (erstickt) Immer zu. – immer zu. (fährt heftig auf und sinkt zurück auf die Bank) immer zu immer zu, (schlägt die Hände in einander) dreht Euch, wälzt Euch, Warum bläßt Gott nicht ‹die› Sonn aus, daß Alles in Unzucht sich übernanderwälzt, Mann und Weib, Mensch und Vieh. Thut's am hellen Tag, thut's einem auf den Händen, wie die Mücken. – Weib. – (W 29f.)

Das Fenster markiert hier die Grenze zwischen ausgelassener geselliger Fröhlichkeit und einsamer existenzieller Verzweiflung. Maries „immer zu", das als Wunsch nach unaufhörlicher Lustbefriedigung herausdringt, wird Woyzeck zum Ausdruck unaufhörlicher Qual, wenig später dann zum zentralen Bestandteil seiner Halluzinationen, in denen die elementaren Lebensbereiche **Sexualität und Gewalt** miteinander verschmelzen. Den Blick durch das Fenster von einem sicheren Inneren hinaus, wie ihn der Doktor, der Hauptmann und der Professor werfen können, ist Woyzeck bezeichnenderweise verwehrt.

Für ein recht kurzes Drama weist *Woyzeck* ein vergleichsweise reiches und vielfältiges **Personal** auf, das im Entstehungsprozess kontinuierlich ausgebaut wurde; handlungstragend sind allerdings nur wenige Figuren. Lediglich die beiden zentralen Personen des Stücks (zu dem kein Figurenverzeichnis Büchners vorliegt) werden mit vollständigen bürgerlichen Namen vorgestellt: Friedrich Johann Franz Woyzeck und Marie Zickwolf. **Vornamen** tragen auch einige Personen aus demselben gesellschaftlichen Milieu, Woyzecks Kamerad Andres, Maries Nachbarin Margreth, der geistig retardierte Karl, die Prostituierte Käthe, das Kind Christian und – wohl nicht zufällig – auch der dressierte Affe im Soldatenrock Michel. Alle anderen Figuren besitzen **keinen Individualnamen**, sondern werden über ihre Berufe, ihre soziale Funktion oder durch Alter, Geschlecht oder Abstammung eingeführt, Soldaten, Handwerksburschen, Kinder, die Großmutter, ein Marktschreier, Wirt, Jude, Unteroffizier etc. Auffällig ist diese Entindividualisierung zumal bei den für den Handlungsverlauf wichtigen Figuren aus den höheren Ständen, Doktor und Hauptmann, denen gemäß den herkömmlichen ästhetischen Kategorien in der Tragödie eine besondere Aufmerksamkeit zukommen müsste. Hier aber sind die wenigen sozial Etablierten bloß Nebenfiguren mit typisiert-eindimensionalen, nichtsdestoweniger jedoch bedrohlichen Zügen, Repräsentanten einer fragwürdigen Gesellschaft, deren Ausdifferenzierung über das Figurenensemble zumindest angedeutet werden sollte.

Abb. 29: Erik Richter: Illustration zu *Woyzeck* (Zeichnung,1925)

In dessen Mittelpunkt steht der völlig überlastete, geistig wie körperlich kurz vor dem Zusammenbruch stehende Infanterist Woyzeck. Einzigen Halt gibt ihm sein Privatleben mit der Sorge für Geliebte und Sohn, das durch das **sexuelle Interesse Maries am Tambourmajor** erschüttert wird. Dennoch ist der testosteroide Unteroffizier mit seinem Imponiergehabe, seiner Aggression und Lebenslust nicht Woyzecks direkter Gegenspieler nach dem klassischen Muster, sondern nur Teil eines **zerstörerischen sozialen Zusammenhangs**, zu dem die unmenschliche Zweckrationalität des Doktors ebenso beiträgt wie der mit Jovialität und Melancholie bemäntelte Sadismus des feigen Hauptmanns, der den intimen Verrat zum öffentlichen Gaudium macht. Zur Rücksicht auf die Gefühle des Anderen, zum (in Büchners Ästhetik so zentralen) **Mitgefühl** sind nur die beiden Hauptfiguren fähig: Woyzeck, der in einer berührenden Abschiedsszene sein letztes Hab und Gut verschenkt und an seine Mutter denkt, Marie, die keinen Zugang mehr zu ihrem kranken Partner findet und doch sich ihm gegenüber mit ihrem verständlichen Wunsch nach erfüllter Sexualität und sozialem Aufstieg zutiefst schuldig fühlt. Diese Sympathie erweckende Charakterisierung nimmt den Zuschauer für das

Paar ein, soll aber nicht dazu verleiten, die Armen des Stücks generell als die Guten zu verstehen. Auch die Opfer des Systems zeigen keinen Zusammenhalt, verstehen sich nicht als Angehörige einer gemeinsamen Klasse, sondern lassen gleichfalls ihr Gegenüber jede noch so geringe Besserstellung spüren.

Ein wesentliches Mittel der figuralen Differenzierung ist die neuartige Ausgestaltung unterschiedlicher **Sprachebenen**. Neben hochdeutschen Passagen finden sich mit verschiedenen Nuancen des Darmstädter Stadtdialekts bei Doktor und Hauptmann und des (nicht konsequent ausgeführten) Basisdialekts der unteren Schichten auch **regionalsprachliche Varianten**; dazu kommen noch das Radebrechen der Kirmesleute und jiddische Spuren in den Repliken des Krämers. Angestrebt wird nicht mehr die tragödienspezifische Ästhetisierung von Sprache durch Gewähltheit des Ausdrucks, Rhythmisierung oder rhetorische Argumentationsstrategien. Die Sprache soll (bei aller Stilisierung) der dialogischen Wirklichkeit nahe kommen und soziologische, regionale, affektive und auch situative Unterschiede widerspiegeln, soll als ideologisches Phänomen, als Macht- und Unterdrückungsmittel erkennbar werden und die Brüchigkeit bzw. das Scheitern von Redesituationen zeigen. Bemerkenswert ist dabei eine **hierarchische Umwertung** der verschiedenen Sprachebenen. Denn die mundartlich gefärbte Volkssprache bekommt in Momenten des authentischen Gefühlsausdrucks (nicht zuletzt auch in den von Marie interpretierten Volksliedern) ein eigenes Gewicht. Die Standardsprache dagegen setzt sich vom Umgangssprachlichen vor allem dort ab, wo das Deklamatorisch-Lehrhafte und Uneigentliche dominiert, ob nun bei den idealistischen Philosophismen und Wissenschaftsformeln des Doktors, den moralinsauren Tugendphrasen des Hauptmanns oder den sinnbefreiten Predigtfloskeln des Handwerksburschen. Wo sich Woyzeck diesem Sprachgehaben notdürftig anpasst und gleichfalls zu ‚philosophieren' beginnt, wird es umgehend als Krankheitssymptom gedeutet. Denn erwartet wird von ihm lediglich das automatisierte ‚Jawohl' als sprachliche Bestätigung der perfekten Disziplinierung, wie es sich bei Andres bis tief in den privaten Sprachgebrauch eingegraben hat (vgl. H4,17). Tatsächlich verliert Woyzeck im Laufe des Stücks immer mehr die Fähigkeit, sich verständlich zu machen. Wenn er spricht, dann immer öfter im **Monolog**, der nun auch thematisch motiviert ist. Denn als theatersprachliche Konvention dient die monologische Rede der Information über die Gedanken- und Gefühlswelt des Sprechenden bzw. soll sie auch das regelpoetisch unerwünschte Verwaisen der Bühne verhindern; dadurch aber hebt sie sich deutlich von der alltagssprachlichen Wirklichkeit ab. In Büchners Tragödie dagegen wird das Selbstgespräch zum aufschlussreichen Detail einer präzis entfalteten Krankheitssymptomatik und weitet sich sogar wieder zum Dialog innerhalb einer imaginierten Welt. Was nicht (mehr) verbal zum Ausdruck kommt, setzt Büchner – hier in Lenz' Nachfolge – häufig **körpersprachlich** ins Bild. Woyzeck tastet verlegen mit seinen Füßen herum, knackt mit den Fingern, schlägt die Hände ineinander, starrt und schüttelt den Kopf, zittert, ist durch und durch gespannt, vor allem aber läuft und läuft er – ein Entkommen aber gibt es nicht.

5.6 Wirkungsgeschichte und künstlerische Rezeption

Später noch als die anderen Dramen Büchners kam *Woyzeck* erstmals auf die Bühne. Das mag insofern überraschen, als sich schon einige Zeit zuvor auf Basis von Franzos' Edition eine zwar schmale, dafür aber wegweisende **literarische Rezeption** entfaltet hatte. Einer der Käufer der *Sämmtlichen Werke* war Gerhart Hauptmann, der den Autor 1887 im Berliner literarischen Verein ‚Durch!' seinen naturalistischen Mitstreitern vorstellte, in Zürich sich den Büchnerverehrern im Dichterkreis ‚Jüngstes Deutschland' anschloss und sich in seinen frühen Erzählungen wie *Bahnwärter Thiel* (1890) ‚entscheidende Anregungen' beim Werk seines neuen Heros holte. Ein Bekannter aus Hauptmanns Züricher Zeit war Frank Wedekind, dessen konventionssprengender Dramenerstling *Frühlings Erwachen* (1891) nach eigener Aussage nicht ohne die Anregung des *Woyzeck* entstanden wäre. Auch in weiteren Arbeiten wie seinen *Lulu*-Dramen zeigt sich die Nähe nicht nur am Interesse an sozialen und moralischen Zwängen, psychischer Deformation und Triebhaftigkeit, sondern auch an der motivischen und metaphorischen Verklammerung von Fetzenszenen, an der Vorliebe für Groteskes oder der Ausgestaltung sozial differenzierter Sprachebenen.

Eine intensivere Auseinandersetzung mit *Woyzeck* brachten die Vorbereitungen zu den Centennar-Feierlichkeiten mit sich. Sicherlich die folgenreichste Initiative war Hugo von Hofmannsthals Bearbeitung des Texts für seine **Uraufführung**, die am 8. November 1913 im Münchner Residenztheater mit einem Bühnenbild von Alfred Roller unter der Regie von Eugen Kilian stattfand. Die Inszenierung mit Albert Steinrück in der Titelrolle wurde freundlich aufgenommen, von manchen Zuschauern wie Rainer Maria Rilke sogar euphorisch besprochen. Wichtiger aber noch, um Büchners Ruf als Autor von höchster Aktualität und Modernität zu sichern, war die bereits erwähnte Inszenierung Victor Barnowskys am Berliner Lessing-Theater Ende Dezember 1913. Weniger Erfolg beschieden war ein halbes Jahr später der Wiener Uraufführung unter Arthur Rundt auf der Residenzbühne (wie schon in München und Berlin mit Steinrück als Woyzeck), bei der sich Alban Berg spontan zur Vertonung des Stücks entschloss. Nach dem Ersten Weltkrieg, der Neuinszenierungen verhinderte, avancierte *Woyzeck* rasch zu einem der meist gespielten Stücke auf den deutschen Bühnen in so unterschiedlichen Inszenierungen wie jener von Max Reinhardt am Deutschen Theater in Berlin (1921), Ernst Hardt am Deutschen Nationaltheater in Weimar (1923), Jürgen Fehling am Berliner Schillertheater (1927) und Franz Theodor Csokor am Wiener Raimundtheater 1928 mit seinem problematischen Vollendungsversuch. Über 60 Inszenierungen des als zeitgenössisch verstandenen Stücks hat Viehweg allein auf deutschsprachigen Bühnen in den 1920er Jahren nachgewiesen. Bereits in den folgenden Jahren allerdings ging das Interesse an dem nun hinlänglich bekannten Stück zurück; im Dritten Reich wurde es nicht weiter gefördert. Doch nach dem Zweiten Weltkrieg konnte sich das Stück erstaunlich rasch auf den internationalen Bühnen etablieren, inszeniert von Starregisseuren wie Ingmar Bergman (1969), in verschiedenen Interpretationen existenzialistischer, nihilistischer, sozialrevolutionärer oder auch religiöser Prägung. Heute ist *Woyzeck* das weltweit meist gespielte deutsche Theaterstück und wohl auch jenes, das nach wie vor die meisten künstlerischen Impulse gibt.

Einher mit der Theaterpräsenz und damit verbundenen Bekanntheit geht eine immer stärker werdende Auseinandersetzung mit dem Werk in den verschiedenen Bereichen der Kunst, zunächst vor allem im **Drama**. Mehr oder weniger deutlich in der Nachfolge von *Woyzeck* stehen die dramatischen Anfänge Hans Henny Jahnns (*Hans Heinrich*, 1914, *Pastor Ephraim Magnus*, 1917), Ernst Tollers (*Hinkemann*, 1922), Bert Brechts (u. a. *Trommeln in der Nacht*, 1919, *Baal*, 1923), Ödön von Horváths (*Sladek*, 1929) oder auch Elias Canettis (*Hochzeit*, 1932), der aus der Begegnung mit Büchners Werk – wie er in *Augenspiel* berichtet – ebenso die Kraft für sein Schreiben gewann wie der junge Friedrich Dürrenmatt. Der Schweizer Autor hatte später, 1972, Büchners Tragödie in einer eigenen Bearbeitung inszeniert und daraus wesentliche Anregungen gewonnen für seine Komödie *Achterloo* (1983). Über Arthur Adamov, der auch Büchners Werke ins Französische übertrug, wird *Woyzeck* nach dem Zweiten Weltkrieg Ideenspender für das internationale Absurde Theater. In den 1970ern inspiriert die Tragödie auch das ‚neue Volksstück', wie es Franz Xaver Kroetz prägte (vgl. u. a. *Stallerhof*, 1972), der sich denn auch zwanzig Jahre später berufen sah, Büchners Fragment für eine skandalumwitterte Inszenierung radikal zu bearbeiten. Neben etlichen deutschen Adaptierungen (vgl. Goltschnigg 2004) wurde in den letzten Jahren die produktive Rezeption im dramatischen Bereich zunehmend international; als Beispiele seien Lynn Mannings *Private Battle* (1994), Naomi Iizukas *Skin* (1997), Vassilij Sigarevs *Plastilin* (2000), Fernando Bonassis *Woyzeck o Brasileiro* (2003), Brett C. Leonards *Guinea Pig Solo* (2004), Simon Stephens' *Motortown* (2006) oder Jeremy Gables *Re: Woyzeck* (2007) genannt. Auch im **narrativen Bereich** ließen sich Autoren von *Woyzeck* inspirieren, Hauptmann und Döblin (*Berlin Alexanderplatz*, 1929) ebenso wie Kurt Bartsch (*Wadzeck*, 1980) und Ekbert Faas (*Woyzeck's Head*, 1991) oder auch Fernando Lleras de la Fuente (*La Ultima Muerte de Wozzeck*, 2000), Jürgen Seidel (*Pickel, Clou und Woyzeck*, 2002) und Simona Ryser (*Maries Gespenster*, 2007). Im **Lyrischen** ist, neben Gedichten u. a. von Hans Magnus Enzensberger, Günter Kunert, Thomas Brasch und Hans-Ulrich Treichel, vor allem Ernst Jandls ‚Lautlesegedicht' *ein motiv aus georg büchners ‚woyzeck'* (1977) anzuführen.

Maßgeblich zum internationalen Ruhm des Stücks beigetragen hat Alban Bergs Oper *Wozzeck*, die das moderne **Musiktheater** revolutionierte, dabei aber auch Franzos' problematischer Fassung und Hofmannsthals Akzentuierung von Woyzecks Schicksal als Ausdruck einer tragischen *conditio humana* zu bleibender Gültigkeit verhalf. Schon dass Berg sich ein Sujet aus dem sozialen Randbereich wählte, war ein kleineres Skandalum und fand selbst bei seinem Lehrer Arnold Schönberg wenig Zustimmung. Richtungbestimmend aber war zumal die Variabilität, Komplexität und Eigenständigkeit der musikalischen Gesten, mit denen der

Komponist in seinem zwischen 1914 und 1921 entstandenen Werk die dichterische Sprache Büchners theatergerecht in eine musikalische zu übersetzen versuchte. Die Uraufführung am 14. Dezember 1925 an der Deutschen Staatsoper in Berlin unter Erich Kleiber (nach einer konzertanten Teilaufführung im Jahr zuvor) rief stehende Ovationen ebenso hervor wie Pfiffe. Rasch aber hatte sich die Kritik über das Zukunftsweisende der Oper geeinigt. Nur vier Monate später wurde in Bremen eine weitere *Wozzeck*-Oper uraufgeführt, die der Berliner Manfred Gurlitt 1920–1925 geschaffen hatte. Trotz blendender Rezensionen nach der Premiere konnte das Werk im Schatten seines innovativeren und spektakuläreren Pendants nicht reüssieren. Bergs überragender Erfolg dürfte auch der Grund sein, warum sich nur wenige Komponisten an eine Veroperung des *Woyzeck* gewagt haben, darunter Kurt Pfister mit seinem erfolglos gebliebenen *Wozzeck* (1950) und Helmut Oehring mit seiner ‚tonschriftlichen Momentaufnahme' *Wozzeck kehrt zurück* (2004), in der auch Bergs Meisterwerk als Referenzobjekt verarbeitet wird. Noch nicht das Interesse der Forschung geweckt haben die zahlreichen Beispiele an hochwertiger **Bühnenmusik**, die zu den verschiedenen Aufführungen entstanden. Als Beispiele seien hier nur die Kompositionen von Pavel Haas (1923), Mátyás Seiber (1946), Roberto Gerhard (1961), Heiner Goebbels (1980) oder Denys Bouliane (1993) genannt. Bemerkenswert (und ein Zeichen für den ‚Kultstatus', den Büchners Stück erreicht hat) ist, dass auch Größen der **Rock/Popbranche** wie Tom Waits und Kathleen Brennan (*Blood Money*, 2000, Regie: Robert Wilson) oder Nick Cave und Warren Ellis von den ‚Bad Seeds' (2005, Regie: Gísli Örn Garðarsson) Songs zu international gefeierten Inszenierungen beisteuerten. In **Jazz** transformierte Allen Lowe neun Handlungsmomente bzw. Zitate in seiner Suite *Woyzeck's Death* (1994). Eng verbunden mit der musikalischen Durchformung ist die choreographische Interpretation des Stücks durch das **Tanztheater**, etwa in Mats Eks *Kalfaktorn* (1976), Kenneth MacMillans *Different Drums* (1984), Johann Kresniks *Mörder Woyzeck* (1987) oder Josef Nadjs *Woyzeck ou L'ébauche du vertige* (1994).

Im Vergleich mit *Danton's Tod* setzte die **filmische Auseinandersetzung** mit *Woyzeck* eher spät ein, dafür jedoch mit einem großartigen Auftakt. Die neoexpressionistische Adaption *Wozzeck* (1947) Georg C. Klarens mit Kurt Meisel in der Titelrolle zeigt die brutale Unterjochung, Ausbeutung und Zerstörung des elenden Soldaten. Klaren hatte sein Drehbuch bereits 1932 fertig gestellt, doch verhinderte die Machtübernahme der Nationalsozialisten vorerst eine Realisierung. Erst die Gründung der Deutschen Film AG mit Bewilligung der Sowjetischen Militärregierung ermöglichte nach dem Krieg das Projekt. Mit teils avantgardistischer Bildsprache, dynamischen Schnitten und akzentuierender Stilisierung verstand es diese erste Literaturverfilmung der DEFA, der Handlung durch unübersehbare Anklänge an die Gräuel im Dritten Reich bedrückende Aktualität zu verleihen. In den 1960er und 1970er Jahren folgten – beginnend mit Bohumil Herlischkas umstrittener Adaption von 1962 – zahlreiche Fernsehversionen des Stücks, darunter je eine französische (1964), finnische (1965), schwedische

(1966), dänische (1968), niederländische (1972) und türkische (1976) Produktion. Freiere Adaptionen bieten einige Spielfilme: Der iranische Regisseur Dariush Mehrjui verlegt in *Postchi* (1971) die Handlung in eine Kleinstadt am Kaspischen Meer, in der der Briefträger Taghi seine Frau an einen arroganten Unternehmer verliert, in Oliver Herbrichs *Wodzeck* (1984) ist der Held ein Autofabrikarbeiter im Ruhrpott und János Szászs suggestiver Schwarz-Weiß-Streifen (1994) macht Woyzeck zum Stationsvorsteher in einer trostlosen Gleiswüste im kommunistischen Ungarn. Näher an der Vorlage bleiben Giancarlo Cobellis italienische (1972) und Guy Marignanes französische Spielfilmversion (1993) sowie die bekannteste Verfilmung: **Werner Herzogs *Woyzeck*** (1979) mit Klaus Kinski in der Hauptrolle. Mit irritierend langen Kameraeinstellungen, zumeist in der Totale, und wenigen, aber harten Schnitten orientiert sich der Film an der distanzierenden Ästhetik der Bühne und bewahrt den fragmentarischen Charakter der Vorlage. Jüngere filmische Bearbeitungen sind Nikolaj Arcels dänische Tragikomödie *Woyzecks sidste Symfoni* (2001), Álvaro Olavarrías Videoproduktion zur Inszenierung Juan Ramón Conchillos (2004) und Matthias Krauses Kurzfilm *Kinzinger* (2009).

Abb. 30: Klaus Kinski als Woyzeck in Werner Herzogs Film (1979)

Die ersten **Bilder zu *Woyzeck*** sind die sechs farbintensiven Pastelle des Kirchner-Schülers Werner Gothein von 1918, gefolgt von kleinen Holzschnitten Wilhelm Plünneckes, die 1919 in der ersten illustrierten Textausgabe abgebildet wurden. Mit Erich Wünsche, der 1920 eine Mappe mit 12 kleinformatigen Radierungen vorlegte, und Paul Weißkopf, der im folgenden Jahr 10 Lithographien gestaltete, beschäftigten sich zwei Mitglieder einer expressionistischen Dresdner Gruppe um Heiner Schilling mit Büchners Drama. 1923 edierte der Verlag Georg Müller eine Bibliophilenausgabe mit neun handkolorierten Lithographien und 17 Federzeichnungen Rafaello Busonis. 14 *Woyzeck*-Zeichnungen, deren märchenhafter Charakter die Elendsthematik nicht erfasst, fertigte 1925 Erik Richter für die Weihnachtsgabe der Berliner Kunstanstalt ‚Ganymed' an. Im selben Jahr schloss auch Walter Gramatté seine Serie von 12 Radierungen (+ Titelblatt) ab, die nun mit einer noch größeren Konzentration der bildsprachlichen Mittel als bei *Lenz* großteils konkrete Handlungsmomente aufgreift. Nach diesen ertragreichen Anfängen entstehen zwei Jahrzehnte lang keine illustratorischen Arbeiten zum Text. An konkrete Aufführungen gebundene Arbeiten allerdings wie **Bühnenentwürfe, Regiebuchskizzen und Rollenbilder** von John Heartfield, Paul Schneeloch, Hans Holtorf, Theodor Schlonski, Paul Legband, Johannes Schröder, Paul Gröning,

Helene Gliewe, Caspar Neher, Ekkehard Kohlund und Traugott Müller führt Viewegh im Bildanhang seiner minutiösen *Woyzeck*-Theaterstudie an. Mit einer Umschlagzeichnung Johannes Poeseneckers setzt 1946 die **textillustrative Rezeption** wieder ein, 1949 folgt die bereits angesprochene schwedische Ausgabe von *Woyzeck* und *Leonce und Lena* mit Monotypien von Endre Nemes. Für eine großformatige Ausgabe fertigt Alfons Klein 1964 25 neoexpressionistische Zeichnungen an; noch aufwändiger ausgestattet ist eine vier Jahre später erscheinende Edition mit je 12 dem tschechischen Surrealismus verpflichteten Vignetten und Zinkographien Jarmila Mařanovás. Gleichfalls ein Dutzend Zinkdrucke zum *Woyzeck* legte 1970 Joachim John vor, nachdem er sich zuvor bereits von einer Aufführung an der Berliner Schaubühne zu mehreren (teils aquarellierten) Federlithographien inspirieren ließ. Zur selben Zeit erscheint eine weitere schwedische Ausgabe mit Holzschnitten von Torsten Billmann, 1974 folgt eine dänische Fassung mit xylographischer Ausstattung durch Sven Okkels. Der starke Einfluss von Herzogs Filmfassung auch im Bereich der Textillustration zeigt sich an den Zeichnungen Gery Joe Weises (1982), Bernhard Heisigs (2004 für die *Woyzeck*-Neuausgabe der Insel-Bücherei) und Sebastian S. Voreins (2005). 1984 widmete Klaus Böttger dem Drama eine seiner technisch brillanten Aquatintaradierungen, in der er *Büchner mit Figuren des Woyzeck* arrangiert. Alfred Hrdlickas 1988/89 entstandene querformatige Farbpastelle zum *Woyzeck* sind genetisch wie bildsprachlich eng mit seinen (hochformatigen) *Lenz*-Arbeiten verbunden. 1990 erscheint die **Graphic-Novel-Fassung** des 1983 verstorbenen italienischen Comic-Künstlers Dino Battaglia, der die Handlung in das deutsche Kaiserreich der Vorkriegszeit verlegt. In den 1990ern entstanden Leo Leonhards *Woyzeck*-Bilder in mehreren Techniken für die Eröffnung des Goddelauer Büchnermuseums (1997), Hellmuth Eichners Ölbilder und Peter Marggrafs Radierungen, die er seinem Handpressendruck des Werks 1999 beilegt. Von den Arbeiten der letzten Jahre sind u. a. die Holzschnitte Reinhold Hermanns (2001) und Johannes Caspersens (2004 für das Künstlerbuch *Große Klage um einen namens Woyzeck* Elisabeth von Ulmanns) zu erwähnen, nicht zuletzt auch die drei Unikatbücher zu Büchners Drama, die Robert Schwarz in der für ihn typischen Kombination von Lithographien, Collagen und Originalmalereien 2007 anfertigte.

Abb. 31: Dino Battaglia: *Woyzeck* (Panel zu H2,7)

Zusammenfassung

Woyzeck, Büchners im Straßburger und Züricher Exil entstandenes letztes und bekanntestes Werk, revolutionierte die Tragödienform inhaltlich wie formal. Erstmals werden Menschen aus der Unterschicht zu tragischen Helden in einem Stück, das mit seinen dramaturgischen Neuerungen das moderne Theater wesentlich prägte. Eine autorisierte Fassung liegt allerdings nicht vor. Lese- und Bühnenfassungen basieren auf einem im Nachlass gefundenen Konvolut von drei Handschriften mit vier Entwürfen (H1–4), deren Szenen einander ergänzen, aber auch überschneiden bzw. ausschließen.

Wie in *Lenz* greift Büchner authentische Ereignisse auf, um die zerstörerischen Bedingungen einer von Ausbeutungsstrukturen geprägten Gesellschaft ins Bild zu setzen. Der Fall des ehemaligen Soldaten und obdachlosen Gelegenheitsarbeiters Johann Christian Woyzeck, der 1821 in Leipzig seine Geliebte erstach, hatte eine wissenschaftliche Debatte um die Beeinträchtigung von Schuldfähigkeit durch seelische Störungen ausgelöst. Büchner erweitert das Thema im Literarischen um die im psychiatrischen und juristischen Diskurs weitgehend ausgeklammerte Frage, inwieweit soziale Faktoren an der Erkrankung und damit auch an der Gewalt Schuld tragen. Anregungen holt er sich aus weiteren Kriminalfällen und aus den Dramen seiner Lieblingsautoren; aber auch eigene Erfahrungen fließen in die Personencharakterisierung ein.

Der psychisch kranke Franz Woyzeck, mittelloser Infanterist und von seinen Vorgesetzten gedemütigtes und missbrauchtes Faktotum, hetzt von Arbeit zu Arbeit, um den Lebensunterhalt für seine Geliebte Marie und ihr gemeinsames Kind bestreiten zu können. Als Marie sich dem Tambourmajor zuwendet, geht dem gequälten Soldaten die einzige Sinnperspektive seines armseligen Lebens verloren. Unfähig sich anders auszudrücken und getrieben von seinen Wahnvorstellungen, ermordet er seine untreue Lebensgefährtin. Doch kommt diese Gewalttat einer Selbstzerstörung gleich. Büchner will mit seinem Drama kein moralisches Urteil fällen, sondern Einblick geben in die fatalen sozialen Umstände, die ein physisch und psychisch ruiniertes Opfer der Gesellschaft zum Täter werden lassen.

Von *Woyzeck* inspirieren ließen sich bereits Hauptmann und Wedekind, doch erst am 8. November 1913 kam es zur Uraufführung. Bergs musikdramatisches Meisterwerk *Wozzeck* trug ebenso zum internationalen Ruhm des Stücks bei wie Herzogs Verfilmung. Heute ist *Woyzeck* das meist gespielte deutsche Theaterstück und das wohl wirkungsmächtigste in vielen Bereichen der Kunst.

Weiterführende Literatur: I. Oesterle 1984; Glück 1987, 1990; 1998; Poschmann 1988, 1992; Dedner 1991, 1999, 2000; Mayer 1991, 1995, 2000; Roth 1995, 2000; Jakobi 1999; Knapp 2000, 176–209; Elm 2004; W; Martin 2007, 188–209.

Literaturverzeichnis

1 Siglen

B **Büchner, Ludwig (Hg. 1850):** Nachgelassene Schriften von Georg Büchner. Frankfurt/M.

BPR **Büchner-Preis-Reden (1972, 1984, 1994).** Hg. von der Dt. Akademie für Sprache u. Dichtung. I: 1951–1971. Vorwort v. Ernst Johann. / II: 1972–1983. Vorwort v. Herbert Heckmann. / III: 1984–1994. Vorwort v. Herbert Heckmann. Stuttgart. (= Reclams Universal-Bibliothek. 9332, 8011, 9313.)

C **Clarus, Johann Christian August (1825):** Die Zurechnungsfähigkeit des Mörders Johann Christian Woyzeck. In: W (L1)[4], S. 259–297.

CS **[Schulz, Caroline] (1837):** Bericht über Georg Büchners Krankheit und Tod. In: Walter Grab (Hg. 1985) / Thomas Michael Mayer (Mitarbeiter): Georg Büchner und die Revolution von 1848. Der Büchner Essay von Wilhelm Schulz aus dem Jahr 1851. Text und Kommentar. Königstein/Ts. (= Büchner-Studien. 1.)

D **Dedner, Burghard / Mayer, Thomas Michael (Hgg. 2000):** Georg Büchner: Danton's Tod. Marburger Ausgabe. Band 3.2. Text, Editionsbericht. Darmstadt.

F **Franzos, Karl Emil (Hg. 1879 [recte 1880]):** Georg Büchner's Sämmtliche Werke und handschriftlicher Nachlaß. Erste kritische Gesammt-Ausgabe. Frankfurt/M.

G **Gutzkow, Karl (1837):** Nachruf auf Georg Büchner. In: GW (L1), Bd. 9: Nachrufe auf Georg Büchner.

GU **Gutzkow, Karl (1835):** *Danton's Tod*, von Georg Büchner. In: Phönix. Frühlingszeitung für Deutschland 1, 2. Hj., Nr. 162, Literatur-Blatt 27 (11. Juli 1835), S. 645f. [Athenäum Reprints: Die Zeitschriften des Jungen Deutschlands. Hg. von Alfred Estermann. Frankfurt 1971.]

GW **Mayer, Thomas Michael (Hg. 1987):** Georg Büchner: Gesammelte Werke (1987). Erstdrucke und Erstausgaben in Faksimiles. 10 Bde. Frankfurt/M.

H **Hauschild, Jan-Christoph (1997):** Georg Büchner. Biographie. Vom Autor überarbeitete Ausgabe. Berlin.

4 Titelkürzel innerhalb des Verzeichnisses werden mit (L) und der Zahl des jeweiligen Abschnitts versehen, um die Suche nach dem Vollzitat zu erleichtern.

HL **Schaub, Gerhard (Hg. 1996):** Georg Büchner, Friedrich Ludwig Weidig: Der Hessische Landbote. Studienausgabe. Stuttgart. (= Reclams Universal-Bibliothek. 9486.)

K **Knapp, Gerhard P. (2000):** Georg Büchner. 3., vollst. überarb. Aufl. Stuttgart, Weimar.

KD **Georg Büchner 1813–1837 (1987).** Revolutionär, Dichter, Wissenschaftler. Katalog der Ausstellung Mathildenhöhe, Darmstadt 2. August – 27. September 1987. Basel, Frankfurt/M.

KM **Georg Büchner. Leben, Werk, Zeit (1986):** Ausstellung zum 150. Jahrestag des *Hessischen Landboten*. Katalog. Bearbeitet von Thomas Michael Mayer unter Mitwirkung v. Bettina Bischoff [u. a.]. Zweite, wesentlich verbesserte u. vermehrte Aufl. Marburg.

L **Dedner, Burghard / Gersch, Hubert (Hgg. unter Mitarb. von Eva-Maria Vering u. Werner Weiland 2001):** Georg Büchner: Lenz. Marburger Ausgabe. Band 5. Hg. von Mainz.

LL **Dedner, Burghard / Gersch, Hubert (Hgg. unter Mitarb. von Arnd Beise u. Eva-Maria Vering 2003):** Georg Büchner: Leonce und Lena. Marburger Aus-gabe. Band 6. Mainz.

LB **Lenz, Jakob Michael Reinhold:** Briefe über die Moralität der Leiden des jungen Werthers. In: Sigrid Damm (Hg. 1992): Jakob Michael Reinhold Lenz: Werke und Briefe in drei Bänden. Bd. 2: Lustspiele nach dem Plautus. Prosadichtungen. Theoretische Schriften. Frankfurt/M., Leipzig, S. 673–690.

M **Mayer, Thomas Michael (1979):** Büchner und Weidig – Frühkommunismus und revolutionäre Demokratie. Zur Textverteilung des *Hessischen Landboten*. In: Arnold 1979 (L3), S. 16–288.

MA **Pörnbacher, Karl [u. a.] (Hgg. 1980):** Georg Büchner: Werke und Briefe. [Münchner Ausgabe.] Nachwort von Werner R. Lehmann. München.

N **Noellner, Friedrich (1844):** Actenmäßige Darlegung des wegen Hochverraths eingeleiteten gerichtlichen Verfahrens gegen Pfarrer D. Friedrich Ludwig Weidig […]. Darmstadt.

O **[Johann Friedrich Oberlin:] Herr L...... (1778):** In: L (L1), S. 219–241.

P **Poschmann, Henri (Hg. unter Mitarbeit von Rosemarie Poschmann 1992):** Georg Büchner: Schriften. Briefe. Dokumente. Frankfurt/M.

S **Wilh[elm] Schulz (1851):** Über: Nachgelassene Schriften von G. Büchner. In: Grab 1985 (vgl. CS, L1), S. 51–82.

W **Dedner, Burghard (Hg. unter Mitarb. von Arnd Beise, Ingrid Rehme, Eva-Maria Vering u. Manfred Wenzel 2005):** Georg Büchner: »Woyzeck«. Marburger Ausgabe. Bd. 7.2. Text, Editionsbericht, Quellen, Erläuterungsteile. Mainz.

2 Ausgaben

Gesamtausgaben

Büchner, Ludwig (Hg. 1850): Nachgelassene Schriften von Georg Büchner. Frankfurt/M.

Franzos, Karl Emil (Hg. 1879 [recte 1880]): Georg Büchner's Sämmtliche Werke und handschriftlicher Nachlaß. Erste kritische Gesammt-Ausgabe. Eingeleitet und hg. von Karl Emil Franzos. Mit Portrait des Dichters und Ansicht des Züricher Grabsteins. Frankfurt/M.

Landau, Paul (Hg. 1909): Georg Büchners Gesammelte Schriften. In zwei Bänden. Berlin.

Bergemann, Fritz (Hg. 1922): Georg Büchners sämtliche Werke und Briefe. Leipzig.

Lehmann, Werner R. (Hg. 1967/71): Georg Büchner: Sämtliche Werke und Briefe. Historisch-kritische Ausgabe mit Kommentar. 2 Bde. Hamburg.

Pörnbacher, Karl [u. a.] (Hgg. 1980): Georg Büchner: Werke und Briefe. Nachwort von Werner R. Lehmann. München.

Mayer, Thomas Michael (Hg. 1987): Georg Büchner: Gesammelte Werke. Erstdrucke und Erstausgaben in Faksimiles. 10 Bde. Frankfurt/M.

Poschmann, Henri (Hg. 1992/99): Georg Büchner: Sämtliche Werke, Briefe und Dokumente in zwei Bänden (1992/99). Frankfurt/M.

Dedner, Burghard / Mayer, Thomas Michael (Hgg. 2000ff.): Georg Büchner: Sämtliche Werke und Schriften. Historisch-kritische Ausgabe mit Quellendokumentation und Kommentar (Marburger Ausgabe). Im Auftrag der Akademie der Wissenschaften und der Literatur, Mainz. 10 Bde. Darmstadt.

Einzelausgaben

Mayer, Thomas Michael (Hg. 1987): Georg Büchner: Leonce und Lena. Kritische Studienausgabe. In: Dedner 1987 (L3), S. 7–88.

Hauschild, Jan-Christoph (Hg. 1994): Georg Büchner: Briefwechsel. Kritische Studienausgabe. Frankfurt/M.

Schaub, Gerhard (Hg. 1996): Georg Büchner, Friedrich Ludwig Weidig: Der Hessische Landbote. Studienausgabe. Stuttgart. (= Reclams Universal-Bibliothek. 9486.)

Gersch, Hubert (Hg. 1998): Georg Büchner: Lenz. Studienausgabe mit Quellenanhang und Nachwort. Durchges. und erw. Ausgabe. Stuttgart.

Dedner, Burghard (Hg. 1998a): Georg Büchner: Lenz. Neu hergestellt, kommentiert und mit zahlreichen Materialien versehen. Frankfurt/M. (= Suhrkamp BasisBibliothek. 4.)

Dedner, Burghard (Hg. 1999): Georg Büchner: Woyzeck. Studienausgabe. Nach der Edition von Thomas Michael Mayer. Stuttgart. (= Reclams Universal-Biblio-thek. 18007.)

Dedner, Burghard / Mayer, Thomas Michael (Hgg. 2003): Georg Büchner: Leonce und Lena. Studienausgabe. Stuttgart. (= Reclams Universal-Bibliothek. 18248.)

Poschmann, Henri (Hg. 2008): Georg Büchner: Woyzeck. Mit einem Kommentar. Frankfurt/M. (= Suhrkamp BasisBibliothek. 94.)

3 Sammelbände und Kataloge

Arnold, Heinz Ludwig (Hg. 1979): Georg Büchner I/II. Sonderband der Reihe text + kritik. München.

Arnold, Heinz Ludwig (Hg. 1981): Georg Büchner III. Sonderband der Reihe text + kritik. München.

Boehncke, Heiner / Sarkowicz, Hans (Hgg. 1997): Ein Haus für Büchner. Mit Beiträgen von Burghard Dedner, Dieter Bartetzko, Leo Leonhard, Herbert Heckmann, Hermann-Adolf Kunisch u. a. Marburg.

Bohnen, Klaus / Pinkert, Ernst-Ullrich (Hgg. 1988): Georg Büchner im interkulturellen Dialog. Vorträge des Kolloquiums vom 30.9.–1.10.1987 in der Universität Aalborg. München.

Cercignani, Fausto (Hg. 1990): Studia Büchneriana. Georg Büchner 1988. Milano.

Dedner, Burghard (Hg. 1987): Georg Büchner: *Leonce und Lena.* Kritische Studienausgabe, Beiträge zu Text und Quellen von Jörg Jochen Berns, Burghard Dedner, Thomas Michael Mayer und E. Theodor Voss. Frankfurt/M., S. 219–274.

Dedner, Burghard (Hg. 1990): Der widerständige Klassiker. Einleitungen zu Büchner vom Nachmärz zur Weimarer Republik. Frankfurt/M.

Dedner, Burghard / Oesterle, Günter (Hgg. 1990): Zweites Internationales Georg Büchner Symposium 1987. Referate. Veranstaltet vom Institut für Neuere deutsche Literatur der Philipps-Universität Marburg, dem Institut für Neuere deutsche Literatur der Justus-Liebig-Universität Gießen und der Georg Büchner Gesellschaft Marburg mit Unterstützung durch das Land Hessen. Frankfurt/M. (= Büchner-Studien. Bd. 6)

Georg Büchner 1813–1837 (1987, = KD). Revolutionär, Dichter, Wissenschaftler. Katalog der Ausstellung Mathildenhöhe, Darmstadt, 2. August – 27. September 1987. Basel, Frankfurt/M.

Georg Büchner Jahrbuch (= GBJb): Für die Georg Büchner-Gesellschaft und die Forschungsstelle Georg Büchner [...]: 1 (1981), 4 (1984) [1986], 6 (1986/87) [1990] und 7 (1988/89) [1991] hg. von Thomas Michael Mayer / 2 (1982) [1983], 3 (1983) [1984] und 5 (1985) [1986] hg. von Hubert Gersch, Thomas Michael Mayer und Günter Oesterle / 8 (1990–94) [1995] hg. von Burghard Dedner und Thomas Michael Mayer unter Mitarbeit von Reinhard Papst / 9 (1995–1999) [2000] und 10 (2000–2004) [2005] hg. von Burghard Dedner und Thomas Michael Mayer. Tübingen.

Georg Büchner. Leben, Werk, Zeit. (1986, = KM): Ausstellung zum 150. Jahrestag des *Hessischen Landboten*. Katalog. Bearbeitet von Thomas Michael Mayer unter Mitwirkung von Bettina Bischoff [u. a.]. Zweite, wesentlich verbesserte und vermehrte Auflage. Marburg.

Georg Büchner und seine Zeit. (1987): Ausstellung der Hessischen Staatsarchive. Hg. von Eckhart G. Franz unter Mitwirkung von Jürgen Rainer Wolf. Darmstadt.

Hauschild, Jan-Christoph (1987): Georg Büchner. Bilder zu Leben und Werk. Ausstellung des Heinrich-Heine-Instituts zum 150. Todestag. Düsseldorf.

Interpretationen (1990): Georg Büchner: Dantons Tod, Lenz, Leonce und Lena, Woyzeck. Stuttgart. (– Reclams Universal-Bibliothek. 8415.)

Martens, Wolfgang (Hg. 1965): Georg Büchner. Darmstadt. (= Wege der Forschung. 53.)

Martin, Ariane (Hg. 2002): Georg Büchner. Der Deutschunterricht 54, H. 6. [Themenheft.]

Mayer, Thomas Michael (Hg. 1987): Insel-Almanach auf das Jahr 1987. Georg Büchner. Frankfurt/M.

Mills, Ken / Keith-Smith, Brian (Hgg. 1990): Georg Büchner – Tradition and Innovation. Fourteen Essays. Bristol.

Poschmann, Henri / Malende, Christine (Hgg. 1992): Wege zu Georg Büchner. Internationales Kolloquium der Akademie der Wissenschaften (Berlin-Ost). Berlin [u. a.].

Sevin, Dieter (Hg. 2007): Georg Büchner. Neue Perspektiven zur internationalen Rezeption. Berlin.

Werner, Hans-Georg (Hg. 1988): Studien zu Georg Büchner. Berlin, Weimar.

4 Darstellungen zu Leben und Werk

Anton, Herbert (1975): Büchners Dramen. Topographien der Freiheit. Paderborn.

Arendt, Dieter (1988): Georg Büchner als Medizinstudent und Revolutionär in Gießen oder „eine hohle Mittelmäßigkeit in allem". In: Bohnen / Pinkert (L3), S. 19–50.

Baumann, Gerhart (1976): Georg Büchner. Die dramatische Ausdruckswelt. 2., durchges. u. erg. Aufl. Göttingen.

Gnüg, Hiltrud (1980): Georg Büchner. In: Hinck, Walter (Hg.): Handbuch des deutschen Dramas. Düsseldorf, S. 286–300.

Hasselbach, Karlheinz (2006): Georg Büchner. Überarbeitete Ausgabe. Stuttgart. (= Reclams Universal-Bibliothek. 15212.)

Hauschild, Jan-Christoph (1997, = H): Georg Büchner. Biographie. Vom Autor überarbeitete Ausgabe. Berlin.

Hauschild, Jan-Christoph (1992): Georg Büchner. Reinbek. (= rowohlts monographien. 503.)

Hauschild, Jan-Christoph (1985): Georg Büchner. Studien und neue Quellen zu Leben, Werk und Wirkung. Mit zwei unbekannten Büchner-Briefen. Königstein/Ts. (= Büchner-Studien. 2.)

Heydorn, Heinz-Joachim (1987): Georg Büchner. Ein Essay aus dem Nachlaß. Mit fünf Radierungen von Alfred Hrdlicka zu Georg Büchners Lenz und Texten von Gernot Koneffke und Reinhard Pabst. Darmstadt.

Hinderer, Walter (1977): Büchner-Kommentar zum dichterischen Werk. München.

Hohendahl, Peter Uwe (1992): Nachromantische Subjektivität: Büchners Dramen. In: Poschmann / Malende (L3), S. 11–26.

Jancke, Gerhard (1975): Georg Büchner. Genese und Aktualität seines Werkes. Einführung in sein Gesamtwerk. Kronberg/Ts.

Knapp, Gerhard P. (2000, = K): Georg Büchner. 3., vollst. überarb. Aufl. Stuttgart, Weimar.

Martin, Ariane (2007): Georg Büchner. Stuttgart. (= Reclams Universal-Bibliothek. 17670.)

Mayer, Hans (1946): Georg Büchner und seine Zeit. Wiesbaden.

Mayer, Thomas Michael (1979): Georg Büchner. Eine kurze Chronik zu Leben und Werk. In: Arnold 1979 (L3), S. 357–425.

Poschmann, Henri (1983): Georg Büchner. Dichtung der Revolution und Revolution der Dichtung. Berlin, Weimar.

Reddick, John (1994): Georg Büchner. The Shattered Whole. Oxford.

Thorn-Prikker, Jan (1978): Revolutionär ohne Revolution. Interpretationen der Werke Georg Büchners. Stuttgart.

Viëtor, Karl (1949): Georg Büchner. Politik, Dichtung, Wissenschaft. Bern.

Wittkowski, Wolfgang (1978): Georg Büchner. Persönlichkeit, Weltbild, Werk. Heidelberg.

Zons, Raimar St. (1976): Georg Büchner. Dialektik der Grenze. Bonn. (= Abhandlungen zur Kunst-, Musik- und Literaturwissenschaft. 208.)

5 Einzelaspekte zum Gesamtwerk

Anz, Heinrich (1981): „Leiden sey all mein Gewinnst" – Zur Aufnahme und Kritik christlicher Leidenstheologie bei Georg Büchner. In: GBJb 1 (1981), S. 160–168.

Beeck, Manfred in der (1963): Georg Büchner als Psychopathologe. In: Materia Medica Nordmark 15, S. 665–668.

Bell, Gerda E. (1972): Windows: A Study of a Symbol in Georg Büchner's Work. In: Germanic Review 47, S. 95–108.

Braun, Michael (2002): „Hörreste, Sehreste." Das literarische Fragment bei Büchner, Kafka, Benn und Celan. Köln.

Buck, Theo (1979): ‚Man muß die Menschheit lieben'. Zum ästhetischen Programm Georg Büchners. In: Arnold 1979 (L3), S. 15–34.

Dannenberg, Hilary P. (1994): The Changing Heavens. Major Recurrent Images in the Poetic Writings of Georg Büchner. Rheinbach.

Demmel, Gerolf (1988): Georg Büchner in faschistischer Sicht. In: Hubert Orlowski / Günter Hartung (Hgg.): Traditionen und Traditionssuche des deutschen Faschismus. 2. Protokollband. Poznań, S. 107–116.

Drux, Rudolf (2000): ‚Holzpuppen'. Bemerkungen zu einer poetologischen ‚Kampfmetapher' bei Büchner und ihrer antiidealistischen Stoßrichtung. In: GBJb 9 (1995–99), S. 237–253.

Dymschitz, Alexander L. (1962): Die ästhetischen Anschauungen Georg Büchners. In: Weimarer Beiträge 8, S. 108–123.

Fischer, Heinz (1987): Georg Büchner und Alexis Muston. Untersuchungen zu einem Büchner-Fund. München.

Holmes, Terence M. (1990): Georg Büchners ‚Fatalismus' als Voraussetzung seiner Revolutionsstrategie. In: GBJb 6 (1986/87), S. 59–72.

Issa, Hoda (1988): Das ‚Niederländische' und die ‚Autopsie'. Die Bedeutung der Vorlage für Georg Büchners Werke. Frankfurt/M. [u. a.].

Kahl, Joachim (1983): „Der Fels des Atheismus“ – Epikurs und Georg Büchners Kritik an der Theodizee. In: GBJb 2 (1982), S. 99–125.

Kubik, Sabine (1991): Krankheit und Medizin im literarischen Werk Georg Büchners. Stuttgart.

Lehmann, Werner R. (1967): Textkritische Noten. Prolegomena zur Hamburger Büchner-Ausgabe. Hamburg.

Ludwig, Peter (1998): „Es gibt eine Revolution in der Wissenschaft“. Naturwissenschaft und Dichtung bei Georg Büchner. St. Ingbert.

Lukács, Georg (1951): von Der faschistisch verfälschte und der wirkliche Georg Büchners. Zu seinem hundertsten Todestag am 19. Februar 1937. In: Ders.: Deutsche Realisten des 19. Jahrhunderts. Berlin, S. 66–88.

Mayer, Hans (1954): Georg Büchners ästhetische Anschauungen. In: ZfdPh 73, S. 129–160.

Meier, Albert (1983): Georg Büchners Ästhetik. München. (= Literatur in der Gesellschaft. N. F. 5.)

Müller Nielaba, Daniel (2001): Die Nerven lesen. Zur Leitfunktion von Georg Büchners Schreiben. Würzburg.

Müller-Sievers, Helmut (2003): Desorientierung, Anatomie und Dichtung bei Georg Büchner. Göttingen.

Payk, Theo R. (1974): Büchners literarische Gestalten aus psychopathologischer Sicht. In: Confinia Psychiatrica 17/2, S. 101–110.

Pethes, Nicolas (1999): „Er meinte, er müsse den Sturm in sich ziehen ...“. Lacan mit Büchner und die imaginäre Zeit des Erzählens. In: Erich Kleinschmidt / Nicolas Pethes (Hgg.): Lektüren des Imaginären. Köln [u. a.], S. 151–178.

Reuchlein, Georg (1986): Bürgerliche Gesellschaft, Psychiatrie und Literatur. Zur Entwicklung der Wahnsinnsthematik in der deutschen Literatur des späten 18. und frühen 19. Jahrhunderts. München.

Roth, Udo (2004): Georg Büchners naturwissenschaftliche Schriften. Ein Beitrag zur Geschichte der Wissenschaften vom Lebendigen in der ersten Hälfte des 19. Jahrhunderts. Tübingen.

Roth, Udo (2002): Naturwissenschaftliches im literarischen Werk Georg Büchners. In: Martin (L3), S. 58–67.

Roth, Udo / Stiening, Gideon (2000): Gibt es eine Revolution in der Wissenschaft? Zu wissenschafts- und philosophiehistorischen Tendenzen in der neueren Büchner-Forschung. In: Scientia Poetica 4, S. 192–215.

Schings, Hans-Jürgen (1980): Der mitleidigste Mensch ist der beste Mensch. Poetik des Mitleids von Lessing bis Büchner. München.

Schmidt, Axel (1991): Tropen der Kunst: Zur Bildlichkeit der Poetik bei Georg Büchner. Wien.

Schwann, Jürgen (1997): Georg Büchners implizite Ästhetik. Rekonstruktion und Situierung im ästhetischen Diskurs. Tübingen.

Stiening, Gideon (2005): „Der Spinozismus ist der Enthusiasmus der Mathematik". Anmerkungen zu Georg Büchners Spinoza-Rezeption. In: GBJb 10 (2000–2004), S. 207–239.

Stiening, Gideon (2002): Georg Büchner und die Philosophie. In: Martin (L3), S. 47–59.

Stiening, Gideon (1999): Schönheit und Ökonomie-Prinzip. Zum Verhältnis von Naturwissenschaft und Philosophiegeschichte bei Georg Büchner. In: Scientia Poetica 3, S. 95–121.

Vietta, Silvio (1983): Sprachkritik bei Büchner. In: GBJb 2 (1982), S. 144–156.

Vollhart, Friedrich (1991): „Unmittelbare Wahrheit". Zum literarischen und ästhetischen Kontext von Georg Büchners Descartes-Studien. In: Jb. d. dt. Schillergesellschaft 35, S. 196–211.

von Hoff, Dagmar / Martin, Ariane (2008): Intermedialität, Mediengeschichte, Medientransfer. Zu Georg Büchners Parallelprojekten *Woyzeck* und *Leonce und Lena*. München.

Weiland, Werner (2001): Büchners Spiel mit Goethemustern. Zeitstücke zwischen der Kunstperiode und Brecht. Würzburg.

Wülfing, Wolf (1990): „Ich werde, du wirst, er wird." Zu Georg Büchners ‚witziger' Rhetorik im Kontext der Vormärzliteratur. In: Dedner / Oesterle (L3), S. 455–475.

6 *Der Hessische Landbote*

Bühnemann, Wolfgang (2006): Georg Büchners: *Der Hessische Landbote*. Interpretationshilfe Deutsch. Freising.

Burkhardt, Armin (2002): Politische Sprache in der Literatur. Am Beispiel Georg Büchners. In: Muttersprache 112 (2002), S. 387–407.

Grab, Walter (1990): Georg Büchners *Hessischer Landbote* im Kontext deutscher Revolutionsaufrufe 1791–1848. In: Dedner / Oesterle (L3), S. 65–83.

Görisch, Reinhard / Mayer, Thomas Michael (1982): Untersuchungsberichte zur republikanischen Bewegung in Hessen 1831–1834. Frankfurt/M.

Guldin, Rainer (1999): Körpermetaphern. Zum Verhältnis von Politik und Medizin. Würzburg.

Holmes, Terence M. (1986): Druckfehler und Leidensmetaphern als Fingerzeige zur Autorschaft einer *Landboten*-Stelle. In: GBJb 5 (1985), S. 11–17.

Klotz, Volker (1975): Agitationsvorgang und Wirkprozedur in Büchners *Hessischem Landboten*. In: Helmut Arntzen [u. a.]: Literaturwissenschaft und Geschichtsphilosophie. Festschrift für Wilhelm Emrich. Berlin, New York, S. 388–405.

Mayer, Thomas Michael (1987): Die ‚Gesellschaft der Menschenrechte' und der *Hessische Landbote*. In: KM (L1), S. 314–324.

Mayer, Thomas Michael (1981): Die Verbreitung und Wirkung des *Hessischen Landboten*. In: GBJb 1, S. 68–111.

Mayer, Thomas Michael (1980): Georg Büchner und der *Hessische Landbote*. Volksbewegung und revolutionärer Demokratismus in Hessen 1830–1835. Ein Arbeitsbericht. In: Otto Büsch / Walter Grab (Hgg.): Die demokratische Bewegung in Mitteleuropa im ausgehenden 18. und frühen 19. Jahrhundert. Ein Tagungsbericht. Berlin, S. 360–390.

Mayer, Thomas Michael (1979): Büchner und Weidig – Frühkommunismus und revolutionäre Demokratie. Zur Textverteilung des *Hessischen Landboten*. In: Arnold 1979 (L3), S. 16–288.

Müller Nielaba, Daniel (1994): Das Loch im Fürstenmantel. Überlegungen zu einer Rhetorik des Bildbruchs im *Hessischen Landboten*. In: Colloquia Germanica 27, S. 123–140.

Noellner, Friedrich (1844): Actenmäßige Darlegung des wegen Hochverraths eingeleiteten gerichtlichen Verfahrens gegen Pfarrer D. Friedrich Ludwig Weidig, mit besonderer Rücksicht auf die rechtlichen Grundsätze über Staatsverbrechen und deutsches Strafverfahren, sowie auf die öffentliche Verhandlungen über die politischen Processe im Großherzogthume Hessen überhaupt und die späteren Untersuchungen gegen die Brüder des D. Weidig. Darmstadt. [= N]

Ruckhäberle, Hans-Joachim (1975): Flugschriftenliteratur im historischen Umkreis Georg Büchners. Kronberg i. Ts.

Schäeffer, Martin (1839): Actenmäßige Darlegung der im Großherzogthume Hessen in den Jahren 1832 bis 1835 stattgehabten hochverrätherischen und sonstigen damit in Verbindung stehenden verbrecherischen Unternehmungen. Darmstadt.

Schaub, Gerhard (1996, = HL): Georg Büchner, Friedrich Ludwig Weidig: *Der Hessische Landbote*. Studienausgabe. Stuttgart. (= Reclams Universal-Bibliothek. 9486.)

Schaub, Gerhard (1977): Statistik und Agitation. Eine neue Quelle zu Büchners *Hessischem Landboten*. In: Herbert Anton [u. a.]: Geist und Zeichen. Heidelberg, S. 351–375.

7 *Danton's Tod*

Becker, Peter von (Hg. 1985): Georg Büchner: *Dantons Tod.* Kritische Studienausgabe des Originals mit Quellen, Aufsätzen und Materialien. Frankfurt/M.

Behrmann, Alfred / Wohlleben, Joachim (1980): Büchner: Dantons Tod. Eine Dramenanalyse. Stuttgart.

Breuer, Ingo (2002): Die Theatralität der Geschichte in Georg Büchners *Danton's Tod.* In: Martin (L3), S. 5–13.

Buck, Theo (1990): „Die Majestät des Absurden". Zum Schluß von Büchners *Dantons Tod.* In: Cercignani (L3), S. 37–56.

Buck, Theo (1986): Grammatik einer neuen Liebe. Anmerkungen zu Georg Büchners Marion-Figur. Aachen.

Dedner, Burghard (1992): Verführungsdialog und Tyrannentragödie. Tieckspuren in *Dantons Tod.* In: Burghard Dedner / Ulla Hofstaetter (Hgg.): Romantik im Vormärz. Marburg, S. 31–89.

Dedner, Burghard (1990): Georg Büchner: *Dantons Tod.* Zur Rekonstruktion der Entstehung anhand der Quellenverarbeitung. In: GBJb 6 (1986/87), S. 106–131.

Dedner, Burghard (1985): Legitimationen des Schreckens in Georg Büchners Revolutionsdrama. Jb. der dt. Schillergesellschaft 29, S. 343–380.

Dedner, Ulrike (2005): Der relative Zuwachs revolutionärer Wirklichkeit in Georg Büchners Revolutionsdrama *Danton's Tod.* In: GBJb 10 (2000–2004), S. 103–120.

Dissel, Sabine (2005): „Ha, kannst du mir vergeben, Porcia?" Interpretationsansätze im Kontext der Shakespeare-Anspielungen in *Danton's Tod.* In: GBJb 10 (2000–2004), S. 53–64.

Doppler, Bernhard (2007): *Dantons Tod* 2004 auf deutschsprachigen Bühnen. Ein Jahresbericht. In: Sevin (L3), S. 301–317.

Eibl, Karl (1981): „Ergo todtgeschlagen". Erkenntnisgrenzen und Gewalt in Büchners *Dantons Tod* und *Woyzeck.* In: Euphorion 75, S. 411–429.

Fellrath, Ingo (1991): „Der Freiheit eine Gasse!" Eine stoff- und wirkungsgeschichtliche Anmerkung zu *Dantons Tod.* In: GBJb 7 (1988/89), S. 282–296.

Fuhrmann, Helmut (1991): Die Dialektik der Revolution – Georg Büchners *Dantons Tod.* Jb. d. dt. Schillergesellschaft 35, S. 212–233.

Funk, Gerald (2002): Georg Büchner: *Dantons Tod* nach der Historisch-kritischen Marburger Ausgabe. Erläuterungen und Dokumente. Stuttgart. (= Reclams Universal-Bibliothek. 16034.)

Härter, Andreas (2002): Der Untergang des Redners. Das Dementi der Rhetorik in Büchners Drama *Dantons Tod.* In: Rhetorik 21, S. 84–101.

Hauschild, Jan-Christoph (1992): *Danton's Tod.* Zur Werkgenese von Büchners Revolutionsdrama. In: Grabbe-Jahrbuch 11, S. 90–135.

Hess-Lüttich, Ernest W. B. (2007): Streit in *Danton's Tod.* Eine dialoglinguistische Studie. In: Sprache und Literatur 38/2, S. 77–97.

Hiebel, Hans H. (2005): Republikanische Motive in Georg Büchners *Danton's Tod.* In: GBJb 10 (2000–2004), S. 65–81.

Hiebel, Hans H. (2008): Zweistimmige Sätze. Büchners *Danton's Tod.* In: Nigel Harris / Joanne Sayner (Hgg.): The Text and ist Context. Oxford, S. 95–108.

Hinderer, Walter (1983): „Dieses Schwanzstück der Schöpfung". Büchners *Dantons Tod* und die *Nachtwachen des Bonaventura.* In: GBJb 2 (1982), S. 316–342.

Holmes, Terence M. (1995): The Rehearsal of Revolution. Georg Büchner's Politics and his Drama *Dantons Tod.* Bern.

Horton, David (1988): „Die gliederlösende, böse Liebe". Observations on the Erotic Theme in Büchner's *Dantons Tod.* In: DVjs 62, S. 290–306.

Kurz, Gerhard (1991): Guillotinenromantik. Zu Büchners *Dantons Tod.* In: ZfdPh 110, S. 550–574.

Mayer, Thomas Michael (2000): Georg Büchners Situation im Elternhaus und der Anlaß der Flucht aus Darmstadt Anfang März 1835. In: GBJb 9 (1995–99), S. 33–92.

Mayer, Thomas Michael (1990): „An die Laterne!" Eine unbekannte ‚Quellenmontage' in *Dantons Tod* (I, 2). In: GBJb 6 (1986/87), S. 132–158.

Michelsen, Peter (1978): *Dantons Tod* und das Erwachen von Büchners sozialem Selbstverständnis. In: DVjs 50, S. 434–448.

Nagel, Ivan (1991): Seuche, Vulkan, Überschwemmung: Saint-Just als Naturforscher. In: GBJb 7 (1988/89), S. 83–90.

Niehoff, Reiner (1991): Die Herrschaft des Textes. Zitattechnik als Sprachkritik in Georg Büchners Drama *Danton's Tod* unter Berücksichtigung der *Letzten Tage der Menschheit* von Karl Kraus. Tübingen.

Oesterle, Ingrid (1992): „Zuckungen des Lebens". Zum Antiklassizismus von Büchners Schmerz-, Schrei- und Todesästhetik. In: Poschmann / Malende (L3), S. 61–84.

Patsch, Hermann (2005): Robespierre als „impotenter Mahomet". Bemerkungen zu einer Szene in Büchners *Danton's Tod* III/6. In: GBJb 10 (2000–2004), S. 121–132.

Port, Ulrich (2004): Vom „erhabnen Drama der Revolution" zum „Selbstgefühl" ihrer Opfer. Pathosformeln und Affektdramaturgie in Büchners *Dantons Tod.* In: ZfdPh 123, H. 2, S. 206–225.

Ruckhäberle, Hans-Joachim (1981): Georg Büchners *Dantons Tod* – Drama ohne Alternative. In: GBJb 1 (1981), S. 169–176.

Schmidt, Henry J. (1990): Frauen, Tod und Revolution in den Schlußszenen von Büchners *Dantons Tod.* In: Dedner / Oesterle (L3), S. 286–305.

Sieß, Jürgen (1975): Zitat und Kontext. Eine Studie zu den Dramen *Dantons Tod* und *Leonce und Lena.* Göppingen.

Taniguchi, Koji (2005): Zwischen Idee und Leib. Georg Büchners weltanschauliche Stellung in *Dantons Tod.* In: GBJb 10 (2000–2004), S. 83–102.

Taylor, Rodney (1995): Büchner's *Danton* and the Metaphysics of Atheism. In: DVJs 69, S. 231–246.

Turk, Horst (1992): „Aber die Zeit verliert uns". Zur Struktur der historischen Zeit am Beispiel von Büchners *Danton.* In: Enno Rudolph / Heinz Wismann (Hgg.): Sagen, was die Zeit ist. Analysen zur Zeitlichkeit der Sprache. Stuttgart, S. 93–112.

Ueding, Cornelie (1981): *Dantons Tod* – Drama der unmenschlichen Geschichte. In: Walter Hinck (Hg.): Geschichte als Schauspiel. Deutsche Geschichtsdramen. Interpretationen. Frankfurt/M., S. 210–226.

Viëtor, Karl (1934): von Die Tragödie des heldischen Pessimismus. Über Büchners Drama *Dantons Tod.* In: DVjs 12, S. 173–209.

Voges, Michael (1990): *Dantons Tod.* In: Interpretationen (L3), S. 7–61.

Weineck, Silke-Maria (2000): Sex and History, or Is there an Erotic Utopia in *Dantons Tod.* In: The German Quarterly 73, S. 351–365.

Wender, Herbert (1992): „Die sociale Revolution ist noch nicht fertig". Beurteilungen des Revolutionsverlaufs in *Dantons Tod.* In: Poschmann / Malende (L3), S. 117–132.

Wender, Herbert (1990): Anspielungen auf das zeitgenössische Kunstgeschehen in *Danton's Tod.* In: Dedner / Oesterle (L3), S. 223–244.

Wender, Herbert (1988): Georg Büchners Bild der Großen Revolution. Zu den Quellen von *Danton's Tod.* Frankfurt/M. (= Büchner-Studien. 4.)

Werge, Liselotte (2000): „Ich habe keinen Schrei für den Schmerz, kein Jauchzen für die Freude …". Zur Metaphorik und Deutung des Dramas *Dantons Tod* von Georg Büchner. Stockholm.

Werner, Hans-Georg (1989): Büchners aufrührerischer Materialismus. Zur geistigen Struktur von *Dantons Tod.* In: Weimarer Beiträge 35, S. 1765–1779.

Zeller, Rosmarie (1990): *Dantons Tod* und die Poetik des Geschichtsdramas. In: Dedner / Oesterle (L3), S. 146–174.

8 *Lenz*

Arendt, Dieter (1990): Georg Büchner über J.M.R. Lenz oder: „die idealistische Periode fing damals an." In: Dedner / Oesterle (L3), S. 309–332.

Baumann, Gerhart (1958): Georg Büchner: *Lenz*. Seine Struktur und der Reflex des Dramatischen. In: Euphorion 52, S. 153–173.

Bernhardt, Rüdiger (2007): Erläuterungen zu Georg Büchner. *Lenz*. Hollfeld.

Borst, Eva (1988): Der Einfluß der niederländischen Genre-Malerei auf Georg Büchners Erzählung *Lenz*. In: literatur für leser 11, H. 2, S. 98–106.

Dannenberg, Hilary P. (2000): Die Dreidimensionalisierung des erzählten Raumes in Büchners *Lenz*. In: GBJb 9 (1995–1999), S. 263–280.

Dedner, Burghard (2001): Biographie und Pathographie. Jakob Lenz' Krankheitsgeschichte in den Erzählungen von Zeitzeugen, Dichtern und Wissenschaftlern. In: Querelles 6, S. 55–69.

Dedner, Burghard (1998b): Der Fall Jakob Lenz, Büchners Lenz und die Gattung der literarischen Pathographie. In: Dedner 1998a (L2), S. 41–56.

Dedner, Burghard (1995a): Büchners *Lenz*: Rekonstruktion der Textgenese. In: GBJb 8 (1990–94), S. 3–68.

Dedner, Burghard (1995b): Der autobiographische und biographische Text als literarische Quelle. Oberlins Bericht ‚Herr L......' und Büchners ‚Lenz'. In: Jochen Golz (Hg.): Edition von autobiographischen Schriften und Zeugnissen zur Biographie. Tübingen, S. 218–227.

Dedner, Burghard / Gersch, Hubert / Martin, Ariane (Hgg. 1999): ‚Lenzens Verrückung'. Chronik und Dokumente zu J.M.R. Lenz von Herbst 1777 bis Frühjahr 1778. Tübingen. (= Büchner-Studien. 8.)

Descourvières, Benedikt (2006): Der Wahnsinn als Kraftfeld. Eine symptomatische Lektüre zu Georg Büchners Erzählung *Lenz*. In: Weimarer Beiträge 52/2, S. 103–226.

Diersen, Inge (1991): Büchners *Lenz* im Kontext der Entwicklung von Erzählprosa im 19. Jahrhundert. In: GBJb 7 (1988/89), S. 91–125.

Durzak, Manfred (1989): Die Gegenwärtigkeit von Büchners *Lenz*: Im Kontext modernen Erzählens. In: Ders.: Die Kunst der Kurzgeschichte. München. (= UTB. 1519.) S. 85–105.

Durzak, Manfred (1988): Die Modernität Georg Büchners. *Lenz* und die Folgen. In: L'80, H. 45, S. 132–146.

Erb, Andreas (1997): Georg Büchner. *Lenz*. Eine Erzählung. Interpretation von Andreas Erb. München. (= Oldenbourg-Interpretationen. 87.)

Friedrich, Gerhard (2005): Lenzens und Werthers Leiden. Zur Demontage eines ästhetischen Modells. In: GBJb 10 (2000–04), S. 133–171.

Furness, N. A. (1982): A Note on Büchner's *Lenz*: „... nur war es ihm manchmal unangenehm, daß er nicht auf dem Kopf gehn konnte." In: Forum for Modern Language Studies 18, S. 313–316.

Gersch, Hubert (1998): Der Text, der (produktive) Unverstand des Abschreibers und die Literaturgeschichte. Johann Friedrich Oberlins Bericht »Herr L......« und die Textüberlieferung bis zu Georg Büchners *Lenz*-Entwurf. Tübingen. (= Büchner-Studien. 7.)

Gersch, Hubert (1984): Nachwort. In: Georg Büchner: Lenz. Studienausgabe. Stuttgart. (= Universalbibliothek. 8210.) S. 58–77.

Gersch, Hubert (1981): Büchners *Lenz*-Entwurf: Textkritik. Edition und Erkenntnisperspektiven. Ein Zwischenbericht. In: GBJb 1 (1981), S. 243–249.

Gersch, Hubert / Schmalhaus, Stefan (1991): Die Bedeutung des Details: J.M.R. Lenz, Abbadona und der ‚Abschied'. Literarisches Zitat und biographische Selbstinterpretation. In: GRM 41, S. 365–412.

Gödtel, Reiner (1980): Das Psychotische in Büchners ‚Lenz'. In: Horizonte 4, H. 16/17, S. 34–43.

Greiner, Bernhard (2001): Bildbeschreibung und ‚Selbstsorge' – zwei Grenzfälle: Kleists Essay *Empfindungen vor Friedrichs Seelandschaft* und das Kunstgespräch in Büchners *Lenz.* In: Heinz J. Drügh / Maria Moog-Grünewald (Hgg.): Behext von Bildern. Bilder als Faszinosum für Texte. Heidelberg, S. 87–100.

Hanamoto, Mie (2000): Das Kind als Schlüsselmotiv in Büchners *Lenz*. In: GBJb 9 (1995–99), S. 254–262.

Harris, Edward P. (1973): J.M.R. Lenz in German Literature. From Büchner to Bobrowski. In: Colloquia Germanica 3, S. 214–233.

Hasselbach, Karlheinz (1986): Georg Büchner. Lenz. Interpretation. München. (= Oldenbourg-Interpretationen. 5.)

Hasubek, Peter (1969): ‚Ruhe' und ‚Bewegung'. Versuch einer Stilanalyse von Georg Büchners *Lenz*. In: GRM, N.F. 19, S. 33–59.

Hertling, Gunter H. (1995): Georg Büchner und Jakob Michael Reinhold Lenz im ‚Kunstgespräch': Anmerkungen übers Theater des Lebens. In: Text und Kontext 19, H. 1, S. 25–45.

Hinderer, Walter (1990): Lenz. „Sein Dasein war ihm eine notwendige Last". In: Interpretationen (L3), S. 63–117.

Hörisch, Jochen (1987): Pathos und Pathologie. Der Körper und die Zeichen in Büchners *Lenz*. In: KD (L1), S. 267–275.

Hofmann, Gert (1987): Der Anfang. Entwicklung von Erzählstrukturen. Büchners *Lenz*. In: Freibord 12, H. 61/62, S. 74–85.

Holub, Robert C. (1985): The Paradoxes of Realism: An Examination of the ‚Kunstgespräch' in Büchner's *Lenz*. In: DVjs 59, S. 102–124.

Irle, Gerhard (1965): Büchners *Lenz*. Eine frühe Schizophreniestudie. In: Ders.: Der psychiatrische Roman. Stuttgart, S. 73–84.

Kirsch, Konrad (2001): Vom Autor zum Autosalvator: Georg Büchners *Lenz*. Sulzbach.

Kubitschek, Peter (1988): Die tödliche Stille der verkehrten Welt. Zu Georg Büchners ‚Lenz'. In: Werner (L3), S. 86–104.

Kuchle, Eric Adam (2001): Licht und Finsternis in Büchners *Lenz*. In: New German Review 15/16 (1999–2001), S. 23–35.

Ladnar, Ulrike (2001): Georg Büchner. Lenz. Unterrichtsvorschläge und Kopiervorlagen zu Buch, Audio-Book, CD-ROM. Berlin.

Lürßen, Ernst (1996): Büchners *Lenz*. Der psychotische Bruch mit der Realität oder das Scheitern an der Welt. In: Gisela Greve (Hg.): Kunstbefragung. Dreißig Jahre psychoanalytische Werkinterpretation. Tübingen, S. 105–134.

Luserke, Matthias (2001): Über Büchners *Lenz*. „<x–x>" oder „Hieroglyphen, Hieroglyphen [...] Hieroglyphen". In: Andreas Meier (Hg.): Jakob Michael Reinhold Lenz. Vom Sturm und Drang zur Moderne. Heidelberg. (= Beihefte zum Euphorion. 41.) S. 47–59.

Mahoney, Dennis F. (1984): The Sufferings of Young Lenz. The Function of Parody in Büchner's *Lenz*. In: Monatshefte 76, S. 396–408.

Marggraf, Hermann (1843): Karl Gutzkow. In: Blätter für literarische Unterhaltung, 20. Oktober 1843 (Nr. 293), S. 1173.

Martin, Ariane (2002): Die kranke Jugend. J. M. R. Lenz und Goethes *Werther* in der Rezeption des Sturm und Drang bis zum Naturalismus. Würzburg.

Martin, Ariane (2001): Die Nobilitierung der Krankheit. Zu einer Linie der Lenz-Rezeption im 19. Jahrhundert. In: Andreas Meier (Hg. 2001): Jakob Michael Reinhold Lenz. Vom Sturm und Drang zur Moderne. Heidelberg, S. 61–74.

Meier, Andreas (Hg. 2001): Jakob Michael Reinhold Lenz. Vom Sturm und Drang zur Moderne. Heidelberg. (= Beihefte zum Euphorion. 41.)

Menke, Timm Reiner (1984): Lenz-Erzählungen in der deutschen Literatur. Hildesheim, Zürich, New York.

Michels, Gerd (1981): Landschaft in Georg Büchners ‚Lenz'. In: Ders.: Textanalyse und Textverstehen. Heidelberg, S. 12–33.

Moos, Walter (1938): Büchners *Lenz*. In: Schweizer Archiv für Neurologie und Psychiatrie 42, S. 97–114.

Müller, Peter (Hg. 1995): J.M.R. Lenz im Urteil dreier Jahrhunderte: Texte der Rezeption von Werk und Persönlichkeit: 18.–20. Jahrhundert. Unter Mitarbeit von Jürgen Stötzer. 3 Bde. Bern [u. a.].

Neuhuber, Christian (2009): Lenz-Bilder. Bildlichkeit in Büchners Erzählung und ihre Rezeption in der bildenden Kunst. Köln, Weimar, Wien.

Oesterle, Ingrid (1995): „Ach, die Kunst – ach die erbärmliche Wirklichkeit“. Ästhetische Modellierungen des Lebens und ihre Dekomposition in Georg Büchners *Lenz*. In: Bernhard Spies (Hg.): Ideologie und Utopie in der deutschen Literatur der Neuzeit. Würzburg, S. 58–67.

Pascal, Roy (1998): Büchner's *Lenz* – Style and Message. In: Oxford German Studies 9, S. 68–83.

Pilger, Andreas (1995): Die „idealistische Periode“ in ihren Konsequenzen. Georg Büchners kritische Darstellung des Idealismus in der Erzählung *Lenz*. In: GBJb 8 (1990–94), S. 104–125.

Pongs, Hermann (1935): Ein Beitrag zum Dämonischen im Biedermeier. In: Euphorion 36, S. 251–253.

Pütz, Heinz-Peter (1965): Büchners Lenz und seine Quelle. Bericht und Erzählung. In: ZfdPh 84, Sonderheft: Moderne deutsche Dichtung, S. 1–22.

Reuchlein, Georg (1996): „... als jage der Wahnsinn auf Rossen hinter ihm“. Zur Geschichtlichkeit von Georg Büchners Modernität: eine Archäologie der Darstellung seelischen Leidens im Lenz. In: Jb. für internationale Germanistik 28, S. 59–111.

Roche, Mark W. (1988): Die Selbstaufhebung des Antiidealismus in Büchners Lenz. In: ZfdPh 107, Sonderheft: Studien zur deutschen Literatur von der Romantik bis Heine, S. 136–147.

Rößer, Hans Otto (2005): Die kritische Perspektive aufs Subjekt in Büchners *Lenz*. In: GBJb 10 (2000–04), S. 173–205.

Schaub, Gerhard (1996): Georg Büchner: Lenz. Erläuterungen und Dokumente. Durchges. u. bibliograph. ergänzte Ausg. Stuttgart. (= Reclams Universal-Bibliothek. 8180.)

Schmidt, Harald (1998): Schizophrenie oder Melancholie? Zur problematischen Differentialdiagnostik in Georg Büchners *Lenz*. In: ZfdPh 117, S. 516–542.

Schmidt, Harald (1994): Melancholie und Landschaft. Die psychotische und ästhetische Struktur der Naturschilderungen in Georg Büchners *Lenz*. Opladen.

Seling-Dietz, Carolin (2000): Büchners *Lenz* als Rekonstruktion eines Falls ‚religiöser Melancholie‘. In: GBJb 9 (1995–99), S. 188–236.

Stern, Sheila (2001): Truth so Difficult: George Eliot and Georg Büchner, a shared Theme. In: The Modern Language Review 96/1, S. 1–13.

Thieberger, Richard (1984): *Lenz* lesend. In: GBJb 3 (1983), S. 43–75.

Thorn-Prikker, Jan (1981): „Ach, die Wissenschaft, die Wissenschaft!“ Bericht über die Forschungsliteratur zu Büchners *Lenz*. In: Arnold 1979 (L3), S. 180–194.

Ullmann, Bo (1975): Zur Form in Georg Büchners ‚Lenz‘. In: Helmut Müssener / Hans Rossipal (Hgg.): Impulse. Dank an Gustav Korlén zu seinem 60. Geburtstag. Stockholm, S. 161–182.

Viëtor, Karl (1937): Lenz. Erzählung von Georg Büchner. In: GRM 25, S. 2–15.

Walker, John (1997): „Ach die Kunst! ... Ach, die erbärmliche Wirklichkeit!“ Suffering, empathy and the relevance of realism in Büchner's *Lenz*. In: Forum for Modern Language Studies 33/2, S. 156–170.

Weiland, Werner (2004): Kritik der neuen Textanordnung von Büchners *Lenz*. Eine konstruktive Entgegnung mit *Werther*-Parallelen. In: Detlev Kopp / Hans-Martin Kruckis (Hgg.): Goethe im Vormärz. Bielefeld, S. 203–243.

Wender, Herbert (2000): Zur Genese des *Lenz*-Fragments. Eine Kritik an Burghard Dedners Rekonstruktionsversuch. In: GBJb 9 (1995–99), S. 350–377.

Wender, Herbert (1996): Was geschah Anfang Februar 1778 im Steintal? Kolportage, Legende, Dichtung und Wahnsinn. In: Lenz-Jahrbuch. Sturm-und-Drang-Studien 6, S. 100–126.

Will, Michael (2000): ‚Autopsie‘ und ‚reproduktive Phantasie‘. Quellenstudien zu Georg Büchners Erzählung *Lenz*. Stuttgart.

Winter, Hans-Gerd (2000): Jakob Michael Reinhold Lenz. 2., überarb. und aktualisierte Aufl. Stuttgart, Weimar. (= Sammlung Metzler. 233.)

Winter, Hans-Gerd (1997): Georg Büchners *Lenz* – produktive Aneignung eines Dichters und Darstellung eines Verstörten. In: Petersen / Winter (L11), S. 203–223.

Zons, Raimar (1981): Ein Riß durch die Ewigkeit. Landschaften in ‚Werther‘ und in ‚Lenz‘. In: literatur für leser 4, H. 2, S. 65–78.

9 *Leonce und Lena*

Beise, Arnd (2002): Die Leute vertragen es nicht, dass man sich als Narr produziert. Georg Büchners Lustspiel *Leonce und Lena*. In: Martin (L3), S. 24–33.

Beise, Arnd / Funk, Gerald (Hgg. 2005): Georg Büchner. Leonce und Lena. Erläuterungen und Dokumente. Stuttgart.

Berns, Jörg Jochen (1987): Zeremonialkritik und Prinzensatire. Traditionen der politischen Ästhetik des Lustspiels *Leonce und Lena*. In: Dedner 1987 (L3), S. 219–274.

Bolten, Jürgen (1985): Geschichtsphilosophische Einsicht, Langeweile und Spiel. Zu Büchners *Leonce und Lena*. In: Archiv für das Studium der neueren Sprachen und Literaturen 222, S. 293–305.

Bornkessel, Axel (1970): Georg Büchners *Leonce und Lena* auf der deutschsprachigen Bühne. Studien zur Rezeption des Lustspieles durch das Theater. Hamburg [Phil. Diss., masch.].

Buck, Theo (2000): „Riß in der Schöpfung“. Büchner-Studien II. Aachen.

Daase, Christopher (1990): „Da läugne einer die Vorsehung". Zur komischen Bedeutung der Valerio-Figur in *Leonce und Lena*. In: Dedner / Oesterle (L3), S. 379–398.

Dedner, Burghard (1990): *Leonce und Lena*. In: Interpretationen (L3), S. 63–117.

Dedner, Burghard (1987): Bildsysteme und Gattungsunterschiede in *Leonce und Lena*, *Dantons Tod* und *Lenz*. In: Dedner 1987 (L3), S. 157–218.

Deufert, Marcus (1997): Lustspiel der verkehrten Welt. Bemerkungen zur Konfiguration von Georg Büchners *Leonce und Lena*. In: Karl Konrad Polheim (Hg.): Die dramatische Konfiguration. Paderborn, S. 147–165.

Dörr, Volker C. (2003): „Melancholische Schweinsohren" und „schändlichste Verwirrung". Zu Georg Büchners ‚Lustspiel' *Leonce und Lena*. In: DVjs 77, S. 380–406.

Drux, Rudolf (1990): „Eigentlich nichts als Walzen und Windschläuche". Ansätze zu einer Poetik der Satire im Werk Georg Büchners. In: Dedner / Oesterle (L3), S. 335–352.

Drux, Rudolf (1986): Marionette Mensch. Ein Metaphernkomplex und sein Kontext von E. T. A. Hoffmann bis Georg Büchner. München.

Fues, Wolfram Malte (1992): Die Entdeckung der Langeweile. Georg Büchners Komödie *Leonce und Lena*. In: DVjs 66, S. 687–696.

Greiner, Bernhard (1992): „Ich muß lachen, ich muß lachen": Wege und Abwege des Komischen in Büchners *Leonce und Lena*. In: Jb. d. dt. Schillergesellschaft 32, S. 214–234.

Helwig, Franz G. (1993): „Nichts als Pappendeckel und Uhrfedern". Das Motiv der menschlichen Automaten in Büchners *Leonce und Lena*. In: Seminar 29, S. 221–232.

Hermand, Jost (1984): Der Streit um *Leonce und Lena*. In: GBJb 3 (1983), S. 98–117.

Hiebel, Hans H. (1991): Das Lächeln der Sphinx. Das Phantom des Überbaus und die Aussparung der Basis. Leerstellen in Büchners *Leonce und Lena*. In: GBJb 7 (1988/99), S. 126–143.

Hiebel, Hans H. (1990): Allusion und Elision in Georg Büchners *Leonce und Lena*. Die intertextuellen Beziehungen zwischen Büchners Lustspiel und Stücken von Shakespeare, Musset und Brentano. In: Dedner / Österle (L3), S. 353–378.

Hiebel, Hans H. (1988): Georg Büchners heiter-sarkastische Komödie *Leonce und Lena*. In: Winfried Freund (Hg.): Deutsche Komödien. Vom Barock bis zur Gegenwart. München, S. 110–128.

Kafitz, Dieter (2000): Visuelle Komik in Georg Büchners *Leonce und Lena*. In: Franz Norbert Mennemeier (Hg.): Die großen Komödien Europas. Tübingen, S. 265–284.

Morgenroth, Matthias (1995): Formen und Funktionen des Komischen in Büchners *Leonce und Lena*. Stuttgart.

Mosler, Peter (1974): Georg Büchners *Leonce und Lena.* Langeweile als gesellschaftliche Bewusstseinsform. München.

Nedden, Otto C. A. zur (1993): Nachwort. In: Georg Büchner: *Woyzeck.* Ein Fragment. *Leonce und Lena.* Lustspiel. Hg. u. mit einem Nachwort vers. v. Otto C. A. zur Nedden. Stuttgart. (= Reclams Universal-Bibliothek. 7733.)

Pinkert, Ernst-Ullrich (1990): „Von geträumten Makkaroni wird man nicht satt". *Leonce und Lena* und Heine. In: Dedner / Oesterle (L3), S. 399–422.

Poschmann, Henri (1981): Büchners *Leonce und Lena.* Komödie des status quo. In: GBJb 1 (1981), S. 112–159.

Rings, Guido (2000): Georg Büchners *Leonce und Lena.* Ein Exemplum subversiver Kunst in einer spätabsolutistischen Gesellschaft. In: Germanic Notes and Reviews 31, H. 2, S. 113–134.

Ruckhäberle, Hans-Joachim (1984): *Leonce und Lena.* Zu Automat und Utopie. In: GBJb 3 (1983), S. 138–146.

Schröder, Jürgen (1982): Nachwort. In: Georg Büchner. *Leonce und Lena.* Hg. v. Jürgen Schröder. Mit Illustrationen v. Karl Walser. Frankfurt/M. (= insel taschenbuch. 594.)

Schröder, Jürgen (1966): Georg Büchners *Leonce und Lena.* Eine verkehrte Komödie. München. (= Zur Erkenntnis der Dichtung. 2.)

Trautwein, Wolfgang (1983): Komödientheorien und Komödie. Ein Ordnungsversuch. In: Jb. d. dt. Schillergesellschaft 27, S. 86–123.

Völker, Ludwig (1984): Die Sprache der Melancholie in Büchners *Leonce und Lena.* In: GBJb 3 (1983), S. 118–137.

Vollmer, Hartmut (2004): Das ‚Vorrede'-Motto in Georg Büchners *Leonce und Lena.* In: Wirkendes Wort 54, S. 393–403.

Voss, E. Theodor (1987): Arkadien in Büchners *Leonce und Lena.* In: Dedner 1987 (L3), S. 275–436.

Werner, Hans Georg (1992): „Meine Herren, meine Herren, wißt ihr auch, was Caligula und Nero waren? Ich weiß es." Die Funktionsveränderung romantischer Thematik und Motivik in Büchners *Leonce und Lena.* In: Burghard Dedner / Ulla Hofstaetter (Hgg.): Romantik im Vormärz. Marburg, S. 91–106.

Wetzel, Heinz (1986): Das Ruinieren von Systemen in Büchners *Leonce und Lena.* In: GBJb 4 (1984), S. 154-166.

Woesler, Winfried (1990): Die Textgestaltung von Büchners *Leonce und Lena.* In: GBJb (1986/87), S. 216–232.

Wohlfahrt, Thomas (1988): Georg Büchners Lustspiel *Leonce und Lena*: Kunstform und Gehalt. In: Werner (L3), S. 105–146, 306–316.

Wülfing, Wolf (1990): „Ich werde, du wirst, er wird." Zu Georg Büchners ‚witziger' Rhetorik im Kontext der Vormärzliteratur. In: Dedner / Oesterle, S. 455–475.

10 *Woyzeck*

Abels, Norbert (1986): Die Ästhetik des Pathologischen. Zu Georg Büchners *Woyzeck*. In: Diskussion Deutsch 17, H. 92, S. 614–640.

Crighton, James (1998): Büchner and Madness. Schizophrenia in Georg Büchner's *Lenz* and *Woyzeck*. Lewiston, Queenston, Lampeter.

De Angelis, Enrico (1997): *Woyzeck*: Georg Büchners erstes Drama. In: GRM 47, S. 91–100.

Dedner, Burghard (2000): Georg Büchner: *Woyzeck*. Erläuterung und Dokumente. Unter Mitarbeit von Gerald Funk und Christian Schmidt. Stuttgart. (= Reclams Universal-Bibliothek. 16013.)

Dedner, Burghard (1999): Georg Büchner: *Woyzeck*. Studienausgabe. Nach der Edition von Thomas Michael Mayer. Stuttgart. (= Reclams Universal-Bibliothek. 18007.)

Dedner, Burghard (1991): Die Handlung des *Woyzeck*: wechselnde Orte – ‚geschlossene Form'. In: GBJb 7 (1988/89), S. 144–170.

Diersen, Inge (1988): Louis und Franz. Margreth, Louisel, Marie. Zur Genesis des Figurenkreises und des Motivgefüges in den *Woyzeck*-Texten. In: Werner (L3), S. 147–192, 316–330.

Dunne, Kerry (1990): Woyzeck's Marie „Ein schlecht Mensch"? The Construction of Female Sexuality in Büchner's *Woyzeck*. In: Seminar 26, S. 294–308.

Elm, Theo (2004): Georg Büchner: *Woyzeck* (1836/37). Der Fall Woyzeck und die ‚Möglichkeit des Daseins'. In: Ders.: Das soziale Drama. Von Lenz bis Kroetz. Stuttgart. (= Reclams Universal-Bibliothek. 17645.) S. 109–138.

Glück, Alfons (2001): *Woyzeck*. Ein Mensch als Objekt. In: Interpretationen (L3), S. 177–215.

Glück, Alfons (1987a): Der historische Woyzeck. In: KM (L1), S. 314–324.

Glück, Alfons (1986a): Der ‚ökonomische Tod': Armut und Arbeit in Georg Büchners *Woyzeck*. In: GBJb 4 (1984), S. 167–226.

Glück, Alfons (1986b): Militär und Justiz in Georg Büchners *Woyzeck*. In: GBJb 4 (1984), S. 227–247.

Glück, Alfons (1986c): „Herrschende Ideen": Die Rolle der Ideologie, Indoktrination und Desorientierung in Georg Büchners *Woyzeck*. In: GBJb 5 (1985), S. 52–138.

Glück, Alfons (1986d): Die Rolle der Wissenschaft in Georg Büchners *Woyzeck*. In: GBJb 5 (1985), S. 139–182.

Glück, Alfons (1987b): Der *Woyzeck*. Tragödie eines Paupers. In: KM (L1), S. 325–332.

Hartung, Günter (2006): Die Technik der *Woyzeck*-Fragmente. In: Ders.: Juden und deutsche Literatur. Leipzig, S. 151–188.

Jakobi, Carsten (1999): Kritischer Zweischritt. Georg Büchners ästhetische Ermächtigung moralischer Sinnsysteme im *Woyzeck*. In: ZfdPh 118, S. 216–233.

Kinne, Norbert (2005): Georg Büchner: *Woyzeck*. Stuttgart, Düsseldorf, Leipzig.

Martin, Laura (1997): ‚Schlechtes Mensch/gutes Opfer': The Role of Marie in Georg Büchner's *Woyzeck*. In: German Life & Letters 50, S. 429–444.

Mayer, Thomas Michael (2000): Zur Datierung von Georg Büchners philosophischen Skripten und *Woyzeck* H3,1. In: GBJb 9 (1995–99), S. 281–329.

Mayer, Thomas Michael (1995): Thesen und Fragen zur Konstituierung des *Woyzeck*-Textes. In: GBJb 8 (1990–94), S. 217–238.

Mayer, Thomas Michael (1991): Zu einigen neuen Lesungen und zur Frage des ‚Dialekts' in den *Woyzeck*-Handschriften. In: GBJb 7 (1988/89), S. 172–218.

Meier, Albert (1980): Georg Büchner: *Woyzeck*. München.

Oesterle, Günter (1984): Das Komischwerden der Philosophie in der Poesie. Literatur-, philosophie- und gesellschaftskritische Konsequenzen der ‚voie physiologique' in Georg Büchners *Woyzeck*. In: GBJb 3 (1983), S. 200–239.

Oesterle, Ingrid (1984): Verbale Präsenz und poetische Rücknahme des literarischen Schauers. Nachweise zur ästhetischen Vermitteltheit des Fatalismusproblems in Georg Büchners *Woyzeck*. In: GBJb 3 (1983), S. 168–199.

Poschmann, Henri (1992): Textgeschichte als Lesegeschichte. Zur Entzifferung der *Woyzeck*-Handschriften. In: Poschmann / Malende (L3), S. 193–203.

Poschmann, Henri (1988): „Wer das lesen könnt" – Zur Sprache natürlicher Zeichen im *Woyzeck*. In: Werner (L3), S. 193–206, 330f.

Poschmann, Henri (1987): Die *Woyzeck*-Handschriften. Brüchige Träger einer wirkungsmächtigen Werküberlieferung. In: KM (L1), S. 333–337.

Roth, Udo (2000): Georg Büchners *Woyzeck* als medizinhistorisches Dokument. In: GBJb 9 (1995–99), S. 503–519.

Roth, Udo (1995): Das Forschungsprogramm des Doktors in Georg Büchners *Woyzeck* unter besonderer Berücksichtigung von H2,6. In: GBJb 8 (1990–94), S. 254–278.

Schmid, Gerhard (1988): Probleme der Textkonstituierung bei Büchners *Woyzeck*. In: Werner (L3), S. 207–226, 331–334.

Steinberg, Holger / Schmideler, Sebastian (2006): Eine wiederentdeckte Quelle zu Büchners Vorlage zum *Woyzeck*: das Gutachten der Medizinischen Fakultät der Universität Leipzig. In: Zeitschrift für Germanistik 16, H. 2, S. 339–366.

Wetzel, Heinz (1980): Die Entwicklung Woyzecks in Büchners Entwürfen. In: Euphorion 74, S. 375–396.

11 Wirkungsgeschichte und Rezeption

Assmann, Michael (Hg. 1987): Der Georg-Büchner-Preis 1951-1987. Eine Dokumentation. München, Zürich.

Burckhardt, Armin (1988): „... als die Lippe mit blutet' vor Sprache". Zum Problem des Sprachzerfalls in Büchners *Lenz* und Celans *Gespräch im Gebirg*. In: Jochen C. Schütze / Hans-Ulrich Treichel / Dietmar Voss (Hgg.): Die Fremdheit der Sprache. Studien zur Literatur der Moderne. Hamburg, S. 135–155.

Dedner, Burghard (2007): Zur Frührezeption Georg Büchners. In: Sevin (L3), S. 19–37.

Fischer, Ludwig (Hg. 1979): Zeitgenosse Büchner. Georg Büchners Leben und Werk – als Thema und Stoff von Literatur – als Analogie zu aktueller Erfahrung. Stuttgart.

Goltschnigg, Dietmar (Hg. 2001ff.): Georg Büchner und die Moderne. Texte, Analysen, Kommentar. Bd. 1: 1875–1945. Bd. 2: 1945–1980. Bd. 3: 1980–2002. Berlin.

Goltschnigg, Dietmar (1990): Utopie und Revolution. Georg Büchner in der DDR-Literatur. Christa Wolf, Volker Braun, Heiner Müller. In: ZfdPh 109, H. 4, S. 571–596.

Goltschnigg, Dietmar (Hg. 1990): Büchner im ‚Dritten Reich'. Mystifikation – Gleichschaltung – Exil. Eine Dokumentation. Bielefeld.

Goltschnigg, Dietmar (1975): Rezeptions- und Wirkungsgeschichte Georg Büchners. Kronberg/Ts.

Goltschnigg, Dietmar (Hg. 1974): Materialien zur Rezeptions- und Wirkungsgeschichte Georg Büchners. Kronberg/Ts.

Grimm, Reinhold (2007): Büchnerspuren in Gedichten. In: Sevin (L3), S. 103–113.

Heckmann, Andreas (2000): *Lenz* und *Wozzeck* als Anregungen für die *Soldatengeschichte* Hugo von Hofmannsthals. In: GBJb 9 (1995–99), S. 549–566.

Höyng, Peter (2007): Von ironischer Dialektik zu menschelndem Pathos. Kritische Einwürfe zu Robert Wilsons, Herbert Grönemeyers und Arezu Weitholz' *Leonce und Lena*-Inszenierung am Berliner Ensemble (2003). In: Sevin (L3), S. 285–299.

Jäger, Lorenz (2000): Andreas Ferschengelder trifft einen Gießener Studenten. Anmerkungen zu Hofmannsthal und Georg Büchner, zugleich zum Begriff der Konservativen Revolution. In: GBJb 9 (1995–99), S. 538–548.

Kanzog, Klaus (1984): Norminstanz und Normtrauma. Die zentrale Figuren-Konstellation in Georg Büchners Erzählung und George Moorse's Film *Lenz*. Filmanalyse als komplementäres Verfahren zur Textanalyse. In: GBJb 3 (1983), S. 76–97.

Kaufmann, Ulrich (1993): „Er ward zum Heros unseres Heroons erhoben". Zur Bedeutung Georg Büchners für das Frühwerk Gerhart Hauptmanns. In: Peter Mast (Hg.): „Es steckt Ungehobenes in meinem Werk …". Zur Bedeutung Gerhart Hauptmanns für unsere Zeit. Bonn, S. 63–70.

Kaufmann, Ulrich (1992): Dichter in ‚stehender Zeit': Studien zur Georg-Büchner-Rezeption in der DDR. Jena. (= Jenaer Reden und Schriften. Neue Folge. 2.)

Keith-Smith, Brian (1990): The Reception of Georg Büchner in Lyric Poetry. In: Mills / Keith-Smith (L3), S. 121–144.

Koepke, Wulf (2007): Georg Büchner in der Sicht des Exils nach 1933. In: Sevin (L3), S. 39–54.

Martin, Ariane (2005a): Büchner-Rezeption im Naturalismus. In: literatur für leser 28, S. 3–15.

Martin, Ariane (2005b): *Ein moderner Dramatiker.* Ein unbekanntes Zeugnis naturalistischer Büchner-Rezeption aus dem Jahr 1886. In: GBJb 10 (2000–2004), S. 271–286.

Martin, Ariane (2002): Die kranke Jugend. J. M. R. Lenz und Goethes *Werther* in der Rezeption des Sturm und Drang bis zum Naturalismus. Würzburg.

Martin, Ariane (2001): Die Nobilitierung der Krankheit. Zu einer Linie der Lenz-Rezeption im 19. Jahrhundert. In: Andreas Meier (Hg.): Jakob Michael Reinhold Lenz. Vom Sturm und Drang zur Moderne. Heidelberg. (= Beihefte zum Euphorion. 41.) S. 61–74.

Mayer, Hans (1994): *Lenz*: die Erzählung von Georg Büchner und der Film von George Moorse. München 1994.

Meik, Markus (1997): Peter Schneiders Erzählung *Lenz*. Zur Entstehung eines Kultbuchs. Eine Fallstudie. Siegen.

Neuhuber, Christian (2007): Zur Rezeption der *Lenz*-Erzählung Georg Büchners. In: Sevin (L3), S. 65–79.

Petermann, Gerd Alfred (1981): „In unserem Lager ist Deutschland". Notizen zur Rezeption Georg Büchners im deutschen Exil 1933–1945. In: Gerhard P. Knapp / Wolff A. von Schmidt (Hgg.): Sprache und Literatur. Festschrift für Arval L. Streadbeck zum 65. Geburtstag. Bern [u. a.], S. 149–153.

Petersen, Peter / Winter, Hans-Gerd (Hgg. 1997): Büchner-Opern. Georg Büchner in der Musik des 20. Jahrhunderts. Frankfurt/M.

Poppenborg, Marion (1991): Georg Büchner auf dem Theater 1985/86–1988/89. Verzeichnis der Aufführungen und Kritiken. In: GBJb 7 (1988/89), S. 438–466.

Poppenborg, Marion (1986): Georg Büchner auf dem Theater 1981–1984/5. Verzeichnis der Aufführungen und Kritiken. In: GBJb 5 (1985), S. 372–399.

Prange, Peter (1997): ‚Unendlich groß und menschlich ist Georg Büchner' – Zu Walter Gramattés Büchner-Illustrationen. In: Walter Gramatté. Zum 100.

Geburtstag. Selbstbildnisse. Hg. von Peter Prange und Carla Schulz-Hoffmann. München, S. 49–60.

Scheufele, Theodor (1988): Lenz / Büchner / Hrdlicka: Realismus der Menschlichkeit. In: Georg Büchner: Lenz. Erzählung. Mit Bildern von Alfred Hrdlicka und einem Essay von Theodor Scheufele. München, S. 93–105.

Schmidt, Dörte (1993): Lenz im zeitgenössischen Musiktheater. Literaturoper als kompositorisches Projekt bei Alois Zimmermann, Friedrich Goldmann, Wolfgang Rihm und Michèle Reverdy. Stuttgart [u. a.].

Sevin, Dieter (Hg. 2007): Georg Büchner. Neue Perspektiven zur internationalen Rezeption. Berlin.

Stabenow, Cornelia (1987): Das verlorene Gesicht. Zu den *Lenz*-Illustrationen von Walter Gramatté. In: Pantheon XLV, S. 144–150.

Stephan, Inge (2006): ‚An das Herz'. Zu den Lenz-Arbeiten von Susanne Theumer. In: Inge Stephan / Hans-Gerd Winter: Zwischen Kunst und Wissenschaft. Jakob Michael Reinhold Lenz. Bern, S. 17–41.

Stephan, Inge / Winter, Hans-Gerd (Hgg. 1984): „Ein vorübergehendes Meteor"? J.M.R. Lenz und seine Rezeption in Deutschland. Stuttgart.

Thunecke, Jörg (1984): Die Rezeption Georg Büchners in Paul Celans *Meridian*. In: GBJb 3 (1983), S. 298–307.

Viehweg, Wolfram (2008): Georg Büchners *Woyzeck* auf dem deutschsprachigen Theater. Tl. 2. Bd. 1: 1918–1933. Bd. 2: 1933–1945. Noderstedt.

Viehweg, Wolfram (2005): *Woyzeck* auf der Bühne. Zu einer Inszenierungsgeschichte des *Woyzeck*. Begründung, Ergebnisse und Planung. In: GBJb 10 (2000–04), S. 241–258.

Viehweg, Wolfram (2001): Georg Büchners *Woyzeck* auf dem deutschsprachigen Theater. Tl. 1: 1913–1918. Noderstedt.

Viehweg, Wolfram (1964): Georg Büchners *Dantons Tod* auf dem deutschen Theater. Tl. 1: 1913–1918. München. (– Die Neue Schaubühne. 1.)

Zeller, Christoph (2007): „Die Welt als Sekundärliteratur." Atheismus und Collage bei Eich, Büchner, Jean Paul. In: Sevin (L3), S. 83–102.

Zimmermann, Erich (1987): Die illustrierten und bibliophilen Büchner-Ausgaben. In: KM (L1), S. 394–400.

Abbildungsverzeichnis

Trotz eingehender Recherchen war es nicht bei allen Abbildungen möglich, die Abdruckrechte ausfindig zu machen. Berechtigt angemeldete Ansprüche werden im Rahmen üblicher Honorarvereinbarungen abgegolten.

Register

H

L

M

Z